O CATACLISMO MUNDIAL EM 2012

Título original: *The World Cataclysm in 2012.*

Copyright © 2005 Patrick Geryl.

Todos os direitos reservados. Nenhuma parte deste livro pode ser reproduzida ou usada de qualquer forma ou por qualquer meio, eletrônico ou mecânico, inclusive fotocópias, gravações ou sistema de armazenamento em banco de dados, sem permissão por escrito, exceto nos casos de trechos curtos citados em resenhas críticas ou artigos de revistas.

A Editora Pensamento-Cultrix Ltda. não se responsabiliza por eventuais mudanças ocorridas nos endereços convencionais ou eletrônicos citados neste livro.

Dados Internacionais de Catalogação na Publicação (CIP)
(Câmara Brasileira do Livro, SP, Brasil)

Geryl, Patrick
  O cataclismo mundial em 2012 : a contagem regressiva Maia para o fim do mundo / Patrick Geryl ; tradução Gilson César Cardoso de Sousa. -- São Paulo : Pensamento, 2008.

  Título original: The world cataclysm in 2012.
  Bibliografia.
  ISBN 978-85-315-1526-2

  1. Desastres - Previsão 2. Fim do mundo 3. Profecias 4. Século 21 - Previsões I. Título.

08-00590   CDD-133.3

Índices para catálogo sistemático:
  1. Profecias : Ocultismo   133.3

O primeiro número à esquerda indica a edição, ou reedição, desta obra. A primeira dezena à direita indica o ano em que esta edição, ou reedição, foi publicada.

Edição	Ano
3-4-5-6-7-8-9-10-11-12	09-10-11-12-13-14-15

Direitos de tradução para a língua portuguesa
adquiridos com exclusividade pela
EDITORA PENSAMENTO-CULTRIX LTDA.
Rua Dr. Mário Vicente, 368 — 04270-000 — São Paulo, SP
Fone: 2066-9000 — Fax: 2066-9008
E-mail: pensamento@cultrix.com.br
http://www.pensamento-cultrix.com.br
que se reserva a propriedade literária desta tradução.

Sumário

Prefácio 7

Introdução 11

Parte I A Terra sujeita a catástrofes
  1. A Catástrofe da Inversão Polar em Atlântida 19
  2. Os Sobreviventes de Atlântida 27
  3. Inversões Polares Catastróficas e Eras Glaciais 54
  4. O Programa de Computador do Desastre Precedente 63
  5. O Código Secreto no Intervalo entre as Catástrofes 81
  6. O Nascer do Sol 93

Parte II Códigos atlantes, egípcios e maias
  7. A Teoria dos Ciclos das Manchas Solares 107
  8. Catástrofes, Tempestades Solares e a Precessão do Zodíaco ... 113
  9. Ordem no Caos dos Campos Magnéticos do Sol 119
  10. A Decifração do Códice de Dresden e do Zodíaco Egípcio ... 127
  11. Características Comuns ao Códice de Dresden
      e ao Zodíaco Egípcio 140
  12. 666 – O Número da Besta 149

Parte III Números míticos e o desastre iminente
  13. A Inversão do Magnetismo Solar 162
  14. Números Astronômicos Incrivelmente Exatos 177

15. As Origens de Nossa Cronologia 187
16. O Desastre se Aproxima com Rapidez 192

Parte IV Prova astronômica e matemática
17. Vênus, a Chave de Todos os Mistérios 205
18. Novas Decifrações do Número 576 213
19. O Código Venusiano do Zodíaco 217
20. O Ciclo Sótico, o Zodíaco e a Nossa Cronologia .. 223

Parte V A decifração do Códice de Dresden
21. A Revelação dos Calendários Maias 233
22. Códigos Convertidos em Séries Infinitas 241
23. Cálculos do Ciclo de Manchas Solares 249
24. A Decifração do Códice de Dresden 255
25. 666 – O Número da Besta 271

Apêndice
Cálculos do Capítulo 4 277
Cálculos do Capítulo 5 278
Cálculos do Capítulo 10 279
Cálculos do Capítulo 12 280
Cálculos do Capítulo 13 281
Cálculos do Capítulo 14 281

O Labirinto: Entrevista 283

Bibliografia 288

INTERNET: www.howtosurvive2012.com

Prefácio

2012 e as supergaláxias

Em meu livro *The Orion Prophecy**, cheguei à espantosa conclusão de que, em 2012 d.C., a Terra sofrerá um tremendo desastre. Causa: o campo magnético do planeta se inverterá de súbito, daí resultando uma enorme mudança na crosta terrestre. Praticamente ninguém sobreviverá à catástrofe e todo o conhecimento que adquirimos desaparecerá. Essas predições científicas se originam dos maias e dos antigos egípcios, duas civilizações descendentes dos lendários atlantes, que possuíam um saber astronômico de altíssimo nível. Na mais remota antiguidade eles foram capazes de prever acuradamente o maremoto que iria apressar o fim da sua civilização. Isso me induziu a estudar as bases de seus cálculos. Após anos de pesquisas contínuas, consegui por fim decifrar os códigos milenares dos maias e dos antigos egípcios. Meus achados constituíram uma impressionante expedição exploratória dos segredos de um passado longínquo. O que descobri foi assombroso e é do interesse de todos. Ao mesmo tempo, a descoberta explica por que os egípcios construíram as pirâmides de Gizé segundo o sistema estelar de Órion.

Em 2012 d.C., tal como em 9792 a.C., ano da última inversão polar, Vênus descreverá um círculo à volta da constelação de Órion. No Livro dos Mortos dos egípcios, isso é tido como o principal sinal da inversão dos pó-

---

* *O Código de Órion – O Fim do Mundo Será Mesmo em 2012?*, publicado pela Editora Pensamento, SP, 2006.

los, depois do que a Terra começará a voltar-se na direção oposta. A descrição astronômica desse fenômeno, deixada pelos egípcios, é das mais engenhosas e ultrapassa todo o nosso conhecimento científico. Descobri também que o Códice de Dresden, dos maias, fala do ciclo de manchas solares (sobre o qual nossos modernos astrônomos ainda não sabem nada!). A determinada altura, quando o magnetismo solar atingir um nível crucial, uma gigantesca catástrofe destruirá a Terra. O zodíaco astronômico dos egípcios menciona as eras em que cataclismos semelhantes ocorreram, além de conter os códigos do ciclo de manchas solares e do movimento de Órion: o próximo desastre ocorrerá quando Vênus descrever uma órbita reversa acima dessa constelação. A combinação desses fatos prova a origem do número 666 – conhecido, na Bíblia, como a data do Apocalipse. Esse número aponta para uma aberração no ciclo de manchas solares, responsáveis em grande parte pelo futuro cataclismo mundial.

Os maias e os antigos egípcios também fizeram cálculos incrivelmente exatos da órbita da Terra em redor do Sol. Em termos de exatidão, aliás, eles superam nossos valores atuais. Absolutamente perplexo com minhas descobertas, nada me restou senão concluir que esses cálculos antigos estavam corretos. Agora, a pergunta crucial é: minhas descobertas devem ou não ser levadas a sério? Meu trabalho tem o necessário rigor científico? Disponho de provas para fundamentá-lo? Meus conhecimentos de astronomia são suficientes? Tudo isso é importante porque os cálculos dos maias e dos antigos egípcios se baseiam inteiramente nessa ciência.

Acredito que meu conhecimento baste. Já fiz previsões astronômicas que se realizaram nos mínimos detalhes. E não foram previsões insignificantes! Eis por que minhas descobertas relativas aos maias e antigos egípcios devem ser levadas a sério.

Dou um exemplo: há mais de vinte anos, fui a única pessoa no mundo a prever a descoberta de bilhões de quasares no espectro infravermelho, bem como a expansão cada vez mais acelerada do universo. Expliquei isso de maneira bem simples em meu livro *A New Space-Time Dimension* (ainda inédito em inglês). Na época, nenhum astrônomo achou que tal fenômeno fosse possível; na verdade, muitos riram da idéia. No entanto, decorridos alguns anos, eles tiveram de baixar a cabeça. Artigos na imprensa holandesa e uma entrevista para a televisão belga, em 1990, provaram à saciedade que eu estava certo. Mas o que significa tudo isso?

O satélite holandês IRAS foi lançado em 26 de janeiro de 1983. Poucas semanas depois, no dia 11 de fevereiro, apareceu um artigo meu no jornal em língua flamenga *Het Laatste Nieuws*, explicando em detalhe que o IRAS revelaria ser falsa a teoria da relatividade. O jornal comentou: "Segundo Geryl, o IRAS será capaz de provar que seus cálculos são corretos e rastreará bilhões de supergaláxias que emitem energias de altíssima intensidade ao mesmo tempo que se afastam rapidamente de nós, quase à velocidade da luz. Portanto, esses sistemas não podem ser vistos da Terra com telescópios luminosos comuns, apenas com lentes infravermelhas do tipo que o IRAS leva a bordo. Se o satélite holandês descobrir mesmo esses sistemas, a teoria da relatividade de Einstein será descartada e teremos uma dimensão espaço-tempo inteiramente nova, garante Geryl."

Outro artigo, publicado no jornal *De Gazet van Antwerpen*, esclarece: "Segundo a teoria da relatividade, as galáxias mais velozes do universo, os sistemas quasar, deveriam envelhecer mais lentamente. Além disso, não se poderia detectar nenhuma mudança rápida em sua estrutura e força gravitacional. Mais: os quasares emitiriam menos energia por causa de sua dila-

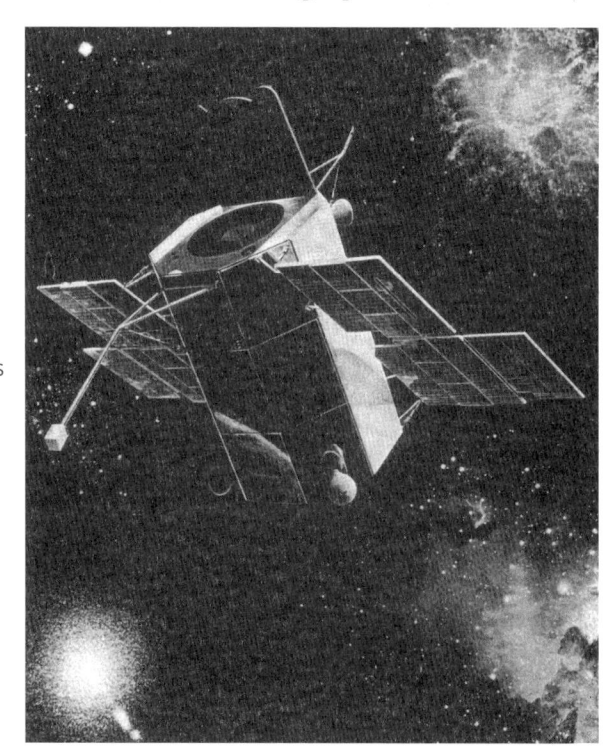

Figura 1. Satélites em órbita ao redor da Terra descobriram, com luz infravermelha, bilhões de constelações normalmente invisíveis ao olho humano.

tação do tempo. Todavia, segundo o homem de Deurne, não observamos realmente essa dilatação, mas algo muito diferente e que subverte pela base a teoria de Einstein.

"Os quasares estão entrando em colapso! Sucumbem mais depressa que quaisquer outras galáxias. De fato, as superexplosões ocorrem a altíssima velocidade. Isso significa que os quasares não são nada sensíveis à dilatação do tempo, ao contrário, parecem até mais instáveis e se destroem provocando um colapso gravitacional catastrófico. Chegam a acelerar a própria ruína graças à coagulação da massa (pois esta aumenta com a velocidade) e acabam por morrer em meio às mais violentas explosões do universo."

No dia 23 de novembro de 1990, expliquei tudo de novo na revista de divulgação científica *Modem*, que na época pertencia à televisão flamenga. Ali, enfatizei que o cosmo pode expandir-se em conseqüência da aceleração.

No início dos anos 1990, bilhões de quasares foram descobertos no espectro infravermelho. Em 1998, soube-se que o universo está mesmo se expandindo por causa da aceleração. Fiz muitas outras previsões em minha obra, que precisam ser provadas pelos astrônomos e físicos. Isso nos traz de volta ao presente livro e ao que descobri a respeito de 2012.

Introdução

Um mundo perdido

Imagine-se às voltas com este que seria sem dúvida o maior dilema de todos os tempos: você sabe como salvar o planeta, mas ninguém lhe dá crédito. Trata-se da busca de uma civilização perdida que só você pode empreender. Os cientistas e artistas dessa civilização se foram, mas deixaram para o mundo uma mensagem importante sobre a iminente catástrofe que destruirá a Terra inteira em poucos anos. Você está absolutamente certo disso porque conseguiu decifrar os códigos básicos – códigos onde há fatos que eles não poderiam conhecer, exceto se possuíssem um conhecimento bastante avançado de astronomia.

E se de fato possuíam tal conhecimento e você pudesse prová-lo? Mesmo assim só algumas pessoas acreditariam em suas palavras, pois a história é realmente inacreditável. E então, que fará você? Quais são as suas chances de convencer os semelhantes de que está certo? Note que não dispõe de muito tempo, pois o desastre fatal ocorrerá daqui a poucos anos. Esse é o dilema com que me defrontei e que me deixa desesperado, sem nenhuma solução à vista. Talvez você, leitor, queira ajudar-me a sair da enrascada, financeiramente ou de outra maneira qualquer. Então poderemos escavar o lendário Labirinto do Egito, o qual, conforme provei em livro anterior, encerra todas as informações sobre o futuro desastre. Daí por diante tomaremos as devidas precauções para, ao menos em parte, preservar nosso conhecimento. Mas serei capaz disso? Conseguirei induzir o mundo a escavar e decifrar o conhecimento escondido no Labirinto? Terei forças para semelhante tarefa? Sim, acho que sim. Por isso escrevi este livro. Quero convencer o máximo de pessoas possível a ajudar na escavação do maior edifício jamais construído. A onda de choque provocada por essa façanha não terá paralelo.

Para aqueles que não leram meu livro anterior, dou agora uma breve descrição do local onde a maior das descobertas arqueológicas espera para vir à luz. Depois de estudar a obra de Albert Slosman, *Le Livre de l'Au-delà de la Vie*, e ficar sabendo que todo o conhecimento dos egípcios está escondido no Labirinto, fiquei imediatamente alerta. Slosman menciona também que Heródoto, o maior historiador da antiguidade, visitou esse edifício há 2.500 anos. Após alguma pesquisa, deparei com o relato de Heródoto. O que se segue é uma citação de seu livro *Histórias*:

A descrição do Labirinto por Heródoto

"Estive ali e o lugar supera qualquer descrição. Se fizéssemos um estudo de todas as paredes, de todos os muros e de todos os edifícios públicos da Grécia, veríamos que todos juntos não exigiram tanto esforço nem tanto dinheiro quanto esse Labirinto: e veja que os templos de Éfeso e Samos não são exatamente obras pequenas! É verdade que as pirâmides deixam sem fala o observador e que cada uma delas equivale a muitos dos edifícios gregos, mas nenhuma se compara ao Labirinto.

"Para começar, há uma dúzia de jardins interiores: seis alinhados do lado norte e seis do lado sul. Estão construídos de um modo tal que seus portais ficam frente a frente. Uma parede externa sem aberturas rodeia todo o complexo. O edifício em si compreende dois pisos e 3.000 câmaras, das quais a metade fica no subsolo e a outra metade ao rés-do-chão. Visitei e vi pessoalmente as mil e quinhentas câmaras situadas ao rés-do-chão e, portanto, falo com base na minha experiência. Mas, quanto às câmaras do subsolo, tenho que confiar na autoridade dos outros, já que nelas os egípcios não me permitiram entrar. Lá estão as tumbas dos reis que construíram o Labirinto e dos crocodilos sagrados. No entanto, nunca estive nesse lugar e tudo o que sei é de ouvir falar. Mas me mostraram as câmaras construídas acima dessas e foi difícil acreditar que tinham sido construídas por mãos humanas. Os passadiços que ligavam as câmaras e as passagens ziguezagueantes que iam de uma antecâmara para outra me deixaram sem fôlego por sua colorida variedade.

"Foi com total admiração que caminhei do pátio para as câmaras, das câmaras para os peristilos e dos peristilos novamente para outras câmaras, e dali para outros pátios. A cobertura de todos esses lugares é de pedra, assim como as paredes, cheias de figuras em relevo. Cada pátio é rodeado por uma fileira de colunas de mármore branco sem emendas. Bem na esquina onde o Labirinto termina, ergue-se uma pirâmide com pelo menos setenta e cinco metros de altura, decorada com figuras em relevo de grandes animais. O Labirinto localiza-se nas imediações do lago Moeris [atual lago Karum], que não tira suas águas de fontes naturais. Liga-se por um canal ao rio Nilo, que corre bem perto da pirâmide."

Nossa busca do Labirinto

Estimulado por essa descrição, pus-me a pesquisar com o auxílio de meu amigo e astrônomo-arqueólogo Gino Ratinckx. Depois de algumas semanas, Gino descobriu o local. Estudara minuciosamente o mapa do Egito. Segundo

Figura 2. Segundo Heródoto, o lago Moeris é um reservatório artificial: "Pois duas pirâmides se alteiam bem no meio dele, com altura de 90 m acima da água e outros tantos na parte submersa. Vê-se no topo de cada uma a figura de um homem sentado num trono."

uma antiga tradição, o Nilo reproduz a Via-Láctea na Terra. Isso, em termos visuais, parecia bastante correto. Então Gino se perguntou: o mesmo princípio não se aplicará aos templos e edifícios mais importantes da região? Bauval já demonstrara que as três pirâmides de Gizé coincidiam com o cinto da constelação de Órion. De acordo com esse princípio, o templo de Dendera deveria alinhar-se com a estrela Deneb, e o templo de Esna com Altair. Na seqüência do raciocínio, o Labirinto reproduziria as Híades, que formam um verdadeiro dédalo de estrelas nos céus. De modo que o lugar só podia ser Hawara, onde há uma pirâmide coincidente com a estrela Aldebarã, do signo zodiacal de Touro. Partimos, pois, para o Egito munidos de um GPS (*Global Positioning System*), instrumento graças ao qual é possível determinar com exatidão as coordenadas geográficas. Com a ajuda do GPS, pudemos calcular projeções estelares na Terra. E no começo isso nem sequer pareceu necessário!

Descobrimos, surpresos, que os egípcios haviam associado o templo de Dendera com a estrela Deneb! O fato confirmava nossa recente teoria. E o que nos surpreendeu mais ainda foi saber que em 1843 um célebre arqueólogo alemão, Richard Lepsius, tentara escavar o Labirinto em Hawara. Para tanto, ele recorreu às instruções de Heródoto e Estrabão (geógrafo grego que visitou o edifício em 25 a.C.). Mas Lepsius, após abrir alguns buracos rasos, declarou que o Labirinto desmoronara. Desde então não se fez mais nenhuma tentativa de trazer a lume o gigantesco edifício. Indagações feitas a egiptólogos e grandes autoridades no assunto terminavam sempre com a mesma resposta: o Labirinto está em Hawara, mas em ruínas! Também não há planos para futuras escavações. Ouvir isso é, sem dúvida, frustrante; contudo, sei de um caso parecido. Há poucos anos, todos os egiptólogos sustentavam que o palácio de Cleópatra se abismara no mar durante um abalo da crosta terrestre. Apontava-se o local, mas ninguém movia um dedo para realizar novos achados – até que um mergulhador o descobriu, mais ou menos por acaso. Ele jaz a pouca profundidade, só a alguns metros da superfície. Fenômeno semelhante ocorreu com o Labirinto e nenhum esforço se faz para trazê-lo à luz! Incrível!

Segredos de mundos perdidos

Nada é tão excitante quanto procurar e decifrar velhos enigmas ocultos nas brumas do tempo – esclarecer segredos após uma série trepidante de descobertas. Embora os tesouros da civilização anterior ao maremoto ainda estejam em Hawara, consegui decifrar os códigos de inúmeras mensagens. Ainda me surpreendo quando um código novo me é revelado. Esses códigos foram mantidos por milênios longe dos olhos do mundo. Graças ao esquema exclusivo dos egípcios e maias, pude encontrar neles um padrão avançado. Formam um canal de comunicação de mão única com meu pensamento. Inscrições matemáticas e pictogramas desempenham um papel-chave no fluxo infindável de descobertas. Números mágicos giram num torvelinho de cálculos. São as mensagens de uma civilização exótica, há muito perdida.

Os antigos egípcios acreditavam que iriam reencarnar para além do sistema estelar de Órion. Os astrônomos modernos pensam ser ali que nascem incontáveis novos sóis. Talvez os antigos egípcios supusessem que a alma dos faraós despertaria em Órion sob a forma de estrela. Haverá qualquer outra evidência física para sua religião estelar? Seja como for, Órion tem papel de destaque em suas previsões apocalípticas. Muitas de suas expressões devem ser tomadas ao pé da letra, não metaforicamente. A teoria do ciclo das manchas solares, que eles estabeleceram em termos matemáticos, pode ser novamente desvelada, se nós descobrirmos logo como eles conseguiram fazer suas observações e, com base nelas, calcular a data final fatídica. O princípio fundamental desse cálculo deve ser fácil de decifrar, especialmente se considerarmos que a sua era uma civilização avançadíssima. Por meio de séries numéricas, estabeleceremos comunicação com suas mentes brilhantes. Ainda que não nos seja dado decifrar o conteúdo dos hieróglifos, a mensagem numérica fala por si. No passado remoto, os sumos sacerdotes tinham consciência desse problema. Sabiam o segredo dos códigos, que só se destinavam aos seus olhos. Ninguém mais conseguiria traduzi-los. Mas se algo lhes acontecesse, as gerações futuras poderiam tirar suas próprias conclusões a partir dos números. Portanto, a chave de seu conhecimento fundamentava-se em cálculos matemáticos. Em meu livro anterior, dei alguns bons exemplos disso.

Agora, pretendo ir mais além! Consegui decifrar o Códice de Dresden. Decifrar é como pousar num planeta estranho e sair em busca dos construtores dos edifícios que restaram. Felizmente, tenho ao meu dispor certas fontes comuns de conhecimento que facilitarão a tarefa. Descobri, por exemplo, que partilhamos a mesma escala decimal, a mesma cronologia e a mesma divisão do círculo em 360°. Todos esses dados ajudam a decifrar e a entender melhor suas "Combinações Matemáticas Celestes". O trabalho se resume, pois, em decifrar sua mensagem o mais depressa possível, verificá-la e anunciar ao mundo que aquelas previsões eram corretas. A ciência contemporânea não se ocupa disso e limita-se a atestar a exatidão dos cálculos... reconhecendo que dizem respeito ao fim do mundo.

Figura 3. Em algum ponto do território egípcio, a maior descoberta arqueológica de todos os tempos nos espera. Graças a ela, conseguiremos determinar a data da próxima inversão polar em 2012. Seremos capazes de empreender a escavação a tempo?

Parte I

A Terra sujeita a catástrofes

1
A CATÁSTROFE DA INVERSÃO POLAR EM ATLÂNTIDA

A história de Atlântida que vou contar nos próximos capítulos foi traduzida de velhos manuscritos pelo egiptólogo Albert Slosman, que recorreu também às suas decifrações exclusivas de hieróglifos gravados em templos. Sua obra é tão assombrosamente meticulosa que devo considerar verdadeiro o texto a seguir.

Agora você recuará a 21312 a.C., ano que presenciou um acontecimento chocante. Naqueles tempos, Aha-Men-Ptah (Atlântida) tinha um clima ameno. Vastas florestas cobriam o norte do país. Só de vez em quando nevava e o gelo era um fenômeno quase desconhecido. No sul, uma vegetação exuberante predominava o ano inteiro. Muitas espécies de animais hoje extintas viviam ali, como gorilas sem nariz chato, mamutes enormes mas pacíficos, rinocerontes com quatro metros de altura e quatro dedos, tigres-dentes-de-sabre. Na extremidade meridional desse país imenso, viam-se sobretudo montanhas e planícies, cheias de tesouros inestimáveis: terras férteis que produziam frutos quase sem ajuda humana. O horizonte era dominado por cadeias de montanhas. Também se viam cones em forma de pirâmide, restos de antigos vulcões. Estes ficaram inativos por tanto tempo que ninguém se lembrava de suas últimas erupções. Para os habitantes, pouco mais havia que árvores viçosas, muitas delas a produzir frutos saborosos em todas as estações. Em suma, era ali o lendário paraíso descrito pela Bíblia. Essas informações foram extraídas da história egípcia.

Um paraíso sujeito a violentos terremotos

Os habitantes sabiam do movimento da Terra em volta do Sol e das mudanças zodiacais. Por isso puderam nos transmitir o que aconteceu naqueles dias. A catástrofe sobreveio em menos de uma hora. Não ocorreu, porém, uma inversão polar total como a de 9792 a.C.; foi uma inversão parcial. A Terra inteira, e não apenas o continente, tremeu em conseqüência de fortes abalos sísmicos. Em seguida, o eixo terrestre começou a pender. Edifícios ruíram, cadeias de montanhas vieram abaixo, parecendo que o mundo se consumia. Antes do acontecimento, o Sol se erguera no 15° de Sagitário. E depois que os elementos se confundiram, o eixo terrestre avançou para a extremidade de Aquário! O movimento do planeta injetou nos mares uma quantidade gigantesca de energia cinética. A irrupção incontrolável das águas varreu extensões consideráveis de terra. A Atlântida se afundou no oceano e, em conseqüência da inversão polar, assentou-se em parte sob o que era, na época, o Pólo Norte, ficando coberta por uma espessa camada de gelo.

A partir desse dia, começa a verdadeira história da Atlântida. Os poucos sobreviventes se reagruparam no sul, pois o norte se tornara inóspito. (Ainda que o Grande Norte houvesse desaparecido, a Atlântida ainda era várias vezes maior que a Europa.) Profundamente chocados, eles decidiram estudar o céu com mais empenho até do que antes. Registraram, em detalhe, intervalos específicos de tempo. Todos os movimentos e combinações do Sol, da Lua e dos planetas foram anotados com cuidado e reproduzidos graficamente nos rolos de pergaminho. Não havia na época televisão, rádio, cinema e outras diversões. Assim, as pessoas tinham tempo bastante para observar as estrelas à volta de fogueiras ao ar livre. Muito tempo antes, seus ancestrais haviam descoberto figuras no firmamento. Algumas lembravam animais como o urso, o touro, o cavalo, o leão, etc. A esse respeito discutiam longamente, até concordar num nome apropriado.

Agora se dava muita atenção ao movimento do zodíaco. O mínimo detalhe era estudado a fundo e descrito em minúcia. As pessoas achavam que a causa da catástrofe talvez estivesse oculta nesse movimento. Notavam que o Sol e as estrelas sempre se erguiam no ocidente (hoje, no oriente), de modo que as estrelas precisavam de uma noite inteira para cruzar o céu. Além disso, observaram que diferentes signos estelares eram vistos em diferentes estações. Jamais sucedia que um novo signo estelar aparecesse de repente a oeste. Tudo evidenciava uma ordem e uma regularidade previsíveis, o que consolava aquelas pessoas da perda conseqüente à catástrofe. Com o passar do tempo, os atlantes descobriram outros fenômenos estelares. Algumas estrelas surgiam ou se punham pouco antes do nascer do Sol, com épocas e lugares variando conforme as estações. Isso foi na verdade mera redescoberta do que os ancestrais já conheciam. No entanto, graças à sua dedicação e habilidade, os atlantes puderam explorar em profundidade inúmeros códigos celestes.

Fizeram mais: pesquisaram a constelação de Órion e a estrela Sírius com enorme curiosidade. Se você abrir, na tela de seu computador, a imagem do céu estrelado após a catástrofe, verá que isso é bastante lógico. Na época, Órion dominava as porções norte e sul do firmamento, sendo a constelação mais brilhante. Sírius, estrela grande e luminosa, alinhava-se com Órion e o zodíaco. Por isso recebia tamanha atenção.

Após o desastre, a vida foi voltando ao normal naquele vasto continente. As pessoas descobriram metais como o ferro, o cobre e o chumbo, logo aprendendo a utilizá-los. Confeccionavam belos ornamentos de ouro e prata, e atribuíam valor terapêutico a pedras "preciosas", originárias da essência dos doze signos do zodíaco. Avançando em conhecimento e uso racional das matérias-primas, decidiram construir edifícios religiosos, como por exemplo uma imensa estrutura de oito quilômetros de diâmetro, que lhes exigiu séculos de trabalho: o "Círculo de Ouro". Nesse edifício inacreditavelmente grande, as "Combinações Matemáticas Celestes" eram estudadas pelos "especialistas dos números", nunca se deixando de registrar as observações astronômicas ou de outra natureza qualquer. Ali as pessoas estudavam o Sol, os planetas e as estrelas. Descobriram as leis do movimento, gravidade, cartografia e muitas outras ciências. Há mais de quinze mil anos, já o famoso teorema de Pitágoras era formulado e a matemática progredia quase até ao nível de hoje. Por fim, esses estudos levaram ao desvendamento do maior dos segredos científicos: a teoria do ciclo das manchas solares. Por meio de acurada dedução, os atlantes conseguiram prever os ciclos. A questão crucial eram os campos magnéticos do Sol. Quando eles atingem um ponto crítico, provocam gigantescas explosões e emitem clarões capazes de inverter o campo magnético da Terra. Munidos desse conhecimento, calcularam a data exata do "Grande Cataclismo" que iria destruir por completo seu país. Em que pese ao fato de isso só ter sido divulgado no palácio real, a notícia se espalhou como um incêndio. Os habitantes entraram em pânico, obrigando o sumo sacerdote a anunciar que a catástrofe só ocorreria dali a dois mil anos.

No ano 10000 a.C., um sumo sacerdote ordenou o êxodo geral porque o desastre era então iminente. Essa história, porém, está em meu livro anterior, *O Código de Órion*.

O Labirinto egípcio

Se você soubesse que uma cópia idêntica do "Círculo de Ouro" está hoje sob as areias do Egito, teria todos os motivos para alertar os mais ferrenhos escavadores de tesouros do mundo. Entretanto, eles não precisam procurar mais porque Gino e eu descobrimos sua localização. Só aguardamos patrocínio para trazer à luz esse monumento perdido, onde segredos importantíssimos estão guardados.

Também já se sabe o que encontraremos lá: papiros egípcios anunciando coisas inacreditáveis que ainda estão por vir. Há, em alguns livros de Slosman, várias informações sobre o Labirinto. Segundo sua

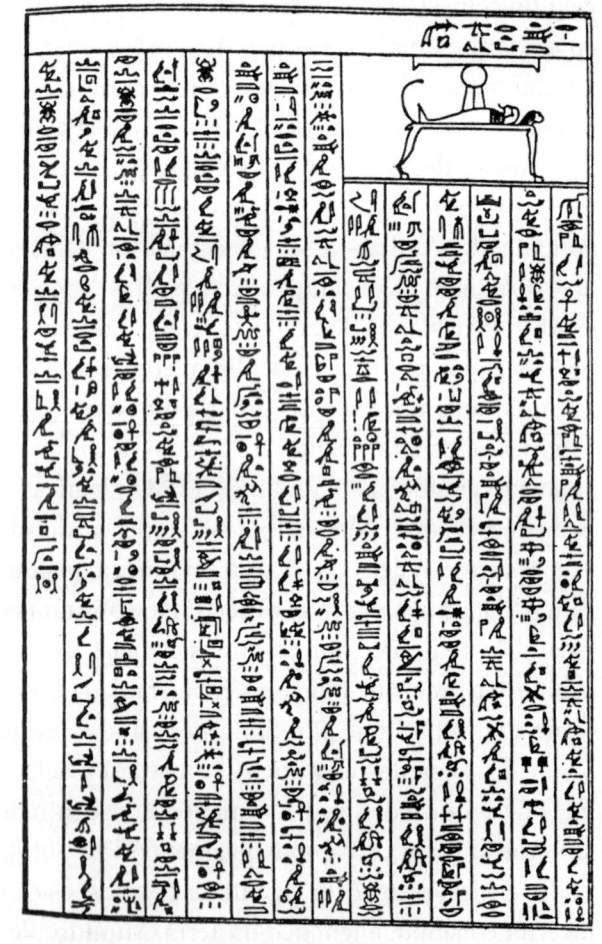

Figura 4. Trecho do "Livro dos Mortos", que traz um poema épico sobre os "Sobreviventes" e a ressurreição de Osíris (ver Capítulo 3). O original deverá ser encontrado no Labirinto.

decifração dos hieróglifos, os arquivos falam de uma civilização idêntica em cultura e formação à dos egípcios, tanto quanto em leis, arte e diplomacia. O conhecimento secreto que aqueles homens possuíam, oculto em textos sagrados, de modo algum podia ser perdido. Os aspirantes a sacerdote absorviam-no a fundo. Num período de quatro anos, deviam estudar criteriosamente 42 manuais, preparados no próprio Labirinto. Os dois primeiros contêm hinos em louvor de Ptá e Rá. Os dois seguintes, crônicas dos faraós, que remontam a trinta mil anos!

Os textos são exatos porque coincidem com as combinações matemáticas astrais do zodíaco. Existem também os "Livros das Quatro Eras" sobre astronomia, cuja primeira versão remonta à pátria original dos egípcios: Aha-Men-Ptah, nome mais tarde transcrito foneticamente para "Atlântida". O primeiro desses escritos discute o passado astronômico; o segundo, a época na qual foram redigidos e o futuro; o quarto é dedicado exclusivamente a Ptá. Dez escritos explicam em detalhe a religião tradicional com seus cultos e cerimônias. Quatro abordam o saber médico, a estrutura do esqueleto, os instrumentos cirúrgicos e as plantas de propriedades curativas. Dez livros contêm leis, um tesouro inestimável repleto de segredos. Outros textos falam do modo como os habitantes escaparam à catástrofe anterior e de sua fuga para Ath-Ka-Ptah (Egito). Que mais se poderá encontrar no "Círculo de Ouro"? Mais do que é possível imaginar!

Em seu centro vê-se um círculo com a imagem do zodíaco de Dendera onde os doze signos estelares aparecem em escala ampliada. Ptá está de pé no ponto central e deve ter tido uma estátua para além de qualquer descrição. Nut, mãe de Osíris, posta-se ao lado. No segundo círculo há coisas mais complicadas para contemplar. Elas ilustram, aqui, os 36 elementos que permitiram aos atlantes calcular com boa antecedência a primeira catástrofe. Isso foi da máxima importância: sem os cálculos, ninguém teria sobrevivido ao cataclismo, bem mais terrível que o de 21312 a.C.! Além disso, seu país desaparecera completamente sob o Pólo Sul (após a inversão polar). Geb, último governante de Aha-Men-Ptah morto na primeira catástrofe, também aparece na imagem. Traz à cabeça o peso da Terra, que deveria ser ressuscitada por intermédio de sua esposa Nut. Ela escaparia e, junto com os outros sobreviventes, lançaria as bases da nova pátria.

Sem um bom conhecimento dessa mescla de fatos históricos e espirituais, não se pode fazer uma reconstituição confiável da história do Egito.

Figura 5. O Labirinto contém um impressionante planisfério onde está gravada a data exata da inversão polar anterior. Temos de encontrar esse edifício o mais breve possível.

A Grande Esfinge, por exemplo, tem forma de leão porque a catástrofe anterior ocorreu na Era de Leão. No zodíaco de Dendera, existem linhas quebradas embaixo do leão, simbolizando as ondas do gigantesco maremoto.

O Labirinto contém ainda séries de hieróglifos que narram o êxodo para o Egito e ilustrações que antecipam uma nova Era, como Touro e Áries. Além disso, mostram um impressionante planisfério (mapa do céu com dois hemisférios) que inclui uma enorme quantidade de estrelas. E, mais importante que tudo: podemos aprender ali como calcular uma inversão polar! Em suma, o conhecimento a ser encontrado no Labirinto supera qualquer outra descoberta arqueológica. Tomara que não precisemos esperar tanto por esse momento.

Conseqüências para o mundo

Nunca a escavação do Labirinto foi tão urgente como agora; a não ser assim, a humanidade correrá grande perigo. Há doze mil anos, uma civilização altamente desenvolvida governava o planeta. Naquela época, as pessoas tinham conhecimentos sobre geometria espacial, geologia, matemática e geografia. Navegavam pelos oceanos e possuíam calendários incrivelmente precisos – a prova disso se acha guardada no Labirinto. A descoberta deles, por si só, mudará para sempre a história da Terra. Ademais, estarão ao nosso dispor a prova de onde extraíram seu conhecimento e a sabedoria para predizer a destruição da Terra. A princípio, causará pânico a idéia de que nossa civilização logo será arrasada por um formidável desastre geológico. Mas, logo depois, no mundo inteiro se tomarão precauções a fim de preservar o saber mais importante e precioso para os sobreviventes da tragédia.

Durante minha pesquisa, várias vezes fiquei impressionado com a ciência avançada desses gênios antigos. Em muitos pontos, ela atingiu um nível bem mais elevado que o da nossa. As pessoas conseguiam calcular de antemão órbitas exatas de mais de quatro milhões de dias, coisa que ainda não sabemos fazer perfeitamente. Com base em numerosos fatos, deduziram a destruição final da Terra. Sabiam que um acontecimento desses se repete ciclicamente e transformaram-no no elemento fundamental de sua religião. Espero que, já agora, todos reconheçam a extraordinária urgência da descoberta desse centro astronômico. Se não começarmos a escavar logo, a grave missão de informar as gerações posteriores sobre a catástrofe iminente terá falhado. Como já se mencionou diversas vezes neste livro, tal desastre poderá significar o fim da humanidade. Penso que, no mundo, existem seres humanos de bom senso em número suficiente para conduzir a bom termo a tarefa de trazer à luz o Labirinto. De outro modo, a mais formidável catástrofe da história apagará para sempre as pegadas do homem.

Fatos sobre o Labirinto

Embora poucas pessoas hajam ouvido falar dele, o Labirinto é mesmo o maior edifício jamais construído por mão humana. Não há superlativos para descrevê-lo, de sorte que apenas darei um exemplo: ele encerra o "Círculo de Ouro", o lendário recinto a que se refere o Livro dos Mortos dos egípcios. Ele é feito de granito e coberto de ouro. Dentro estão armazenados documentos sobre a história do Egito e o saber astronômico de sua civilização. O prédio tem dimensões gigantescas, motivo pelo qual sua construção levou anos. Os operários trabalharam com afinco na "Casa Dupla" das "Combinações Matemáticas Celestes" durante 365 anos (de 4608 a 4243 a.C.). Comparação: a maior das pirâmides foi construída em cerca de vinte anos! Por isso, não causa espanto que o comprimento total seja de 48.000 côvados egípcios (1 côvado egípcio = 0,524 metro) ou 48.000 x 0,524 = 25.152 km!

Se você se perdesse no Labirinto, certamente morreria porque muitas das paredes eram movediças – um dos aspectos que fazia dele, de fato, um labirinto! Antigas escrituras falam de pessoas que ali penetraram e, desnorteadas, morreram de cansaço. Ninguém sabe como está hoje o edifício, mas, considerando-se a técnica superior de construção dos egípcios, nós certamente ficaremos espantados ao vê-lo. Alguns cômodos são certamente vastos, com constelações inteiras gravadas no teto ou nas paredes. Além disso, o conhecimento astronômico prático dos egípcios é ilustrado em compridas paredes e pode ser lido nos hieróglifos – como, por exemplo, a contagem regressiva da catástrofe antiga até a de 2012.

2
OS SOBREVIVENTES DE ATLÂNTIDA

Depois de ler em *Le Grand Cataclysme* (e transcrevê-la em *O Código de Órion*) a narração do que aconteceu em Atlântida, eu certamente fiquei ansioso para saber o resto da história. Saí sem demora à cata do outro livro de Slosman, *Les Survivants de l'Atlantide*, mas ele estava esgotado há anos e não fora reeditado. Era difícil encontrá-lo. Por isso resolvi ir até a Biblioteca Nacional de Paris, onde certamente haveria um exemplar. A 3 de janeiro de 1998, dia de meu 43º aniversário, tomei o TGV na estação ferroviária de Antuérpia. Horas depois descia na Gare du Nord, a enorme estação em que trens chegam e partem um atrás do outro. Bem em frente, peguei o metrô até o famosíssimo museu do Louvre, onde se exibem antigas pinturas e obras de arte. A venerável biblioteca, fundada por ninguém menos que Napoleão, fica perto dali. Quinze minutos depois cheguei e pedi um bilhete de entrada para o dia inteiro.

Figura 6.

Passando pela porta bem guardada, mergulhei no coração do edifício, imponente e de vasta cúpula, belamente decorada com uma profusão de imagens coloridas, gravadas a ouro. Recorri ao meu melhor francês para pedir instruções e uma funcionária atenciosa mostrou-me como inserir no computador o cartão que apanhara na entrada. Assim, poderia solicitar eletronicamente qualquer livro. Decorridos alguns minutos, obtive o número correspondente. Ao ouvi-lo, a funcionária sorriu. Acompanhou-me, apertou um botão e mostrou-me a cadeira que me fora reservada. Em meia hora o livro estaria em minhas mãos! Enquanto isso, olhei à volta, curioso e admirado. O lugar estava cheio. Muitos visitantes registravam informações em seus *laptops*. Quinze minutos depois o livro chegou. Com um fundo suspiro de alívio, abri-o e vi que tinha quase trezentas páginas! Não seria possível lê-lo em duas horas, por isso me dirigi ao setor de cópias. Mas tive uma surpresa desagradável: não era possível copiar livros nem levá-los para casa. Por isso é que eu vira tantos *laptops*. Acontece, porém, que não me dou por vencido com tanta facilidade. Fui diretamente ao escritório da administração. Depois de muita conversa e muito ir-e-vir de sala em sala, fiz alguns progressos. Teria de preencher um requerimento em várias vias dizendo como e por que precisava de uma cópia. Mais tarde, me informariam se ele fora ou não deferido. Deixei a biblioteca resmungando e voltei à estação.

Duas semanas depois, recebi uma nota esclarecendo que o livro não estava totalmente esgotado e eu poderia pedi-lo ao editor, o que fiz logo em seguida. Mas o editor respondeu que a edição estava de fato esgotada. Quase em desespero, enviei uma cópia da resposta do editor à biblioteca, acompanhada de uma carta pormenorizada. Nela, expliquei que precisava de uma cópia do livro para empreender algumas escavações no Egito. Os funcionários sem dúvida se mostrariam receptivos a semelhante apelo, pois há pouco fora aberto um grande departamento egípcio no Louvre.

Passadas três semanas, recebi uma fatura de quinhentos francos franceses, quase cinco vezes o preço do livro. Mas que poderia eu fazer? Mandei-lhes um cheque imediatamente... e uma semana depois recebi outra fatura no mesmo valor! Fiquei semanas tentando resolver esse mistério, mas por fim soube que um pacote registrado me esperava no correio. Apanhei-o, impaciente, e comecei a ler o livro.

O que se segue é um resumo da história. Albert Slosman traduziu o material das Sagradas Escrituras, gravadas em hieróglifos.

Aha: o Primogênito

Na aurora da era dos "Eleitos", nasceu um "Primogênito" cumulado de dons especiais: seu nome era Aha. Ele ensinou a Lei Divina da Criação e, por esse motivo, milhares de anos depois todos os reis das dinastias egípcias eram chamados de Per-Aha (descendentes do Primogênito), termo que os gregos verteram foneticamente para *pharaon*, faraó. Esses descendentes do

Primogênito sabiam ter sido feitos à imagem e semelhança do Criador. Assim, era de vital importância para eles cumprir as Leis Celestes. Uma Aliança consagraria a Harmonia.

Não obstante, com o passar do tempo, parte do conhecimento se perdeu. O homem se julgou Deus, o que provocou a enorme catástrofe de 9792 a.C. Uma onda gigantesca varreu dezenas de milhões de Eleitos do Criador. Daí por diante, aquela terra mirrada de A-Men-Ta passou a ser chamada O Império dos Mortos. Profundamente abalados, os sobreviventes decidiram fazer uma nova Aliança com seu Criador. Deram-Lhe graças por ter escapado e pediram-Lhe perdão por suas faltas. Para que se instaurasse a Paz Eterna na Terra, dessa vez o tratado devia ser indestrutível. Registraram tudo meticulosamente, a fim de forjar cadeias inquebrantáveis para todo o sempre. É por esse motivo que seu êxodo pode ser retraçado. Da costa do Marrocos, onde desembarcaram de seus *mandjits* (barcos insubmersíveis), seguiram uma rota previamente escolhida para o Egito, numa jornada que durou milhares de anos, sempre no mesmo grau de latitude. Isso foi empreendido pelos seguidores de Hórus e pelos Rebeldes de Seth. Seus sumos sacerdotes tinham a mesma origem étnica e, após estudar o firmamento, chegaram a conclusões semelhantes, porquanto as Leis Celestes não podiam ser infringidas.

No entanto, à medida que os anos se passavam, surgiam rupturas na Aliança e o povo esqueceu seu compromisso. Esse período atormentado e trágico foi mais selvagem do que se possa imaginar: por mais de cinco mil anos, os clãs de Seth e Hórus se digladiaram em guerras espantosas, que só cessaram quando eles alcançaram a Terra Prometida. As crônicas antigas falam com entusiasmo da chegada a Ath-Ka-Ptah (Egito), o "Segundo Coração de Deus". Os clãs se uniam às vezes, quando estrelas e planetas estavam em posição favorável. Uma nova era podia começar.

Figura 7. Ath-Ka-Ptah, o "Segundo Coração de Deus", personifica a chama eterna nascida das cinzas graças a Osíris, o Primogênito, e seus descendentes.

A influência da terrível catástrofe é visível em todos os edifícios construídos após esse acontecimento, como a imagem dos dois leões no sarcófago de Ramsés II, olhando para direções opostas. Significam que, após o desastre, e portanto após a inversão polar, a era de Leão terminou. Entre os dois animais, um Sol repousa sobre um céu invertido, ao qual se prende a Cruz da Vida. Trata-se de um símbolo do pleno renascimento da vida na Terra, mas adianta também a horrível possibilidade de uma nova catástrofe – se as Leis Celestiais não forem respeitadas.

Essa constatação profundamente arraigada nos corações foi a força que inspirou a criação dos enormes monumentos dedicados a Ptá. Constituíam o cerne da nova Aliança com o Criador no "Segundo Coração de Deus". O vastíssimo Labirinto, com seus três mil compartimentos, não é o único exemplo disso. Monólitos impressionantes foram empregados em sua construção, que exigiu 365 anos. Afora ele, o templo de Karnak e as pirâmides de Gizé constituem pontos altos no culto a Ptá. Em todas as paredes de templos é possível encontrar hinos e textos gravados em honra do Criador. A fé intensa desse povo originou-se de sua ressurreição numa nova pátria. Ainda que, no correr dos anos, a fantasia tenha se mesclado aos fatos, isso não faz diferença alguma. Os antigos egípcios estavam absolutamente convictos

Figura 8. Os dois leões, olhando para direções opostas, indicam que a Terra, após a catástrofe prévia, começara a assumir a posição inversa.

de que suas crenças herdadas eram pura realidade, de modo que conformavam por elas todos os seus atos. Vale notar que a história dos antigos egípcios lembra muito a da religião católica, inclusive a ressurreição de Osíris.

Depois da catástrofe

Naquela noite, os sobreviventes assistiram aos derradeiros espasmos de Aha-Men-Ptah. Após violentos terremotos, a capital do país desapareceu sob as águas que subiam cada vez mais; uma aura avermelhada, irreal, envolvia o continente que se abismava. De seus barcos, os fugitivos viam os vulcões expelir lava para os céus, enquanto sua pátria mergulhava no oceano. Ela fora sua morada por séculos sem fim e agora praticamente desaparecera. O sofrimento deles, porém, não terminara. Raios de luz macabros, imensos, dançavam à volta dos *mandjits* enquanto os tripulantes forcejavam por vencer o ímpeto do furacão. Ninguém sabia se iria escapar. A noite parecia durar uma eternidade; a Lua e as estrelas faziam movimentos abruptos. De novo os vulcões explodiram, lançando seus destroços mortais até junto dos barcos. Um forte cheiro de enxofre contaminava o ar enquanto, ao mesmo tempo, uma coluna de luz gigantesca, apocalíptica, erguia-se para o alto. A noite findara; não era ilusão e sim uma realidade matemática, pois a crosta terrestre agora se deslocava por milhares de quilômetros. Não apenas os sobreviventes, mas tudo na Terra fora engolfado no desastre. Civilizações florescentes, sem saber o que estava acontecendo, desapareceram. Dezenas de espécies animais encontraram seu fim inapelável. E a aparência da Terra ia mudando a olhos vistos. Montanhas surgiam do nada, depressões se formavam. Por toda parte a água subia a níveis catastróficos, enquanto os furacões varriam a superfície terrestre. Os sobreviventes tinham de ficar de pé, tarefa difícil num mundo que deslizava. Às vezes o céu parecia clarear; mas era simples ilusão. Por fim, um milagre: um novo dia começou a nascer. Os aflitos sobreviventes gritaram, jubilosos – mas logo uma grande surpresa se tornou visível no céu.

Aquilo era realidade ou miragem? Talvez um fenômeno celeste ainda mais difícil de entender que o anterior os estivesse enganando. Mas, e se fosse real? Quem poderia dizer? A névoa onipresente e fétida ainda os rodeava, impedindo-os de avistar nitidamente os raios difusos. Estes, em seguida, ganharam mais brilho: anunciavam o nascer do Sol no leste! Gritos de espanto ergueram-se dos frágeis barcos. Não podiam acreditar no que viam. O Sol se levantava no lugar onde se pusera! Tomados de surpresa, os sobreviventes apontaram para o movimento invertido do astro. Isso, para a maioria deles, era um enigma indecifrável. No entanto, alguns sacerdotes conseguiram compreender por que a noite fora tão horrivelmente longa. A Terra, antes, se movia de leste para oeste, mas por causa da catástrofe invertera o curso, tornando a noite mais longa. A crosta terrestre se modificara, acrescentando ainda mais horas à escuridão.

Uma onda gigantesca, provocada por abalos no fundo do mar, avançou contra eles. Isso fez com que desviassem a atenção do milagre e se concentrassem no perigo iminente. Sobreviver, eis o que importava! Os *mandjits* se sacudiam na água. "Conseguiremos superar isso?", perguntavam-se os exaustos passageiros. Mal conseguiam agüentar-se. Em condições normais, os barcos podiam resistir às ondas mais impetuosas do oceano; mas aquela era uma seqüência de todos os acidentes naturais possíveis, que ninguém ja-

Figura 9. É chegada a hora! Osíris assume o fardo dos erros humanos coroando-se a si próprio com o Sol Morto para que um Novo Sol nasça no leste e se torne um instrumento de Deus.

mais enfrentara antes. Amarras se desfaziam, velas se esfarrapavam, lemes se quebravam, apareciam rombos nos costados. Já muitos dos barcos não conseguiam flutuar. No momento, os homens não percebiam que uma nova Lei Celestial Harmônica entrara em vigor. O Criador lhes dera a possibilidade de iniciar uma nova existência. Para mostrar isso, o tempo começara a correr num novo ano solar, com tudo o que havia no céu movendo-se na direção oposta à do ano solar anterior. Várias horas depois, naquele dia inesquecível, ficou claro que a Harmonia se tornara cíclica novamente. Os elementos se acalmaram.

Nos dias seguintes, uma gente pálida, ensandecida, foi lançada às costas do sul do Marrocos, numa extensão de centenas de quilômetros, pelo ímpeto das ondas. Isso só fora possível graças à construção frágil, mas impecável, dos *mandjits* sabidamente insubmersíveis. Grande número de cadáveres juncou as praias da nova linha costeira, aumentando o risco de epidemias. E seu sofrimento ainda não acabara. Noite após noite viam em sonhos imagens de corpos despedaçados, com faces retorcidas e olhos esgazeados de horror. Só alguns daqueles infelizes puderem ser sepultados. Os outros foram devolvidos ao mar, onde as vagas os empurraram para o fundo, transformando-os em alimento para peixes e crustáceos.

Afora o lençol imenso do mar, alguns picos e vulcões que escaparam ao dilúvio ainda podiam ser vistos. Voluntários saíram à procura de sobreviventes e depararam com alguns habitantes primitivos da terra, que teriam vindo das "Ilhas Afortunadas", nome utilizado até o século XVI, quando o local passou a ser conhecido como "Ilhas Canárias".

No lugar onde os sobreviventes se reagruparam, fundou-se uma cidade que recebeu o nome de Nut, a "Senhora do Céu", mãe de Osíris e derradeira rainha de Aha-Men-Ptah. Ainda hoje o local é chamado de cabo Nut. As crônicas falam em 144 mil pessoas que escaparam ao desastre. Coisa estranha, esse número coincide com a pregação das Testemunhas de Jeová, segundo as quais, após o "Fim dos Tempos", somente 144 mil eleitos serão recebidos no Paraíso. Isso se baseia, sem dúvida, na história egípcia (se as Testemunhas de Jeová quiserem sobreviver ao próximo maremoto, aconselho-as a que construam urgentemente uma nova Arca).

Nos primeiros dias após a catástrofe, os sobreviventes mal sabiam o que fazer. A enorme tristeza pela magnitude da desgraça roubara-lhes o impulso vital. Alguns estavam desesperados, lamentando a perda dos entes queri-

Figura 10. Em cima, Aha-Men-Ptah afunda no mar. Embaixo, Osíris segura um dos *mandjits* onde estão sentados os sobreviventes, numa imagem simbólica. O Escaravelho, Senhor da Vida, é o símbolo divino do mecanismo celestial. Ele ampara o velho Sol prestes a desaparecer.

dos. Outros refletiam sobre a situação e outros ainda se sentiam tão desesperados que pareciam em transe, olhando para o nada. As coisas nunca mais seriam como antes, disso todos estavam absolutamente certos. Haviam por ora conseguido abrigo numa nova terra, nada mais. Não voltariam a ver sua antiga pátria. Por oito longos dias, o Sol se levantou no leste; e, de súbito, gritos de alegria partiram da multidão. Néftis e Osíris haviam desembarcado! Apesar de viver no Além, Osíris continuava a ser o Primogênito de Deus. Sem saber muito bem por que, todos logo se sentiram reanimados, mais fortes e confiantes. A irmã gêmea de Ísis, com seus quatro filhos, juntou-se ao marido, o Sumo Sacerdote. Nunca duvidara de que devia cumprir uma missão sagrada. Na manhã seguinte apareceu um mensageiro dando a boa notícia de que Nut, a Rainha-Mãe, estava a caminho. A multidão saudou entusiasticamente sua chegada. Ela deu ordem para se edificar sem demora uma aldeia. Todos trabalharam juntos e isso foi feito. Em seguida, Nut instruiu os trabalhadores a erguer uma alta muralha de terra à volta da povoação. Nada ali lembrava seu palácio Ath-Mer, mas ela não se importou. Resignara-se ao fato de que a aldeia lembrava as que existiam antes da catástrofe. Ironicamente, milhares de anos haviam se passado e ei-los de volta ao começo!

Nessa fase de ajustamentos, um aspecto permaneceu quase ignorado. Depois de ter uma visão, Néftis e outras mulheres construíram um pouso definitivo para Osíris. Na visão, fora-lhe dito que não sepultasse o corpo do Primogênito nem o retirasse do couro de boi onde estava envolto. O marido de Néftis, o Sumo Sacerdote, chegou a protestar contra isso, mas, sabendo-a uma Vidente, não insistiu em outras medidas. Nut, mãe de Néftis, só com dificuldade aceitou o adiamento do funeral.

Os "Anais das Quatro Eras" contam assim a história:

"Só Ísis pode tomar sobre isso uma decisão, mas não temos nenhuma notícia dela...

"Mãe extremosa que é, está cuidando de seu filho gravemente ferido. Logo chegarão aqui.

"Que boas notícias! Andávamos tão preocupados! Dizei-me, não seria conveniente que alguns homens os fossem buscar? Onde está ela?

"Mãe, eles não precisam de ajuda porque logo os encontraremos. Convém preparar cabanas suficientes para aqueles que os acompanham."

Enquanto essas palavras eram proferidas, Ísis, esposa de Osíris, ainda labutava no mar, indagando-se desesperadamente sobre seu futuro. Na qualidade de viúva e ex-rainha de um país destruído, seu futuro parecia dos mais sombrios. Só seu filho Hórus a encorajava a viver. Então, de súbito, ela ouviu vozes. Ísis, apesar de exausta, abriu os olhos e olhou em derredor. A costa estava bem próxima e não tardou que o *mandjit* encalhasse com um ruído áspero. Num último esforço, ela pousou o filho na praia, o mais longe possível da água, sob a sombra de umas árvores desenraizadas. Logo um pequeno grupo de sobreviventes a cercava. Haviam se embrenhado terra adentro e deparado com uma barreira de montanhas, de modo que voltavam de mãos vazias. Embora Ísis estivesse muito fraca, as pessoas prontamente a reconheceram. Homens e mulheres caíram de joelhos. Em seguida, apressaram-se a confeccionar duas camas para a família real e, à noite, todos dormiram junto dela. Logo ao amanhecer iniciaram a jornada; dois homens carregavam Hórus. Com imensa alegria encontraram um grupo de vinte pessoas; elas disseram a Hórus que a Rainha-Mãe procurava reunir os sobreviventes desejosos de fundar um "Segundo Coração de Deus". Hórus então resolveu caminhar pelos próprios pés, o que retardou muito a marcha. Após uma jornada de vinte dias, chegaram à aldeia primitiva. O encontro fez com que a alegria a todos dominasse.

Enquanto isso, Seth conseguira juntar parte de suas tropas num local situado a dois dias de marcha para o sul, perto de um poço chamado E-Lou-Na ou "Os Fugitivos do Céu". Ficou extremamente irritado ao saber que sua família colaborava na fundação de uma vida nova. Como podiam sua mãe e suas irmãs fazer aquilo com ele? Pôs-se a urdir uma vingança e logo seu cérebro se inflamava com os novos planos. Cheio de cólera, ordenou às tropas que tomassem a cidade. Mas os soldados se rebelaram, pois ninguém queria continuar a guerra. E o tirano, baixando a cabeça, teve de reconhecer por ora sua derrota.

Enquanto isso, Néftis ensinava à irmã gêmea: "Os sinais celestes nos servirão de guia, dando-nos a conhecer de que modo pecamos contra as Leis de Deus. O Grande Poder, o Leão, nos dominava e por isso ocorreu a destruição. Há muito, muito tempo, um desastre semelhante pesou sobre nós, sob as mesmas circunstâncias. Deus queria que entendêssemos. Por isso Ele se manifestou ao nosso povo por intermédio do Sol, fazendo do Leão o executor de suas leis. Conexões harmônicas agora nos possibilitam estabelecer

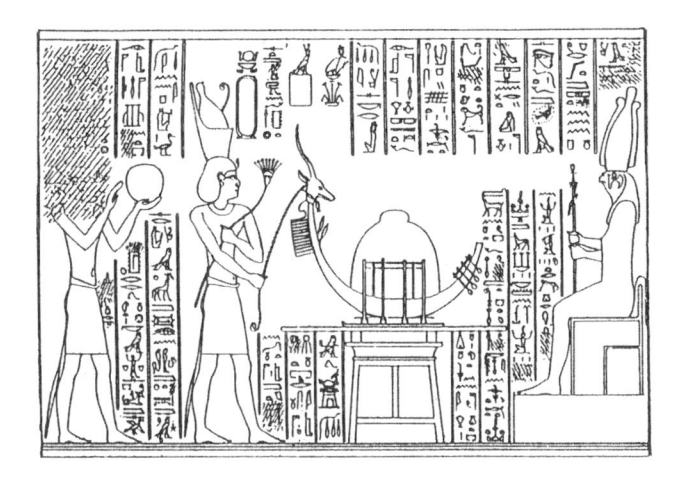

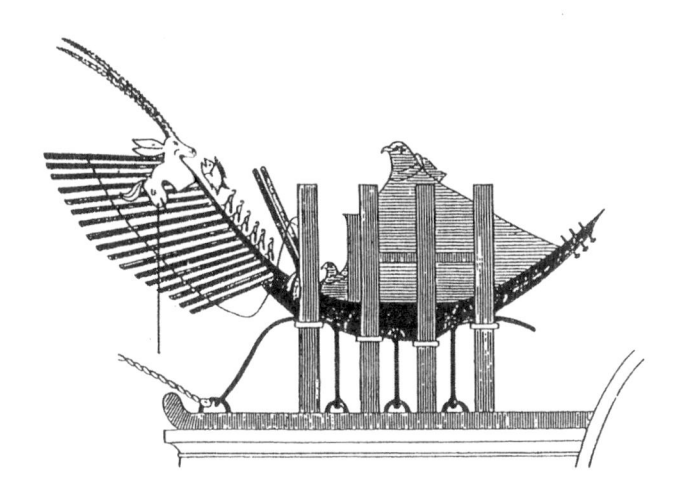

Figura 11. A imagem esotérica do *mandjit* de Hórus.

uma nova Aliança com o Leão e seu duplo. É por isso que o Sol passou a mover-se em sentido inverso, na constelação de Leão. Só um Descendente poderá formar esse vínculo entre o povo e o Pai, Deus. Tão logo o teu filho se recupere, será iniciado como Per-Aha. Essa iniciação restaurará a Aliança com os Doze. O vínculo une a Terra aos Céus e protegerá nosso povo para todo o sempre. No dia em que esse vínculo for rompido, uma catástrofe ainda pior destruirá nossa civilização. Só o que restará serão pedras a simbolizar um passado glorioso."

Essas últimas palavras ficaram ecoando de maneira sinistra nos pensamentos de Ísis. Ela jamais as esqueceria. Algum tempo depois, Néftis concluiu que os tempos estavam maduros para o projeto de Deus. Ela teve então a honra de executar aquilo que Ele escrevera. Na presença de seu amado Sumo Sacerdote, Ísis e seus acólitos iniciaram a cerimônia.

"Que nosso ilustre Sumo Sacerdote pronuncie as fórmulas purificadoras para acordar Osíris de seu longo sono. Que comece o antigo ritual para a Proteção dos Vivos. Que o Filho do Primogênito seja devolvido aos que o amam e a todos os seus descendentes!"

Os servos de Deus adiantaram-se para o corpo envolto no couro de boi. Os assistentes se ajoelharam e, em voz límpida e bela, o Sumo Sacerdote conclamou: "Reverenciai o Senhor neste momento especial para que Ele nos ajude com sua infinita misericórdia."

E prosseguiu em palavras igualmente edificantes, que seriam conservadas para sempre, como o "Hino a Osíris", no futuro "Livro dos Mortos".

Honra a Ti, Pai de quantos aqui se acham, por tudo o que nos deste após nossa chegada a esta terra. Vem a nós, ó Pai Sapiente, para que Te devolvamos ao final desta cerimônia Osíris, Teu filho e pai de Hórus. Ele nasceu de Ti e para Ti voltou, Pai dos bem-aventurados no Além. Mas pedimos que no-lo devolvas em forma humana...

A ressurreição de Osíris

Após orar por algum tempo, o Sumo Sacerdote e seus acólitos empunharam um escalpelo e, com cuidado, puseram-se a cortar o couro de boi. Súbito, um milagre aconteceu. Osíris surgiu diante deles tal como era antes, parecendo que apenas adormecera durante algumas horas. Só sua barba crescera; o resto do corpo estava perfeito e intacto, sem sinais de decadência. Ouviram-se gritos de júbilo e admiração. Naquele momento, nada soava impossível para Ísis. Somente Deus poderia ter operado o milagre. Ela o sabia. E então uma força espiritual, mais forte que a causa do Grande Cataclismo, dominou-a.

Correu para seu bem-amado, cujo corpo parecia vivo embora até o momento não mostrasse nenhum sinal de vida! Ísis iniciou uma litania, invo-

Figura 12. O *mandjit* que transportou o corpo de Osíris, sem sinais de decadência, para Ta-Mana após o Grande Cataclismo.

cando a ressurreição do marido. Passaram-se mais de doze mil anos, mas a invocação ainda pode ser lida em diversas tumbas de Tebas e Sacara: "Ó Senhor dos Espíritos, este apelo também é Teu! Ó Tu que não tens inimigos, são os Teus filhos que Te imploram! Ouve as preces de Tua filha, que não podes repelir, pois a deixaste nascer em meu coração! Minha alma caminha para Ti, a Quem pertencem os meus olhos. Peço-te o retorno de Osíris. Vem, contempla aquela que ama Teu filho e sua alma. Ó Senhor, atende ao anseio de Tua filha!"

De súbito, todos os presentes sentiram em si uma força espiritual estranha, intensa. Tremeram de emoção, enquanto Nut e Ísis deixavam correr livremente as lágrimas. Naquele exato instante, Osíris despertou como se jamais houvesse morrido. O milagre pelo qual todos haviam orado fervorosamente materializava-se diante de seus olhos. Sem poder conter a alegria, Ísis foi a primeira a beijar o marido. Em seguida, todos cumprimentaram Osíris e recolheram um fragmento do couro de boi que tão miraculosamente o preservara. Mais tarde, o objeto seria descrito como a "Força Celestial" que, com seu "Sopro de Vida", restaura as energias vitais. Milhares de anos depois, o acontecimento constituiria a base de um culto, o compromisso entre os "Seguidores de Hórus" e o "Touro Celeste".

Entrementes, não havia limites para o entusiasmo que o povo sentia ante a ressurreição de seu rei. Ísis ainda não sabia, porém, que o marido regressara para cumprir uma tarefa especial: preparar seu filho Hórus a fim de que ele governasse o povo eleito de Deus. Só assim as Leis e os Mandamentos divinos seriam compreendidos e acatados. No dia seguinte, Osíris começou a ministrar suas lições.

"Tu logo estarás recuperado, filho meu. Teus olhos simbolizarão o despertar da nova História. Amanhã te tornarás o protetor das gentes em virtude da acuidade de teu olhar. O símbolo do dia será teu olho esquerdo, a quem o Sol presidirá quando navegar pelo Grande Rio Celeste. Teu outro olho fechado há de ser o Defensor da noite, durante a qual o tempo hesita em fluir. Serás, até o fim, o Guia de teu povo."

"Mas, Pai, ainda te encontras entre nós! É teu dever conduzir o povo."

"Filho, os meus dias estão contados. Vim aqui para te ensinar os símbolos sagrados e sua significação. Olha o mar, Hórus: acalmou-se, mas não é o mesmo de antes porque o Sol se levanta do outro lado. Um novo ciclo se iniciou..."

"Lembro-me muito bem das profecias de teu pai, Geb", replicou Hórus. "Todas eram verdadeiras... Por que aquelas coisas aconteceram conosco?"

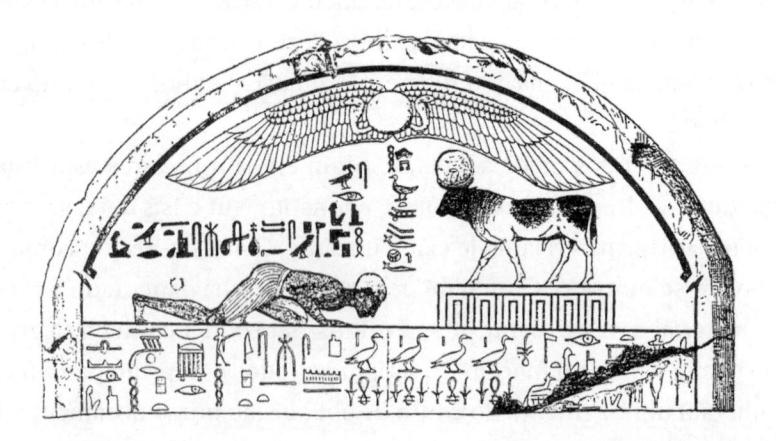

Figura 13. Adoração do "Touro Celeste". Sobre sua cabeça pousa o novo Sol, que representa Osíris no céu após ressuscitar.

"Para que o povo compreendesse. Elas aconteceram porque nossos compromissos com Deus eram muito frágeis e provocaram este drama."

"Que queres dizer, querido Pai?"

"Para de novo nos ligarmos por completo ao Criador, é preciso de novo respeitarmos os seus mandamentos. As nossas fontes de saber espiritual terão de tornar-se uma só. Por isso, respeitemos as novas 'Combinações Matemáticas Celestes', que nos devolverão a Harmonia com o movimento do céu."

"Mas, Pai, não é Deus o responsável por tudo isso?"

"Decerto que não, Hórus! Nossos ancestrais, os Eleitos, fizeram em tempos idos um tratado com Deus, que seus descendentes não respeitaram. Sem dúvida, isso atraiu sobre nossas cabeças a cólera divina. Muito antes de Geb, as forças da destruição iniciaram sua obra maléfica. Egoísmo, ódio, inveja e muitos outros vícios iam minando a aliança. Se todos tivessem permanecido fiéis e orassem, Deus se mostraria bondoso para conosco, pois é o Pai de Todos. Mas os templos foram abandonados e quase caíram em ruínas. Em conseqüência dessa impiedade é que o horror do Grande Cataclismo desceu sobre nós."

Figura 14. A Era de Touro presidida por Osíris. Na frente, Sua Alteza, o Sol, posta-se para proteger as Duas Terras e os descendentes de Osíris.

"Tens razão, Pai. Enquanto não olvidarem suas sagradas tarefas, os sacerdotes serão a garantia de nossa Ressurreição."

"Sim, filho. Por isso convém repetir sempre os fatos mais importantes para as gerações vindouras. Somente o ensinamento oral contínuo poderá transferir nosso saber, de modo que não haja separação entre Deus e Ka, criador de suas imagens físicas. Se assim se fizer, adquiriremos o direito a uma Segunda Pátria. O Segundo Coração de Deus chamar-se-á então Ath-Ka-Ptah em honra de nossa pátria-mãe e como mostra de gratidão à Harmonia Celestial que nos permitiu escapar para uma nova terra."

Fez-se um longo silêncio antes que Osíris prosseguisse: "O mar ainda está vermelho, raiado de sangue, mas logo ficará azul de novo e tudo se esquecerá. Cabe a ti imprimir de vez tais fatos na memória do povo, pois, se ele os esquecer, as cadeias se romperão novamente. E então, Hórus, eu te asseguro: será o fim definitivo."

"Cuidarei para que a Aliança com o nosso Criador não se quebre jamais. Também serão de grande valia para o povo as Ordens rigorosas dos sumos sacerdotes."

"Enquanto nossa gente permanecer unida, isso será possível. Mas já existem dois grupos hostis. Ah, tua tarefa não será nada fácil!"

"Que me aconselhas?"

"Tua única missão consiste em evitar que a desavença recomece. Cada qual deve sentir que goza da proteção eterna de Deus. Além disso, a grande prioridade até a noite dos tempos é doutrinar a todos, não importa sob que governo estejam vivendo. Para tanto, grava as leis divinas nestas pedras indestrutíveis, lado a lado com a história do Grande Cataclismo, realçando as datas exatas e as conseqüências do acontecimento. Os dois leões, olhando para pontos diferentes do horizonte e com o Sol no meio deles, serão o símbolo que as gerações mais jovens deverão compreender."

"Sem dúvida, meu Pai. Ainda preciso aprender muito. Em primeiro lugar, teremos de estudar outra vez as 'Combinações Matemáticas Celestes', após o que nos será possível restaurar a harmonia perdida com o Paraíso."

"Isso não será muito difícil, filho. Acredita em mim, o Criador deixou os movimentos do Universo tais quais sempre foram: só a Terra passou a girar na direção oposta, sem deixar de percorrer seu caminho ao redor do Sol."

"Então o Sol continua no mesmo lugar?"

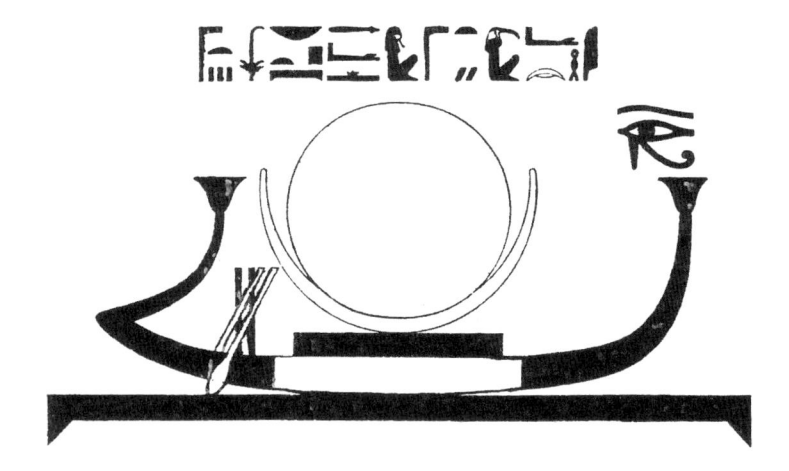

Figura 15. Aqui o Sol, guiado pelo Olho Sagrado, navega em sentido diferente num céu invertido, após o Grande Cataclismo.

"Sim. A Terra, porém, alterou seu curso e por isso agora vemos as coisas ao contrário. Logo esse Conhecimento Matemático ficará claro para ti. As outras lições que irás ouvir, por seu turno, farão com que concluas teus estudos por meio da meditação. Em dois meses terás ao teu dispor um saber sem paralelo. Para tanto, vou te transmitir a Palavra baseada em vinte e dois versos fonéticos. Adquirirás então um conhecimento superior. Graças ao teu nome, serás tu mesmo e ninguém mais."

"Levarei a cabo a tarefa, meu Pai."

"Não deixes de levar tudo isso muito a sério, filho. Os cálculos dos Mestres sobre 'Medidas e Números' são os únicos que contam. Não permitas nunca que as pessoas brinquem com eles. Aliás, deves tornar as Combinações Matemáticas ainda mais difíceis de entender em sua totalidade; de outro modo, poderão transformar-se em objeto de zombaria."

"Bem o sei, meu Pai. Os sumos sacerdotes foram humilhados por suas profecias, baseadas em cálculos. Ainda posso ouvir palavras de sarcasmo dos céticos, que eram muitos. Pobre Geb, o que não suportou ele para salvar os filhos da Luz nascidos em sua Terra!"

"Por isso o Senhor Geb será chamado nos Anais de Pai da Terra: foi graças à sua perseverança que os *mandjits* nos arrancaram àquele horror indescritível. Tu és o neto dele, Hórus, e também um Primogênito que servirá de vínculo com as próximas gerações. Graças a ti as Leis Divinas serão restauradas."

"Compreendo, Pai."

Já então o Sumo Sacerdote voltara a examinar cuidadosamente as novas combinações. As antigas, ele as sabia de cor. Estavam nas Sagradas Escrituras, que todos os sacerdotes ensinavam a seu Primogênito, e aprendera as Combinações Matemáticas Celestes na infância. Conhecia, pois, o mecanismo que lhes possibilitaria estabelecer uma Nova Aliança com Deus e seu Segundo Coração. Espiritualmente, preparava-se para a jornada rumo à nova pátria, a qual, entretanto, não seria nada fácil. Numerosos reflexos de sóis provocavam efeitos tanto positivos quanto negativos, de sorte que os reflexos aproveitáveis deviam ser meticulosamente selecionados. Só o que podia fazer era prescrever a rota certa a seu sucessor e a ninguém mais. A jornada para Ath-Ka-Ptah (Egito) seria longa e cansativa, disso ele tinha certeza. Sabia com precisão o ponto de partida e o destino final; de permeio, havia a estrada a seguir, que não podia ser nem muito longa nem muito curta e, mais importante ainda, devia ser inspirada pela Divindade. A senda que as estrelas fixas estavam seguindo era idêntica à rota contrária que o Sol palmilhara em configurações mais vastas como a de Leão. Um exame acurado de Órion e Sírius mostrou-lhe o rumo a tomar para o Segundo Coração. Bem mais tarde, escrituras confirmariam isto: o leste e o oeste se juntaram, com o olho vigilante do Coração do Leão apontando o caminho.

Uma gigantesca tarefa os esperava. Todos os meninos e meninas tinham de ser instruídos, conforme ordenara Hórus. No entanto, dada a falta de conhecimento, só uns poucos deles poderiam levar a bom termo o trabalho. Além disso, a Tradição e as Fontes do Conhecimento não deviam cair nas mãos de qualquer um. Para coroar tudo, as lições precisavam ser repetidas incansavelmente aos jovens, sem nenhuma falha. Estes, por seu turno, passariam o conhecimento a seus próprios filhos, geração após geração, até que a Palavra se transformasse em Escritura e a civilização fosse restaurada. Isso só aconteceria no dia marcado por Deus e não antes, pois de outro modo as Leis Divinas seriam violadas. Assim os descendentes, num futuro distante, dali a séculos ou mesmo milênios, poderiam recomeçar na nova pátria o aprendizado e o ensino de todas as ciências. Era um empreendimento arriscado, mas o único possível se quisessem resgatar a Harmonia com as Leis Celestiais. O Sumo Sacerdote reviu pacientemente seus cálculos. O tempo fluiria devagar em sua marcha oposta ao Grande Rio Celeste, que corre junto às doze constelações.

Além disso, o ciclo solar permaneceria em Leão por muito tempo ainda, tornando a viagem mais longa. No entanto, mesmo quando o Sol saísse de Leão, o momento não seria favorável o bastante e conviria esperar pela era de Touro. No futuro remoto, e não antes, seria dado ao povo edificar o Segundo Coração.

Enquanto o Sumo Sacerdote examinava as diversas possibilidades, sua esposa Néftis se encontrava com Hórus, seu sobrinho. Onisciente que era, fez logo a pergunta certa: "Estás aborrecido por que, ó filho de minha irmã adorada?"

"Meu Pai sugeriu uma Aliança com Deus por meio da Fé incondicional em nosso Criador."

"E não concordas com isso?"

"Aceito sem problemas a Aliança. Mas a Fé não será eterna e, assim, a continuidade da Aliança talvez se revele impossível."

"Hórus, entendo bem tuas dúvidas, mas a Fé é a única base de que dispomos. Tem de ser passada às futuras gerações, do contrário tudo se perderá. A catástrofe também foi provocada pelo ateísmo absoluto, que, se reaparecer, levará ao fim da humanidade."

"Queres dizer que um cataclismo destruirá nossa nova pátria?"

Néftis silenciou e olhou intrigada para Hórus. Depois, prosseguiu: "Por favor, não tornes a Lei Celestial mais difícil do que já é. A Fé bastará para

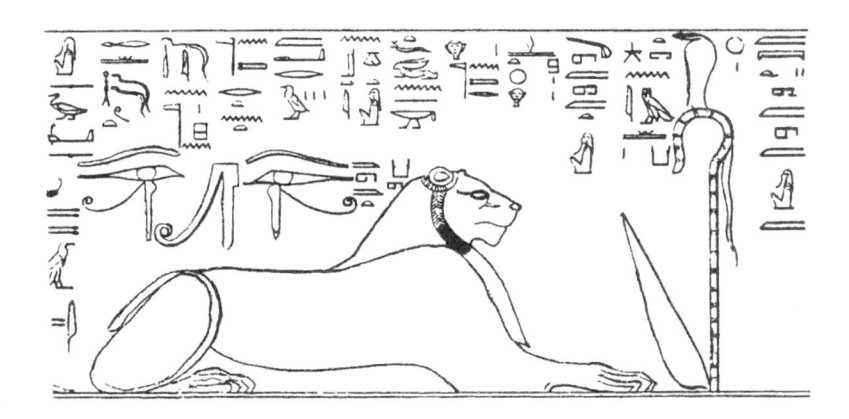

Figura 16. O Leão olha para a direita, enquanto todos os rostos dos hieróglifos se voltam para a esquerda. O Olho Sagrado aparece em suas duas posições: a antiga, à esquerda, e a nova (Criação), à direita.

explicar as 'Combinações Matemáticas Celestes'. Nos anos vindouros, sacerdotes e 'Mestres', dos quais és o primeiro, precisarão cooperar uns com os outros para professar o dogma de Deus, tanto quanto Seu poder sobre todas as coisas e seres, sob quaisquer circunstâncias."

"Não será essa tarefa pesada demais para mim?"

"Não, certamente: és a imagem do Criador. Esse conhecimento protegerá nosso povo. Tens capacidade para garantir que todas as crianças e seus descendentes se convençam desse fato. E, o que é mais, deves ensinar a Lei Celestial em toda a sua glória, sem nada mudar nela. A Fé terá de ser parte integral da vida. Tu procedes do Primogênito e serás o guia do qual ninguém duvidará. Assim, o acordo se transmitirá de geração em geração, de forma natural. Deus então nos recompensará com um longo período sem ameaças do Céu, período cuja duração Ele próprio prescreverá."

Enquanto isso, Osíris visitava o Sumo Sacerdote e perguntava-lhe: "Os novos cálculos são difíceis?"

"Deus foi bom para conosco, Osíris. Tudo permanece o mesmo, apenas ao contrário. Amanhã ministrarei minha primeira lição, fornecendo as bases que determinarão a rota para nossa Segunda Pátria. Há indícios de que, sob uma estrela favorável, num futuro distante poderemos elaborar um novo calendário, ao qual precisaremos nos adaptar."

"Pensas em Sírius para estabelecer o Ano Divino?"

"Sim, essa estrela é o centro de nossa nova Aliança com Deus."

"Quando se iniciará o novo calendário?"

"As observações que fizemos nos últimos dez dias são muito interessantes. Os cálculos mostram que o Sol permanecerá em Leão por quase todo o seu ciclo."

"São boas notícias. Nosso conhecimento permitirá aos nossos descendentes manter a Aliança até o final dos tempos."

Essa conversa, ocorrida não muito depois do Grande Cataclismo, haveria de ser decisiva para o futuro do Egito. Porém, a profecia de Osíris se dissolveria na névoa dos milênios, sobretudo por influência das invasões dos persas, gregos, romanos e árabes. O conhecimento da ascensão e queda cíclicas das civilizações, bem como o das inversões polares, perderam-se por completo juntamente com a profecia.

A vida prosseguiu e Seth tinha de novo a obediência de seus soldados. Declarou que o Sol os criara e, portanto, eles deveriam reverenciar Rá. Deu-lhes também um novo nome, "Ra-Seth-Ou", ou seja, os "Soldados do Sol". E, para ter o Sol completamente de seu lado, dirigiu as seguintes palavras a Rá: "Inunda-me com teus raios benfazejos, ó Sagrado Criador! Possa o meu cetro, com tua aquiescência, dar a ordem de destruição de todos os meus inimigos!"

Não bastasse isso, um exército, levando na retaguarda mulheres e crianças, pôs-se em movimento. Pouco depois, encontraram as tropas de Hórus. Seth não podia acreditar que o primo ainda estivesse vivo. Hórus bradou: "Parai, soldados! Sou eu quem vo-lo ordena. Deus permitiu que escapásseis, mas, se nos chocarmos, Ele enviará vossas almas diretamente para o Além!"

Seth, contudo, não lhe deu crédito. "Sentirei imenso prazer em matar-te, coisa que muito lamento não ter feito por ocasião de nosso último encontro! Na qualidade de Senhor de um novo país, esse é o meu dever, tanto mais que não te assiste direito algum ao trono."

"Tens certeza de que és o novo Senhor?"

Sem perceber exatamente o significado dessas palavras, Seth olhou à volta, perplexo. Uma voz sonora quebrou o silêncio:

"Devíeis todos vos envergonhar de vós mesmos! Quanto opróbrio! Haveis esquecido que sois filhos de Deus?"

Seth reconheceu imediatamente a voz e sentiu-se abalado. As seguintes palavras pioraram ainda mais as coisas para ele: "Sim, sou eu, Osíris! Voltei para dizer-te que Hórus é o único e verdadeiro sucessor. Hórus, descendente do Sol, é o Touro Celeste que regressou à Terra. Só ele dispõe da autoridade divina para conduzir o povo ao 'Segundo Coração de Deus', onde o espera a fortuna e a felicidade."

Cheio de cólera, Seth respondeu: "Tu não passas de uma réplica, sem corpo e sem alma. Vai-te, fantasma das trevas!"

"Não, sou eu mesmo! E por isso transfiro a Hórus minha autoridade celeste. Digo a todos com clareza: eu, Osíris, coloco Hórus no trono desta Segunda Terra. Ele será o Senhor incontestável e o primeiro Per-Aha de uma série de descendentes celestes. Aqueles que não concordarem com isso que falem agora! E partam logo, para não sofrer nenhum dano. Mas tomem cuidado aqueles que aqui permanecerem com coração impuro!"

Essas palavras hipnotizaram as mulheres e crianças que acompanhavam Seth. Elas recuaram, inquietas. Seth devia ir adiante com suas tropas. Milhares de anos depois essa antiga conversa ficaria gravada em inúmeros

Figura 17. Uma das muitas cópias, com milhares de anos, que narra a vida de Hórus.

templos como a Luta dos Gigantes, os "Seguidores de Hórus" contra os "Rebeldes de Seth". E, de novo, a vida prosseguiu.

Os "Seguidores de Hórus" perceberam que necessitavam de certos materiais essenciais para reconstruir a nação. Um desses materiais era o ferro. Osíris decidiu encabeçar, ele próprio, uma expedição. Hórus reuniu quarenta de seus melhores e mais leais soldados. Néftis provocou certo mal-estar ao insistir para que seu Primogênito, Anúbis, fosse com eles. Sem pedir explicações, o Sumo Sacerdote, marido dela, concordou. Néftis teria certamente boas razões para fazer a exigência, dada a pouca idade de seu filho. Anúbis, em companhia de seu enorme cão, seguiu fielmente o grupo. Dois dias depois, a expedição passou a avançar a passo mais lento. Osíris sabia onde encontrar uma mina de ferro. Uns velhos marinheiros, antes do Grande Cataclismo, lhe haviam descrito a rota para o lugar. Infelizmente, a conflagração modificara-o muito, a ponto de não mais condizer com as lembranças de Osíris. Nos dias que precederam o desastre, havia por ali um rio selvagem correndo por uma área de vegetação luxuriante. Agora o que se via era uma montanha extremamente alta, situada numa paisagem devastada. Osíris não conseguiria abrir caminho para o norte, em tal situação.

Uma serpente enorme e faminta enroscou-se de súbito em torno de Anúbis. O vigoroso cão correu em seu auxílio e, por esse simples ato, tornou-se daí por diante o mascote do grupo. Os dias fluíam lentamente até que uma cadeia de montanhas alteou-se no horizonte, coberta de neves eternas. Osíris sabia que aquela era a direção certa e, com redobrada coragem, o grupo se pôs novamente em marcha. À medida que avançavam, a temperatura baixava rapidamente; mas, antes que os primeiros flocos de neve caíssem, encontraram uma passagem entre duas montanhas, e o caminho começou a descer. O aspecto físico do terreno mudara por completo. Visto de cima, o que antes parecia um lago transformara-se numa imensa planície de areia. Quando eles se aproximaram, era como se andassem sobre um mar extinto. Paredões a pique erguiam-se onde antes havia, sem dúvida, uma torrente caudalosa. Com cautela, às vezes tropeçando, pisaram o areal circundado por dunas de diferentes alturas. Um vento quente torturava os outeiros arenosos, outrora batidos pelas ondas de um mar desaparecido. Grandes quantidades de conchas, ainda não fossilizadas, confirmavam que aquela espécie de alucinação era mesmo o resultado do desastre que abalara o mundo.

Naquela noite, Anúbis não conseguiu dormir. Muito admirado, contemplava o firmamento e seus olhos passeavam principalmente pela névoa clara e leitosa que parecia um rio: Hapy. Jovem demais para entender em minúcia o que via, continuava a observar, fascinado. Osíris veio para junto dele e falou: "Nossos Mestres das Medidas e Números desceram ao âmago de muitas coisas – às vezes, até os mínimos detalhes – que agora te parecem inexplicáveis. Mas superarás essa fase, ó Anúbis, e serás o executor dos Decretos Celestes, o mediador entre a morte e o além. Além disso, conduzirás nosso povo à nova pátria, porém não mais depressa que o movimento tardo do Sol." Cheio de orgulho, Anúbis continuou a contemplar o céu e avistou uma estrela cadente, interpretando o fato como um presságio de que tudo acabaria bem. Na noite seguinte, pareceu ao grupo que chegava a um mundo diferente. Tudo fora como que sacudido por um torvelinho, ostentando uma visão apocalíptica do desastre; isso se podia ver até mesmo nas montanhas, rasgadas por imensas fendas recentes. Havia incontáveis árvores chamuscadas, carbonizadas, e tufos de grama que começavam a brotar dos remanescentes de raízes ressequidas. Ali encontraram os primeiros fragmentos de ferro. Osíris, então, apartou-se do grupo e saiu à cata de novos recursos, enquanto Anúbis e seu cão iam explorar algumas cavernas. Estando a meditar numa delas, uma voz celeste lhe falou, transformando-se em sua mente em imagens que lhe mostravam um acontecimento terrível.

Por acaso, Seth apareceu também no local, acompanhado por vinte de seus Rebeldes do Sol. Ao ver o irmão, inflamou-se de ira: "Olhai para ele! Desta vez seu falso deus não o salvará. O disco brilhante que cruza o céu será minha testemunha. Na qualidade de criador, justificará a morte de Osíris."

O Primogênito olhou calmamente para o irmão e respondeu com voz poderosa: "Sim, tu me matarás, mas apenas porque a divindade assim o decidiu. Ele é quem conduzirá teu braço, para mostrar aos nossos descendentes que és o filho desleal do Deus único e verdadeiro, Ptá."

Rubro de cólera e agarrando a lança de um de seus homens, Seth bradou: "Eu sou o filho do Sol! Tu não és meu irmão e morrerás!"

"Estás completamente enganado. O castigo por este assassinato será que não reinarás sequer por um dia em nenhum de meus territórios."

Apoiando-se numa das pernas, Seth arremessou a lança, que atravessou o peito de Osíris com um forte zumbido. Ele tombou, e a ponta da ar-

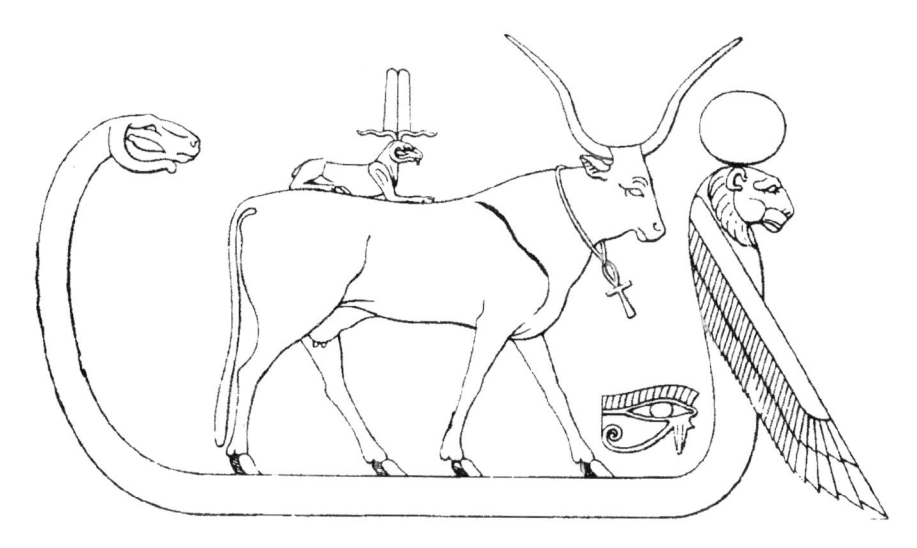

Figura 18. Em sua nova navegação celeste, o Leão conduz Osíris sentado no dorso do Touro, rumo ao local de repouso eterno.

ma encravou-se na terra. Rugindo de alegria, o vencedor pôs-se a dançar freneticamente.

"Osíris morreu! E agora para todo o sempre! Nada o trará de volta à vida! Ó Rá, a ti ofereço essa vitória!" Depois de assim falar, Seth achou mais prudente desaparecer. Tamanha sorte num único dia era bom demais para ser verdade e o exército inimigo, que se aproximava, certamente iria persegui-lo. Portanto, melhor não tardar e fugir sem demora.

O cão foi o primeiro a descobrir o corpo. Lambeu-lhe o rosto com devoção. Pouco depois chegava Anúbis para ouvir o derradeiro grito de Osíris: "Sepulta-me junto ao local onde descobrimos o ferro... Meu espírito protegerá nossos descendentes por muitos séculos... Ó Deus, volto para ti!"

Hoje é possível reconstituir a rota que eles seguiram. Começou em Ta Mana, situada a aproximadamente 100 km de Agadir. Em Ta Ouz, perto da fronteira entre o Marrocos e a Argélia, existem tumbas que lá estão desde os tempos mais recuados. Junto de Osíris, foram sepultadas Nut, Néftis e Ísis, além de vários sumos sacerdotes e conselheiros de Hórus. Os visitantes sentem que penetram num mundo diferente quando percorrem esses restos da névoa da história.

Séculos fluíram sob o signo estelar de Leão. Hor-Ou-Tir, o faraó da época, descendente tardio de Osíris, reuniu seu conselho. Aquele seria um dia importante para os habitantes de Ta Mana. O faraó começou a falar num tom agitado: "Honoráveis membros do conselho, convoquei esta reunião extraordinária porque já se aproxima o dia da Grande Partida. Precisamos encetar a marcha, todos juntos, no dia previsto pelas 'Combinações Matemáticas Celestes', a fim de aproveitar suas influências benéficas. Mas, primeiro, é necessário resolver alguns problemas." Com um gesto majestoso, lançou o manto aos ombros e sentou-se no trono.

O Sumo Sacerdote tomou a palavra: "Que Ptá dê ao nosso faraó uma vida longa e a Grande Força para destruir quem quer que se oponha às Leis de Deus! Somos todos da linhagem de Osíris. Nossa vitória está próxima. Por isso, precisamos solucionar um dilema: a eliminação de nossos semelhantes, os Ra-Seth-Ou, descendentes do apóstata Seth. Só então conseguiremos partir para a Segunda Pátria em paz e segurança. Este conselho terá, pois, de escolher os homens mais aptos a cumprir devidamente a missão. Possa a presença de Deus nos ajudar nestes tempos memoráveis!"

O Sumo Sacerdote curvou-se dignamente diante do faraó. O presidente do conselho, levantando-se, começou a falar com voz vibrante: "Já falamos demais. Que um exército seja recrutado imediatamente. Há tempos, o Sol entrou na era de Leão. Agora está prestes a sair dela e, como urge que vençamos nossos inimigos, devemos partir sem demora. Todos os nossos atos serão registrados nos Anais. Não vos esqueçais de que uma longa jornada nos espera; teremos não apenas de nos defender como de contra-atacar para proteger nossas famílias."

Em seguida o faraó convocou o comandante das tropas, Mash-Akher, que externou seu ponto de vista: "Para

Figura 19. Osíris está de fato sepultado em Ta Ouz (seu santuário). A chama eterna que conduziu os "Sobreviventes" ao seu "Segundo Coração", Ath-Ka-Ptah ou Egito, foi acendida em seu corpo.

vencer os Rebeldes, ó descendente de Osíris, ponho desde já meus homens à tua disposição. Estou inteiramente ao teu serviço, ó Mestre que representas a Eternidade na Terra! Só não temos armas; mas, se o conselho concordar com meus planos, poderemos obtê-las prontamente."

Com olhos faiscantes, o faraó ergueu-se do trono: "Discutiremos tua proposta num minuto. Enquanto isso, nomeio-te capitão de minha guarda pessoal."

Mash-Akher fez uma profunda reverência e aguardou novas instruções. O Primogênito falou novamente: "Ordeno a todos que sigam as instruções dele. No dia em que o Sol se erguer pela quarta vez, tudo deverá estar preparado, pois então iniciaremos nossa Grande Partida. Eu próprio comandarei o exército. Aquele será o dia dos 'Seguidores de Hórus'. Por Decreto Celestial, determino que isso seja registrado em nossos Anais."

Na manhã do quarto dia, o Sumo Sacerdote avistou um enorme contingente de soldados. Milhares de lanças, feitas com o ferro descoberto por Osíris, faiscavam à luz do Sol. Catorze séculos após o combate singular entre seus líderes lendários, um novo confronto os aguardava. Certos da vitória, os "Seguidores de Hórus" lançaram-se à batalha – que foi curta, acirrada e sangrenta. Só uns poucos caíram prisioneiros. Com voz retumbante, o faraó ordenou: "Dizei a vosso líder que já não faz sentido ameaçar-nos mais. Eu, Hor-Ou-Tir, descendente em linha direta de Osíris, sou o Filho de Deus. Foi Ele quem me garantiu a vitória. Deixaremos esta terra, que não se destina a ser vossa e nunca o será. Se encontrarmos alguns de vossos irmãos em caminho, não teremos piedade e os mataremos. Ide e dizei isso ao vosso chefe!"

Figura 20.

O Sol estava prestes a deixar a era de Leão. Sob esse sinal auspicioso, o povo partiu para Ath-Ka-Ptah, o Segundo Coração de Deus. Nessa mesma manhã, Sírius erguera-se pouco antes do Sol. No dia 22 de julho de 8352 a.C., iniciou-se uma nova era com a longa marcha para a Luz.

3
INVERSÕES POLARES CATASTRÓFICAS E ERAS GLACIAIS

Os acontecimentos que narramos nos permitem agora explicar uma série de mistérios geológicos. Há mais de doze mil anos, porções consideráveis da Europa e da América do Norte estavam cobertas de geleiras, numa sucessão infindável de montanhas de gelo. Nessa época a Dinamarca não existia, vendo-se em seu lugar uma horrenda paisagem de quase um quilômetro de altitude. A maior parte das Ilhas Britânicas jazia sob o gelo, que cobria também muitos outros lugares. A atual baía de Hudson não passava de um cenário congelado, de brancura fantasmagórica. Gelo por toda parte. As camadas eram tão profundas que sepultavam mesmo o cume do monte Washington no atual New Hampshire, com seus quase dois mil metros de altura. No oeste outro lençol de gelo se estendia da extremidade setentrional das Montanhas Rochosas até as Aleutas. No hemisfério Sul, geleiras desciam dos Andes e das montanhas da Nova Zelândia. Como sabemos disso com tanta certeza? A explicação é fácil: camadas de gelo e geleiras deixam traços nítidos de sua configuração passada. Uma vez atingido o ponto de fusão, o gelo desliza centenas de metros sob seu próprio peso. Arranha a superfície do solo e envolve detritos em seu abraço gelado. Rochas do tamanho de caminhões são assim fragmentadas e arrastadas por quilômetros. Os pedaços rolam para os vales fluviais, dando por erosão a estes, em lugar da forma em V, a forma em U; e se esses vales cobertos de gelo estão perto do mar, cavam-se fiordes profundos.

Nenhum geólogo pode explicar logicamente por que havia tanto gelo na Europa e na América. Aventaram-se inúmeras hipóteses. Os astrônomos presumem que a órbita da Terra talvez tenha sido responsável por essa massa de gelo. Uma explicação possível seria que ela se afastou um pouco do Sol, numa posição ligeiramente oblíqua. Outros, entretanto, conseguiram provar que a diferença na radiação solar não foi suficientemente grande. Incontáveis teorias circularam pelo mundo, mas não se firmaram por causa da falta de evidências conclusivas. A única coisa que os cientistas sabem ao certo é que existe uma relação entre a precessão (do zodíaco) e a existência de eras glaciais. Afora isso, tudo o mais são conjecturas. Agora, porém, o leitor pode pôr um fim às suas dúvidas. Já sabe o que aconteceu em Aha-Men-Ptah, o paraíso perdido. Em 21312 a.C., o eixo da Terra se inclinou; em 9792 a.C., o planeta começou a girar na direção oposta e a crosta terrestre se alterou numa extensão de milhares de quilômetros. Cada catástrofe mudou a posição dos pólos. Desse modo, estão presentes todas as condições que explicam a alternância entre eras glaciais e climas temperados. Em primeiro lugar, deve ter havido um volume crescente de precipitações, de outro modo as massas de gelo não se formariam. Mas de onde veio a água? Nada mais simples: as massas de gelo, deslocadas dos pólos, derreteram-se e se evaporaram na atmosfera. Essa evaporação cada vez mais forte aumentou a quantidade de chuva em toda a Terra. Nos locais onde se situam hoje os pólos, gotas de água sob a forma de neve e granizo se acumulam formando blocos de grande altura. Bilhões de toneladas de gelo esmagam hoje cidades mortas e o centro astronômico da Atlântida. Dentro de poucos anos, neve e gelo cobrirão boa parte da paisagem européia e norte-americana. Não se pode evitar isso.

Para escapar a semelhante catástrofe, precisamos fixar urgentemente prioridades. Só uma pequena fração da população mundial conseguirá sobreviver à inversão polar e aos maremotos, terremotos e erupções vulcânicas resultantes. E depois, quando as pessoas tiverem de suportar temperaturas de 50° abaixo de zero, o cenário mudará. É isso que nos espera. Um conhecimento assim tão amedrontador e paralisante lembra o que já aconteceu muitas vezes no passado. E deslinda vários enigmas geológicos. Por que as geleiras cobriram a maior parte da Europa em tempos remotos, enquanto a região nordeste da Sibéria, hoje localizada acima do Círculo Polar, ficou livre delas? A resposta dos cientistas ortodoxos é: "Diabos, não sei... Não faço idéia..." Essa gente nos deve uma explicação satisfatória. Não significa, porém, que você não possa obter agora mesmo a resposta certa, pois ela se encontra nestas páginas. Em conseqüência das alterações na crosta terrestre, a Sibéria mudou subitamente de latitude e transformou-se no lugar mais frio do mundo – passando de um clima temperado para um clima glacial, e num só dia. Provas disso não faltam.

Antes das alterações da crosta terrestre, muitos dos animais hoje extintos viviam nessa área, como os mamutes herbívoros. Ao fim da última era glacial, eles desapareceram. No nordeste da Sibéria, foram encontrados inúmeros esqueletos desses mastodontes. Nada de mais, dirá você; acontece, porém, que logo depois se acharam cadáveres de mamutes perfeitamente preservados! Essa descoberta espantou o mundo. Até agora, mais de cinqüenta cadáveres intactos foram exumados, alguns ainda com fragmentos de plantas nos dentes e bocados de alimento não-digeridos no estômago. Os corpos estavam em tão boas condições que cães lhes comeram a carne sem adoecer. Segundo testemunhas, ela parece carne bovina congelada. O fim

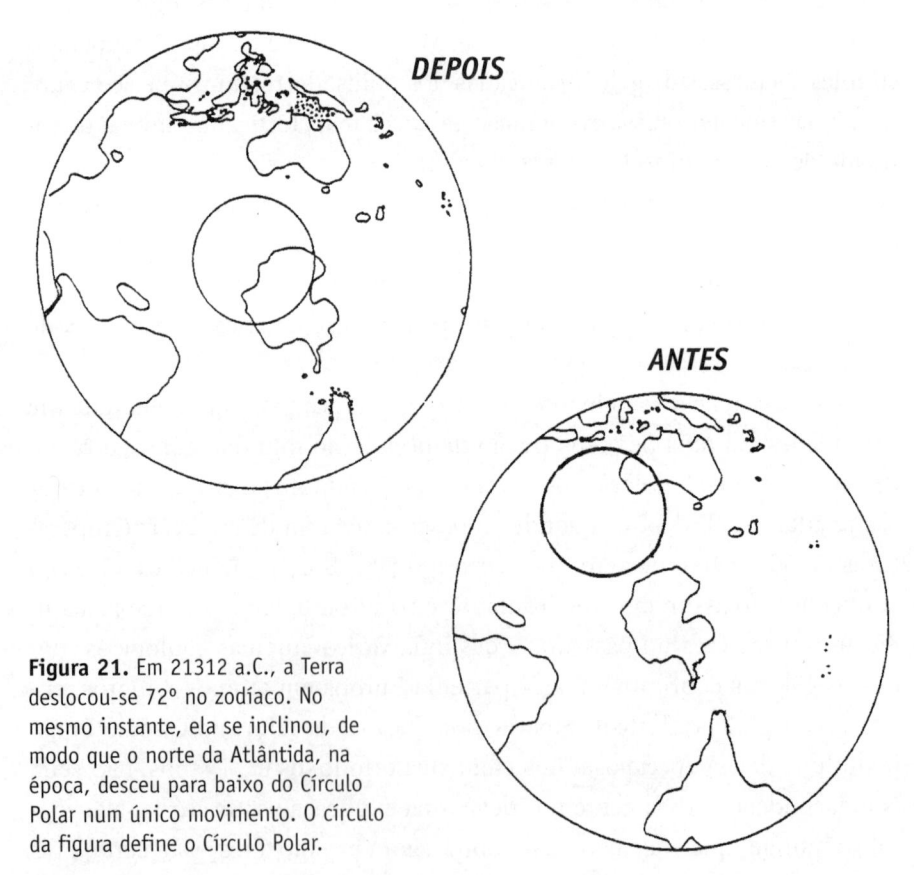

Figura 21. Em 21312 a.C., a Terra deslocou-se 72° no zodíaco. No mesmo instante, ela se inclinou, de modo que o norte da Atlântida, na época, desceu para baixo do Círculo Polar num único movimento. O círculo da figura define o Círculo Polar.

dos mamutes ocorreu de súbito; não há dúvida quanto a isso. Análises mostraram que provavelmente morreram afogados. Se não se congelassem imediatamente, teriam apodrecido. Só uma catástrofe como a inversão polar explica convenientemente o enigma. Num frio tão intenso, os animais decerto não conseguiriam sobreviver. Sucumbiram de um golpe, sem aviso; com alimento ainda na boca e no estômago, foram arrastados por quilômetros e depois cobertos de gelo.

Um cenário idêntico para nós

O mesmo fenômeno ameaça a maior parte da população atual do mundo. Regiões hoje de clima temperado eram geladas há alguns milhares de anos. Uma vez que se espera uma nova inversão polar, a Terra passará a girar ao contrário. Haverá verdadeiro morticínio nas partes mais baixas e populosas do planeta. Praticamente ninguém sobreviverá ao desastre. Seja como for, sem barcos as chances serão nulas. Após a inversão, milhões de corpos perfeitamente preservados ficarão escondidos por massas de gelo durante milênios – até serem desalojados violentamente por outro fenômeno semelhante. Perspectiva das mais horríveis, que me perturbou dias a fio... ou melhor, meses. Eu acordava com essa idéia na cabeça e ia dormir sem esquecê-la. Meus sonhos se tornaram pesadelos em que bilhões de pessoas morriam e a Terra se sacudia toda. Repetidamente, surgiam imagens fantasmagóricas de um gigantesco incêndio que assolava o mundo inteiro. Eu acordava suado e trêmulo. Não conseguia me acalmar; na verdade, não podia. Pensava nas vítimas anteriores, não apenas humanas, mas também animais como o assustador tigre-dentes-de-sabre e o enorme canguru que alcançava 3,5 m de altura, todos mortos pela violência da natureza. E lá vinha de novo a imagem fantasmagórica de um gigantesco incêndio que assolava o mundo inteiro.

Formidáveis castores de quase três metros de comprimento, bichos-preguiça que devoravam árvores apoiados em suas grossas caudas, pesando mais de três toneladas e com seis metros de altura ao erguer-se sobre as patas traseiras – todos desapareceram durante aqueles inexoráveis acontecimentos. As palavras de R. Dale Guthrie, do Instituto de Biologia Ártica ("Grandes Desastres", *Reader's Digest*), continuaram vibrando em meus pesadelos. Ele descobriu que, há doze mil anos, a flora e a fauna do Alasca eram completamente diferentes das de hoje: "Esses animais devem ter morrido de maneira trágica. Viviam num ambiente muito diverso. Só assim se explica a imensa variedade de hienas, mamutes, tigres-dentes-de-sabre, camelos, rinocerontes, alces de galhada imponente e antílopes saigas. Com a chegada do gelo, houve a extinção em massa." O destino coletivo dessas criaturas bizarras lança-nos uma séria advertência: aconteceu antes e acontecerá de novo, muitas vezes. Só nos restam alguns anos até a próxima catástrofe. E o que nos espera desafia quaisquer vôos de imaginação. Tudo aponta para o aniquilamento completo da humanidade, tal qual sucedeu no passado à maioria dos grandes animais. Há mais de cem anos, o conhecido zoólogo Alfred Wallace (*Big Disasters*) escreveu: "Do ponto de vista da zoologia, vivemos num mundo empobrecido de onde os mais formidáveis, selvagens e estranhos animais desapareceram há pouco."

Exatamente da mesma maneira um morticínio geral logo ocorrerá. Dessa vez a maior vítima será a humanidade, pois é ela quem governa hoje a Terra inteira. Não haverá escapatória possível. Meus achados, de evidência devastadora, não levam a menos que isso. Estamos caminhando para o grande acontecimento e não podemos detê-lo. Tal conhecimento arruína minha constituição e minha mente, pois de fato não há nada a fazer – exceto, talvez, avisar as pessoas. Espero que, após ler este livro, um número suficiente delas se sinta motivado a tomar as medidas necessárias de sobrevivência e a capacitar-se para iniciar depois uma nova cultura. Nunca se sabe – meus pesadelos, assim, seguramente perderão algo de sua dramaticidade.

A citação seguinte lembra-nos dolorosamente a última catástrofe (*Atlantis*, Berlitz, 1984): "A face dos céus cobriu-se de trevas. Ninguém sabia o que iria acontecer. Súbito, chamas voaram para o ar enquanto uma chuva de fogo e cinzas caía, arrastando rochedos e árvores. Corpos em pedaços ficaram sepultados na areia e no mar. Num único dilúvio gigantesco, repentino e violento, a Grande Serpente Celestial foi raptada do Céu. O Céu ruiu e a Terra se abismou; e os quatro deuses, os Bacabs, adiantaram-se para comandar a destruição do mundo." No século XVI, Diego de Landa assim escreveu sobre o acontecimento: "Entre os incontáveis deuses que os maias cultuavam, havia quatro chamados Bacabs. Seriam quatro irmãos que Deus, após criar o mundo, instalou em seus quatro cantos a fim de sustentar o céu e impedi-lo de cair. Os maias dizem também que os Bacabs fugiram quando um dilúvio destruiu o mundo."

Relatos semelhantes são encontrados por toda parte. Os escritos avésticos falam sobre uma catástrofe que desabou sobre seu paraíso, Airyana Vaejo, mudando-lhe os ares tépidos num clima gelado (*The Arctic Home in the Vedas*, Tilak, p. 340): "Eis que Angra Mainyu, trazendo em si a morte, engendrou um inimigo... A neve cai em todos os lugares, formando grossas camadas; esta é a mais horripilante de todas as pragas ..." Além disso, lemos em suas escrituras que o frio terrível fora predito e o povo recebera instruções para proteger-se do desastre: "Construí, pois, um abrigo e levai para ele representantes de cada espécie. Ponde lá dentro todos os tipos de plantas e de frutos sumarentos, os mais belos e aromáticos. Essas coisas e criaturas não morrerão enquanto permanecerem no abrigo."

As escrituras dos nativos toba mencionam um frio intenso, acompanhado de trevas. Segundo eles, a calamidade foi enviada porque o mundo tinha de mudar em conseqüência do aumento populacional. Assim, para salvar o mundo, a população devia ser dizimada. Todos esses mitos provam que uma catástrofe terrível de fato ocorreu. Vezes sem conta encontramos, neles, motivos semelhantes para o acontecido: estrelas cadentes, terremotos violentíssimos, um dilúvio gigantesco e um frio insuportável. Profetas anteciparam o desastre por ordem de Deus; os Noés se apressaram a construir suas arcas e seus descendentes voltaram a povoar a Terra. Essas histórias foram escritas para nos servir de advertência: são mitos universais e antigos, elaborados para nos transmitir as visões do apocalipse. Logo se tornarão uma realidade aterradora. As lembranças do passado não tardarão a assombrar-nos o espírito.

O professor Hapgood (*The Path of the Pole*, 1970) escreveu o seguinte a respeito do que aconteceu há mais de doze mil anos: "Por todo o Alasca vêem-se indícios de uma mudança atmosférica sem precedentes (...) Embora alguns animais pesassem até duas toneladas, foram despedaçados e seus membros revoaram como palha ao vento. Pilhas de ossos misturaram-se a troncos de árvores, também elas trituradas e amontoadas ao acaso (...) Por cima de tudo, uma fina camada de poeira congelada."

Ao ler isso, logo percebemos que foram necessários poderes formidáveis para edificar uma sepultura de tamanhas proporções após os acontecimentos. Dezenas de milhões de animais e pessoas tiveram morte instantânea, provocada por inundações, terremotos, tempestades e o início repentino de um período glacial. A Terra inteira se agitava. No Novo Mundo, perderam-se mais de setenta grandes espécies de mamíferos. Para uma melhor perspectiva: durante os trezentos mil anos anteriores à catástrofe, apenas vinte tipos haviam desaparecido. O mesmo padrão se repetia por todo o planeta, mas o Alasca e a Sibéria foram as regiões mais duramente atingidas. Centenas de milhares de animais congelaram-se até a morte, sem sair do local, e foram preservados para que, depois de mais de dez mil anos, ainda pudessem alimentar cães puxadores de trenó. Esses números apenas encabeçam a lista das cifras apocalípticas dos seres que se aniquilaram durante a catástrofe anterior.

Milhares de vulcões devem ter explodido porque cinzas vulcânicas freqüentemente envolvem os animais congelados. Esqueletos de mastodontes foram achados de pé no San Pedro Valley, amparados por pilhas de lava (Velikovsky, *Worlds in Collision*). Boa parte da Europa e a região futuramente conhecida como Novo Mundo jaziam sob uma camada de gelo de vários quilômetros de espessura. Quando a crosta terrestre deslizou, deteve-se numa zona de clima temperado. Então começou o gigantesco degelo. Dez milhões de quilômetros cúbicos de gelo reduziram-se a água. Esta correu para os mares e oceanos, fazendo com que seu nível subisse mais de 160 m. Praias baixas foram de novo inundadas. Milhões de litros de água evaporaram-se e caíram como neve nos pólos. Em resultado, o nível dos mares desceu novamente. No norte da Flórida, encontramos sedimentos marinhos em alturas de até 75 m. Áreas hoje secas, como o Saara, eram então cheias de vida, pois a chuva abundante nutria a vegetação.

Esse terrível período deixou traços profundos no mundo inteiro. Em muitos lugares, pessoas temiam que os terremotos fossem um prenúncio de novas calamidades. A oeste do rio Volga, na Rússia, os maris acreditavam que a Terra repousava num dos chifres de um touro colossal. Cada movimento do touro podia suscitar um terremoto. No instante em que a cabeça da fera se inclinasse, o céu viria abaixo e as terras mergulhariam no oceano. Bem longe dali, em Machu Picchu, os incas mantinham um alojamento de moças, que deviam repovoar o mundo após um novo desastre. Na Islândia, um mito começa com esta assustadora profecia de um visionário: "O Sol ficará negro, a água encobrirá a terra. Estrelas chamejantes cairão no mar ..."

Não há dúvida de que o Sol desempenhou o papel principal nesses acontecimentos. Por ocasião da primeira catástrofe, ele se moveu irrequieto no horizonte. Esse tema aparece em qualquer parte do mundo. Em suas ce-

Figura 22. No final de 2012 as criações dos maias, como este belo baixo-relevo, serão destruídas para sempre.

rimônias do solstício de inverno, os sacerdotes de Machu Picchu amarravam uma corda mística a um grande pilar. Julgavam assim impedir o Sol de sair de seu caminho para espalhar morte e destruição. Um Sol controlado, a seu ver, não provocaria outro dilúvio. Em Stonehenge, como em toda a Europa pré-histórica, edifícios imensos de pedra foram erguidos em honra do Sol. Continuam de pé, como recurso mágico contra uma nova inundação. Graças a fórmulas mágicas, o movimento do Sol poderia ser mantido sob controle. Durante milhares de anos, essas pedras garantiram a segurança do mundo. Mas esses rituais não são realizados há muito tempo. O Sol, deus impetuoso, talvez não se sinta nada feliz em tal situação. Com ímpeto destruidor, esse astro errante provocará uma reação em cadeia que abalará nosso mundo pelos alicerces. O céu desabará, a terra se fenderá em conseqüência de terremotos. Ondas pavorosas arrasarão tudo. Isso está registrado nos mitos de inúmeras culturas, pois já aconteceu muitas vezes antes.

Lemos nas escrituras os fatos traumáticos ocorridos há quase doze mil anos: incêndios, raios, furacões, inundações, erupções vulcânicas, céus negros, fome, frio, etc. O povo infeliz que sofreu tudo isso ficou tão chocado que a terrível lembrança passou a dominar completamente suas vidas. A advertência que transmitiram aos filhos foi lançada de geração em geração. No centro de tudo isso, destacam-se as histórias dos sobreviventes: elas contêm códigos cuja decifração permitirá aos pósteros prepararem-se, também eles, para o horror dos horrores. A manutenção desse conhecimento depende, para nós, sobretudo dos escritos dos antigos egípcios e maias. Em seus bem-preservados segredos encontraremos os números fatídicos que nos explicarão o período anterior de catástrofes e nos revelarão suas predições para o próximo.

4
O PROGRAMA DE COMPUTADOR DO DESASTRE PRECEDENTE

Em meu último livro, *O Código de Órion*, decifrei parcialmente o "programa de computador" elaborado pelos antigos egípcios e maias, o qual prevê o fim do mundo. Ele contém uma lógica matemática que me levou a suspeitar de algo mais: um vasto esboço dos acontecimentos conducentes ao Apocalipse em 2012 d.C. Eu só sabia que ele lá estava, escondido; e meu medo aumentou ainda mais – medo, nu e cru, por minha própria vida. Perambulei durante dias, tremendo como varas verdes. Depois de dois meses, um zumbi pareceria mais saudável que eu. Por fim, já completamente esgotado, criei coragem porque minha tarefa ainda não terminara. Muitos códigos estariam sem dúvida ocultos no desastre precedente que destruíra a Atlântida. E, com base neles, eu talvez conseguisse encontrar mais pistas sobre a catástrofe futura. Munido dessa evidência, poderia então convencer um número suficiente de pessoas a tomar medidas para sua preservação. Quem sabe não houvesse alguma coisa a fazer para ajudar a salvar a humanidade? Fosse como fosse, achei que valia a pena tentar, embora meus sonhos continuassem povoados de imagens horrendas. Várias vezes acordei no meio da noite, julgando que terremotos estavam destruindo usinas nucleares e provocando holocaustos atômicos. Mas, em verdade, eu ignorava como alguém poderia evitar isso. Continuei, porém, a trabalhar e logo fui recompensado com indícios sobre a ruína da Atlântida.

Códigos desvendados pela primeira vez

Com base no cálculo que prevê a próxima catástrofe para 2012, cheguei à série numérica 2,66666. Decidi testar a série 0,66666, pois já vira esse número em outros cálculos e ele me parecera poder levar à explicação do que sucedera com a Atlântida. E por quê? Por pura coincidência, é fato, mas aquilo tinha a meu ver tudo para ser a jogada certa. Aparentemente, eu estava destinado a desvendar os códigos. Descobri depois que a série 0,66666 fora usada, nesses códigos, para o cálculo da órbita da Terra em redor do Sol. Considerando-se esse número, podemos provar que os atlantes mediam o ano solar chegando a nove casas decimais! Ele também contém o número do Apocalipse bíblico, 666, o que em seguida me levou a outras descobertas impressionantes. Na época eu ainda ignorava tudo isso, mas minha intuição me conduziu aos primeiros códigos. Bem mais tarde recorri a outras decifrações, pois os números dos antigos egípcios e maias têm significados diferentes. Mas então eu não chegara tão longe e resolvi pesquisar mais a fundo minhas primeiras conclusões. Mostrei, em meu livro anterior, que aqueles povos possuíam três calendários diferentes, de 360, 365 e 365,25 dias. Esses números não devem intrigar ninguém, pois os cálculos são fáceis de entender. Todos sabem somar, subtrair, dividir e multiplicar: é simples assim. E o leitor nem sequer precisará fazer ele próprio as contas, pois minha calculadora de bolso já se encarregou disso. Eis os três primeiros códigos:

365,25 x 0,66666 = 243,499999
365 x 0,66666 = 243,33333
360 x 0,66666 = 240

A princípio, não soube o que fazer desses resultados. Meus miolos pareciam em brasa e eu ia de cá para lá, sem tirar os números da cabeça. Tudo bem com o número 240: contém as vinte e quatro horas do dia. Mas, e o 243? Não dava nenhuma pista e empaquei nele. Para onde olhar? Decidi não fazer mais cálculos até encontrar uma solução. Isso me ocupou durante dois dias inteiros e comecei a lamentar minha promessa. Percorri capítulos e mais capítulos de livros à cata de algum indício. Tudo parecia me levar a um beco sem saída. Ora, por que perder meu tempo? Mas então, de súbito, tive um lampejo inspirador e abri minha enciclopédia de astronomia. Algo me encaminhou para o verbete sobre Vênus. E lá estava! O número 243 significa a órbita de Vênus em redor do Sol! Para ser mais exato: esse planeta leva 243,01 dias para descrever seu giro (depois, descobri que cometera um erro; não se tratava da órbita de Vênus e sim do tempo que ele leva para girar em torno de seu eixo, o que, entretanto, não fez nenhuma diferença para a decifração). Os atlantes costumavam arredondar números, sendo portanto, no caso, bastante lógico deduzir que 243 se referia ao planeta Vênus.

Consegui, graças a essa descoberta, decifrar muitos outros códigos atlantes. Revelo-os no Capítulo 17, "Vênus, a Chave de Todos os Mistérios". E, como o leitor verá, existe uma ligação inquestionável entre o número 243 e o número da precessão. Pude extrair daí páginas e páginas de decifração, algumas muito importantes. Dizem respeito aos famosos números dos maias e ao ciclo egípcio sótico. Há também conexão com o ciclo de manchas solares maia. E, para coroar tudo, consegui provar o vínculo direto entre o número 666 e Vênus. Como se vê, graças à minha persistência teimosa, essa pequena lista não está assim tão mal. Se contasse com novas descobertas, eu poderia encerrar a pesquisa apresentando evidências sólidas. Mas, no momento, só tinha uma noção um tanto nebulosa de meu verdadeiro objetivo. Decidi, intuitivamente, fazer mais cálculos com a série 0,66666. Para meu espanto, deparei com três números que notara antes, em outros cálculos (veja adiante e no Apêndice). Não, aquilo não podia ser coincidência! Faça as contas você mesmo, se quiser:

243,49999 x 0,66666 = 162,33333
243,33333 x 0,66666 = 162,22222
240 x 0,66666 = 160

Percebi de imediato onde essas séries de números haviam sido encontradas. Pouco tempo antes, eu andara esquentando a cabeça com elas e, em alguns momentos de "luz", pressentira-as acidentalmente. Acidentalmente? Não seria lógico concluir que havia uma conexão entre o México e o Egito? Números e combinações eram tais que acabei por descobri-los automaticamente. Isso prova, mais uma vez, que o programa foi concebido de maneira a não restar outro caminho senão deslindá-lo! Percorrendo essa série idêntica, consegui demonstrar a beleza e a complexidade de seu *software*. Mais surpreendente ainda, porém, é que podemos encontrar os mesmos números na decifração do Códice de Dresden! Matemáticos e outros interessados verão isso no final do capítulo. E aquilo era só o começo! Multiplicando as séries mencionadas por 0,66666, obtive outro conjunto de números sagrados. Repeti a operação: na mosca! Melhor ainda, havia inúmeras interconexões entre eles, encaixando-se perfeitamente (os matemáticos devem consultar o Apêndice). Com isso, provei sem sombra de dúvida que aqueles números foram realmente usados!

0,66666 e o Ano Solar dos maias

Teria eu visto, em alguma parte de *Fingerprints of the Gods*, de Graham Hancock, alguma coisa sobre o número 66,6? Corri a abrir o livro. Sim, de fato. Eis, em suma, do que se tratava: a Pirâmide do Sol, no México. Nos equinócios de 20 de março e 22 de setembro, ocorre o seguinte fenômeno: durante 66,6 segundos, uma sombra passa pela face oeste da pirâmide. Isso vem ocorrendo duas vezes por ano desde que a construção ficou pronta. "Aí está!", foi a exclamação que ecoou em minha mente. Uma das muitas funções da pirâmide era transmitir as mensagens codificadas do culto sapiencial que governara a Terra por milhares de anos! Havia ali uma nítida conexão entre o ano solar, mostrada pelos equinócios, e o número 0,666, pelo

Figura 23. Essa reconstituição da Pirâmide do Sol mostra como o centro religioso deve ter parecido na época áurea. Desde então, uma sombra desliza pela face oeste a cada equinócio. O fenômeno dura exatamente 66,6 segundos.

qual se devia multiplicá-lo a fim de obter toda uma série de números codificados! Impressionou-me muito essa combinação peculiar de conhecimento científico, engenharia de construção e cultura. Aquilo era o resultado de um complexo desafio intelectual e do anseio de provar que eles podiam mesmo prever a data do fim do mundo!

A descoberta me deixou sem fala e muito bem-disposto. A indicação de que uma sombra aparece por 66,6 segundos duas vezes por ano significa que o número se refere a um ano solar. Dependendo do calendário usado, esse ano tinha 360, 365 ou 365,25 dias. Confirmava-se, pois, minha pesquisa intuitiva! Fiquei maluco diante de tamanho conhecimento mágico. "Que mais poderei descobrir?", perguntei-me em desespero. Que outros segredos se ocultavam naquelas magistrais criações de tempos idos? Com profunda admiração, examinei fotografias de edifícios maias, na esperança de que me inspirassem. Impressionado, soube da quantidade espantosa de blocos de granito que os construtores usaram em alguns deles. Números complicados bailavam diante de meus olhos. Grande, maior, enorme – é assim que se podem descrever as pirâmides e templos. Tudo isso para exprimir em pedra seus "Números Sagrados". Era muita coisa para entender, muita coisa intrigante. Caí numa espécie de transe. Meus pensamentos se atropelavam.

Descobri que a construção da Pirâmide do Sol, sobre a qual a sombra exigia exatamente 66,6 segundos para incidir, baseava-se nos "Números Sagrados". Os maias não possuíam apenas uma técnica de engenharia superior; o saber aí implícito também era admirável: uma criação puramente geométrica, associada à passagem do tempo, dominada pelo Número e a lembrança de tempos heróicos. Combinações surpreendentes de ângulos estranhos criaram obras-primas intrigantes. Há ali a magia das figuras esotéricas, misturada a milhares de toneladas de blocos artificialmente cortados, sem que isso pareça ter dado trabalho algum aos construtores. Não sei de nada que inflame mais a imaginação. E isso se aplica tanto aos maias quanto aos antigos egípcios.

Parece claro que os números acima fazem parte do legado da perdida civilização atlante. Sem nenhuma dúvida, os maias foram os herdeiros mais óbvios e inspirados de sua antiga ciência. Em toda parte é possível notar que eram obcecados pelo tempo. Este controlava todos os seus atos, de um modo sem paralelo na história da humanidade. Graças à decifração de seus códigos, que se ocupam minuciosamente do tempo, inúmeros mistérios e segredos religiosos dos maias poderão ser esclarecidos. Enigmas intricados e manifestações esquivas de seus vínculos com o tempo terão explicação lógica com a ajuda do moderno pensamento científico.

O Código da Precessão dos maias e antigos egípcios

Decerto, os números acima mencionados aí estão para benefício das futuras gerações. Não parece lógico que eles têm algo a ver com o legado de uma civilização perdida? Que são números mágicos, fruto de um culto sapiencial destruído por uma terrível catástrofe? Provavelmente. É o que eu estava disposto a concluir. Mas, antes, precisava fazer outro cálculo. Para tanto, cumpre levar em conta os dois cataclismos anteriores. O primeiro ocorreu em 21312 a.C. e, num só movimento, empurrou parte de Aha-Men-Ptah para baixo do Pólo Norte. Milhares de anos depois, a 27 de julho de 9792 a.C., a Atlântida foi completamente destruída e ficou mergulhada sob o atual Pólo Sul. O período de tempo entre os dois acontecimentos foi de 11.520 anos. Tendo em mente os códigos do programa já decifrados, multipliquei o número de anos entre as duas catástrofes por cada tipo de ano:

11.520 x 365,25 = 4.207.680
11.520 x 365 = 4.204.800
11.520 x 360 = 4.147.200

Como se vê, o período entre as duas catástrofes durou mais de quatro milhões de dias, o que é muita coisa. No entanto, a ruína da Atlântica sobreveio também há mais de quatro milhões de dias. O tempo voa. E a prova está aqui. Mal se consumou uma catástrofe (só há pouco nos tornamos capazes de fazer o que os atlantes faziam) e outra já nos bate à porta. Essa, porém, será sem dúvida a última para a humanidade. De novo minha imaginação corre à frente, pois, em definitivo, o tempo avança a largos passos para nossa ruína e ninguém parece se importar com isso. Continuo tentando motivar as pessoas com meus livros e, se não o conseguir a tempo... bem, elas podem esquecer todo esse conhecimento acumulado. Então só insetos e algumas espécies animais mutantes governarão a Terra. Terão o reino todo para si mesmos.

De novo, a tarefa era demasiada para mim. Não conseguia terminar os cálculos; a cada dia minhas esperanças de vida próspera se desvaneciam. Procurando afastar os pensamentos sombrios, dividi, em desespero, os números acima mencionados, encontrando assim, no passado, um que era bastante similar ao número da precessão. A partir desse último pude atinar com dois códigos numéricos dos maias que me facilitaram outra decifração. Talvez conseguisse agora encontrar algo parecido. Ou não? Eu estava perplexo. Pois aconteceu! Os números que surgiram eram curiosos:

4.207.680 ÷ 163,33333 = 25.920
4.204.800 ÷ 163,22222 = 25.920
4.147.200 ÷ 160 = 25.920

O resultado idêntico desses cálculos é o número da precessão, que me fez começar logo a suar frio. O fim da Atlântida foi um fato real! E não era tudo. Com base nesta e em outras decifrações, podemos provar que, de fato, 11.520 anos decorreram entre as catástrofes anteriores. Quando se examinam bem as decifrações, descobre-se uma fórmula idêntica de cálculo que conduz a 2012 d.C., agora com um novo número da precessão! Isso significa, indubitavelmente, que os 11.804 anos entre a última e a próxima catástrofe foram calculados da mesma maneira. E, ainda, que 2012 é sem dúvida o ano final da grande contagem regressiva até o futuro desastre!

25.920: o Número Sagrado dos atlantes para o zodíaco

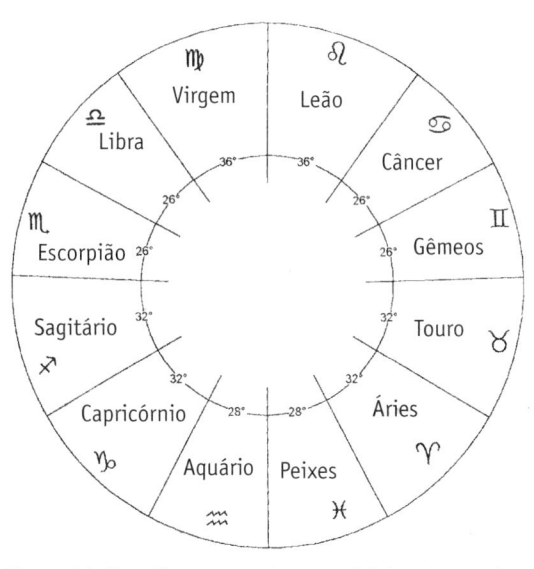

Figura 24. O zodíaco era parte essencial da astronomia dos antigos egípcios e maias.

Conforme você leu em meus outros livros, o número 25.920 não é só o da duração de um ciclo zodiacal completo, mas também o dos anos de existência da Atlântida. No total, três catástrofes ocorreram na história desse império lendário. Após a terceira, cujos códigos eu agora elucidava, o país foi varrido completamente do mapa. Haviam se passado, exatamente, 25.920 anos da fundação da Atlântida. Antes da catástrofe, os sumos sacerdotes previram exatamente que o império seria destruído. Aha-Men-Ptah, o nome verdadeiro e original desse império, tornar-se-ia uma terra de sombras. Aquele cálculo tinha provavelmente algo a ver com esse fato. Afinal, o número mostra que o ciclo se completara, motivo pelo qual aparece tantas vezes nos mitos do Egito. Dou exemplos em meu livro anterior, *O Código de Órion*. A astrônoma-arqueóloga Jane B. Sellers endossa por inteiro essa tese. Em seu livro *The Death of Gods in Ancient Egypt*, ela sustenta que o número foi muito bem escolhido. Levei a sério sua opinião e consegui decifrar vários códigos. E agora estava frente a frente com o número original.

Após cálculos meticulosos, os sumos sacerdotes atlantes extraíram o número de uma série incrível de combinações possíveis. E, em torno desse número, construíram toda a sua história. É bastante provável que hajam refeito os cálculos de antigos períodos de tempo decorridos em seu zodíaco, para conformá-los às predições do número mágico. Eu lera também no livro *L'Astronomie selon les Egyptiens*, de autoria de Slosman, que os nomes dos signos zodiacais foram mudados muitas vezes. Pode ter ocorrido o mesmo com os períodos de tempo. De outra maneira, seria coincidência demais.

Quando se estudam em profundidade os anos decorridos num determinado signo do zodíaco, chega-se à mesma conclusão. É impossível trabalhar com esses números especialmente codificados a partir do começo de uma civilização. Eles foram postos ali intencionalmente depois que os sacerdotes atlantes completaram seus cálculos sobre o fim próximo de seu mundo. Afinal, tudo tinha de atender às expectativas das Sagradas Leis Celestiais. Só assim se explica logicamente o fato. Aos olhos deles, não se tratava de uma falsificação da história, mas apenas de um ajuste das leis da realidade. A "Divina Realidade", conforme a encaravam. Sem dúvida, essa decifração não é simples coincidência, mas o resultado de uma decisão madura e arguta. Se surgisse outra civilização depois deles, deveria ser capaz de recuperar suas importantes descobertas. A precessão dos equinócios, ou ainda a mudança do zodíaco, estão no centro dessas descobertas. O número correspondente, 25.920, aparece por toda parte, muitas e muitas vezes. No Egito, a Grande Pirâmide é exemplo de uma construção onde se ocultam números importantes da mudança do zodíaco. Isso, em si, não pode ser coincidência, pois os egípcios descendiam de uma civilização altamente evoluída que encontrou seu local de repouso sob o Pólo Sul.

Quando deparamos com esse número, durante o trabalho de decifração de códigos e em obras-primas dos tempos remotos, uma prova reforça a outra. Por exemplo: o número surge automaticamente em cálculos elementares que depois formam uma unidade lógica nas pirâmides. Graças ao trabalho de Robert Bauval, sabemos que as três maiores pirâmides egípcias estão dispostas segundo a constelação de Órion. E não é só: também refletem a precessão dessas estrelas, mostrando sobretudo a situação vigente há quase doze mil anos. Isso é de suprema importância. A mudança do zodíaco pode ser reproduzida mediante cálculos matemáticos. Os sobreviventes da catástrofe elaboraram um plano com detalhes científicos para divulgar sua data precisa. E não ficamos por aí. Quando Gino Ratinckx e eu estudamos as precessões com mais vagar, a de 9792 a.C. nos pareceu idêntica à de 2012 d.C.! Por esse motivo os egípcios quiseram que observássemos aquela constelação o mais atentamente possível. Quando alcançarmos a mesma precessão, um desastre desabará sobre a Terra, semelhante ao que provocou a ruína da Atlântida! Descrevi meticulosamente as implicações disso em meu livro anterior.

Na verdade as pirâmides, espécie de "relógio estelar", foram construídas por pessoas capazes de calcular a declinação dos signos zodiacais, no passado e no futuro. Eram cientistas muitíssimo competentes. E também conheciam a fundo a geometria terrestre e as quatro direções do vento. Por isso as pirâmides precisam ser mais bem estudadas. As palavras seguintes de Bauval sobre a Grande Pirâmide pouco deixam a desejar (*Fingerprints of the Gods*, Hancock, 1995): "Observem seu poder. Ela nos força a um processo mental específico (...) Força-nos a aprender. Quando perguntamos alguma coisa sobre ela, perguntamos sobre engenharia, geometria, astronomia. E logo percebemos até que ponto essas ciências eram avançadas. Queremos descobrir coisas. Eis o seu poder."

72: o Número Sagrado

Desse ponto de vista, muitos outros códigos do mesmo tipo devem ter sido assimilados àquela construção. E, de fato, é o caso. Uma pesquisa superficial já fornece evidências de que o número da precessão está oculto na Grande Pirâmide. Vemos nela um ângulo de 72° que leva ao número 25.920: 72 x 360 = 25.920 = número da precessão. O número 72 é mencionado aqui para fornecer um valor de código.

Em seu livro *The Death of Gods in Ancient Egypt*, a astrônoma-arqueóloga Jane B. Sellers declara que o mito de Osíris está intencionalmente codificado com dois números-chave, dos quais podemos extrair valores exatos – o que é espantoso. Para completar uma mudança de um grau na eclíptica, são necessários 72 anos. Segundo Sellers, esse número (ingrediente básico do código da precessão) reaparece muitas vezes nos mitos antigos e na arquitetura. Além disso, é um dado numerologicamente esotérico que pode ser usado em outras combinações. Também se adiciona às vezes o número 36. A soma, 108, costuma ser dividida por dois, resultando em 54, que mais tarde reencontraremos no Códice de Dresden.

Mas o código não se limita às escrituras mitológicas. O complexo do templo de Angkor, na floresta do Camboja, parece uma metáfora muito bem escolhida para esse número esotérico e suas combinações. Cada uma das cinco estradas que levam ao complexo é flanqueada por 108 figuras em pedra, 54 de cada lado. E cada renque de figuras sustenta um pedaço de uma enorme serpente naga. É como se o fim de nosso mundo fosse ali mostrado, pois, no dizer de Santillana e Von Dechend em *Hamlet's Mill*, as figuras estão sacudindo a cobra. Isso significa que as 54 figuras "agitam o oceano de leite" (a Via-Láctea) e, portanto, desempenharão um importante papel nos acontecimentos catastróficos que logo sobrevirão à Terra. Como sabemos, Vênus passará pelo signo estelar da Serpente no período fatal de dezembro de 2012. Da perspectiva mítica, a Serpente está então na origem da violenta turbulência que abalará os oceanos.

No México, temos inúmeras provas do emprego do número 72. Números dele derivados surgem a todo momento nos calendários maias: 1 katun = 7.200 dias; 1 tun = 720 dias; 5 baktuns = 720.000 dias. Descobri o número 72 em muitos lugares, não importava a civilização que estivesse pesquisando. Tratar-se-ia de mera coincidência no desenvolvimento cultural? Nisso eu não podia acreditar. Devia haver ali uma fonte comum!

Então algo me assombrou: durante o desastre de 21312 a.C., Aha-Men-Ptah moveu-se 72° no Zodíaco! Se a imagem do universo muda assim tão drasticamente, então esse número deve por força desempenhar um papel decisivo em nossa vida e também na de nossos descendentes! Por isso todas as civilizações o inseriram em seus mitos, mas não só: igualmente em sua arquitetura, ciência, matemática, etc. Os maias encontraram jeito de colocá-lo num ano solar. O fator decisivo foi minha descoberta de que, multiplican-

Figura 25. Mais um exemplo da incidência desse número, o "Palácio Zayi" no Yucatán, que possui 72 apartamentos contíguos.

do um ano solar de 365 dias por 0,666, o resultado final é 72! Não era possível continuar multiplicando-o porque surgiria daí um padrão matemático incoerente. Haveria alguma conexão entre os números citados acima?

A origem dos números de Vênus

Percebendo estar na pista de algo verdadeiramente inacreditável, milhares de perguntas começaram a pulular em meu cérebro. Teriam os maias herdado seu calendário e sua matemática dos atlantes? A ser assim, como conseguiram ajustá-los a seu modo de pensar? Eu estava inteiramente certo de que fora isso mesmo que acontecera e, por causa dessa certeza, obtive inúmeras provas. Eis o resultado da divisão do número de anos decorridos entre os cataclismos por 72:

4.207.680 ÷ 72 = 58.440
4.204.800 ÷ 72 = 58.400
4.147.200 ÷ 72 = 57.600

As duas últimas cifras são extremamente importantes. Por meio de cálculos, eu já extraíra o número 576 do Zodíaco. Tomando-o por base, consegui traçar o período sinódico de Vênus, que contém 584 dias. Agora, eu contemplava os dois números, escritos um acima do outro. Ali devia haver mais coisa. O número 576 tinha algum significado em tudo aquilo, eu não podia duvidar. Mas qual? Pergunta difícil quando não se atina com a resposta. Mais tarde fui encontrá-la no Códice de Dresden, dos maias. Parecia ser o valor essencial para Vênus! O leitor não deve subestimar o valor desses números. A maneira de pensar dos atlantes baseava-se principalmente neles. Egípcios e maias adotaram-na e fizeram novas combinações com os mesmos números. Depois de conhecer a fonte, você estará em condições de trabalhar com eles. Isso abre novas possibilidades, graças às quais é possível decodificar o todo, passo a passo, como um detetive esperto que resolve um caso de assassinato. Como se vê, cheguei aos números de Vênus depois de alguns cálculos simples.

Vênus era sagrado para os maias. Gerações de pesquisadores têm se perguntado por que eles tinham tamanha obsessão desse planeta. Mas se soubermos buscar seus motivos, obteremos respostas curiosas: os números de Vênus participaram das catástrofes que torturaram a Terra periodicamente e vão participar daquelas que de novo a torturarão. Sucedeu o mesmo aos egípcios, embora os números de Vênus estivessem ocultos em seus códigos. Os egípcios enfatizavam mais o ciclo sótico e os motivos disso ficarão claros em decifrações posteriores. Seja como for, entre os maias tudo se concentrava em Vênus. Eles não perdiam de vista nosso planeta irmão, anotavam tudo o que era observado e elaboraram, graças aos dados obtidos, um complexo sistema de cálculo do tempo que usaram durante milhares de anos. A pesquisa do Códice de Dresden, o mais importante dos documentos maias, revelou que outros movimentos planetários podiam ser calculados com base no de Vênus. Além disso, o códice contém tábuas lunares utilizadas para calcular possíveis eclipses solares, as quais, conforme se descobriu, são acuradas a ponto de apresentar um desvio mínimo em relação aos valores reais. As tábuas do Códice de Dresden também coincidem com o importantíssimo Tzolkin, o ciclo de 260 dias tão respeitado pelos maias. Descobriu-se ainda que eles dispunham de números de correção, empregados para ajustar a primeira tábua e reduzir a margem de erro para um dia em 4.500 anos. Partindo desse dado, aprofundei a pesquisa e vi que os maias conheciam números ainda mais exatos do que os estudiosos supõem!

No Código de Dresden, cinco páginas são reservadas aos cálculos sobre Vênus. O ciclo médio para períodos mais longos tinha enorme interesse para os maias. Um ano venusiano podia compreender 581 ou 587 dias, mas a média era de 584. Os sacerdotes interessavam-se muito por esse número e seus múltiplos. Os números acima, referentes a Vênus, integram uma herança imensurável. São o legado de uma civilização perdida, arrasada por uma catástrofe, de um povo antigo, sempre atento às estrelas – herança mantida viva, cultivada e enriquecida por seus descendentes.

E esse acervo de conhecimentos de alto nível fala de uma civilização ainda não identificada. É um esquema de pensamento que lança uma lufada de ar fresco sobre a busca da civilização atlante. Como não há nenhuma prova à mão, a ciência atual não se preocupa com o assunto e não muda seu ponto de vista a respeito dessa cultura "desaparecida". Vêem-na como uma cena do drama cósmico, impossível de demonstrar e para sempre engolfada pelas águas. Mas será mesmo esse o caso? As decifrações não revelam algo diferente e bem mais alarmante? Sem sombra de dúvida, os números obtidos apontam para o desastre que significou a ruína daquela civilização. Eles predisseram o Armagedom, o fim dos tempos para sua pátria. Tamanho desastre implica amplas conexões científicas e matemáticas. Eu as encontrei também. Ao longo de minha pesquisa incansável, deparei com tantos paradoxos que até o cético mais empedernido haveria de reconhecer que os dados não podem ser simples coincidência, pois a afinidade é grande demais.

O ciclo sótico do Egito

Cumpre pensar como os atlantes. Pura e simplesmente. Vou-me familiarizando cada vez mais com essa maneira de refletir, à medida que surpreendo, um por um, seus segredos há muito perdidos. O fato de eu ter encontrado números cruciais após cálculos tão simples significa que ainda há muito por descobrir. Meus pensamentos se voltaram para a catástrofe de 21312 a.C. Na época, a Terra girava 72° no Zodíaco. Perguntei-me então: haverá aí outro número importante? Pus-me a raciocinar com lógica. O círculo tem 360°. Se subtrairmos 72, teremos: 360 – 72 = 288°. Mais tarde, o número 2.880 pareceu-me ter um valor essencial para o ciclo de manchas solares. Isso prova, de novo, que o mesmo número foi usado diversas vezes.

A partir de minhas muitas pesquisas, percebi claramente que os maias quase sempre usavam os mesmos números em seus cálculos – quase todos derivados do ciclo de manchas solares. Uma certa semelhança com a maneira de calcular dos egípcios não deve nos surpreender. A uniformidade não tinha importância para eles, desde que o número fosse exato. Eis o cálculo onde se usa o intervalo dos cataclismos com o número 288:

4.207.680 ÷ 288 = 14.610
4.204.800 ÷ 288 = 14.600
4.147.200 ÷ 288 = 14.400

Pouco antes da publicação deste livro em inglês, consegui provar que o número 288 não era coincidência. Ele contém a diferença entre os dois primeiros calendários: 4.207.680 – 4.204.800 = 2.880! Em seguida, deparei com alguns "Números Sagrados" dos egípcios. A cada 1.461 anos eles celebravam o ciclo sótico. Isso exige mais algumas explicações, pois vários dos segredos dos antigos egípcios podem agora ser correlacionados. Veremos então, mais uma vez, que eles entremeavam seu conhecimento e ciência com os edifícios que construíam. Para tanto, levavam em conta a estrela Sírius, os "Números Sagrados" acima referidos e as pirâmides. Em Dendera, a estrela Sírius se ergue a cada ano com uma desaceleração de seis horas, o que a cada quatro anos resulta em um dia de desaceleração. Depois de 365,25 x 4 = 1.461 anos, Sírius perfaz um ciclo completo e dá-se a esse intervalo o nome de Ano de Deus. Naquela época, Sírius se ergueu 1.460 vezes. A notação hieroglífica para "Sírius" tem a forma de um triângulo com o vértice para cima. É o mesmo que para a expressão "o feixe criativo de raios" que vemos em todas as escrituras e arquivos.

E o que significa essa luz? Segundo os textos sagrados, ela se origina dos doze signos estelares. Exceto por dois dias, vemo-la constantemente nas regiões do trópico de Câncer. Toda manhã, ao nascer do Sol, ela surge no leste e toda noite, logo após o crepúsculo, no oeste. Começa como um pontinho no espaço, de onde desce e se espraia numa vasta pirâmide que tem a forma geométrica básica de um belo triângulo. Do templo de Dendera, podemos contemplar essa luminosa visão extraterrena por mais de meia hora. Em dezembro e janeiro o espetáculo é ainda mais encantador. Sobretudo ao crepúsculo, ficamos maravilhados. É como se essa luz puríssima, com sua nítida forma piramidal, fosse enviada por um poder divino de um ponto fixo na Via-Láctea. Ela se desvanece quase tão rapidamente quanto surge. Caso o leitor chegue a presenciar o fenômeno, quedará surpreso ante essa luz quase miraculosamente moldada em forma de pirâmide. Os antigos egípcios deviam atribuir-lhe por certo uma origem sobrenatural, considerando-o um sinal do Criador mandado às suas criaturas terrenas. Os Mestres das Medidas e Números, juntamente com os sumos sacerdotes, estudavam-no a fundo, concentrando-se nas características da luz e sua influência sobre o espírito. Traçavam esquemas para copiá-lo em escala terrestre. A estrela Sírius estava associada a esse brilho intenso. Seu hieróglifo equivale literalmente a "A luz radiante que fulge na Terra com suas divinas partículas, por obra de Sírius".

Hoje os astrônomos sabem alguma coisa a respeito da luz zodiacal. Suspeitam que resulte da ionização do ar, como as auroras boreais. Mas qual seja a sua causa, isso ignoram. Há por aí inúmeras teorias, mas até agora nenhuma se mostrou satisfatória. Seja como for, trata-se de um fenômeno realmente impressionante que, visto do alto do templo de Dendera, devia constituir um espetáculo mágico. Há milhares de anos, as pessoas costumavam postar-se ali para observar e perscrutar o céu até o amanhecer. Além do feixe piramidal de raios que desciam de um ponto fixo e elevado na Via-Láctea, nada que proviesse daquela região desconhecida escapava à atenção dos mestres e seus aprendizes.

O curso de todos os planetas foi cuidadosamente calculado e registrado. Afora isso, tão logo a pirâmide luminosa desaparecia, era possível delinear com precisão o movimento de Sírius graças a determinados esquemas. O "Papiro de Kahoen" prova que os antigos egípcios podiam fazê-lo. A partir desse documento, os astrônomos de tempos recuados compilaram mapas que mostravam a altura de Sírius acima do Sol, no grau geográfico da latitude de Dendera. Isso tinha de ser feito com a máxima exatidão, para calcular o fim do calendário. De novo, o "Papiro de Kahoen" prova que tinham capacidade para tanto. Um sumo sacerdote conclama: "A gloriosa ascensão de nossa leal Sírius ocorrerá no quarto mês de Perit deste ano, exatamente no décimo quinto dia. Divulgai essa data aos vossos vizinhos e anunciai-a à entrada do templo, para que os crentes a celebrem com júbilo e realizem os devidos sacrifícios." A data assinalada no final dessa mensagem é o oitavo dia do terceiro mês de Perit, conforme o demonstraram e corroboraram todos os egiptólogos. Portanto, o texto foi redigido 37 dias antes

Figura 26. Num canto do templo de Dendera, um Mestre das Medidas e Números medita sobre possíveis combinações novas.

do fato. Mas, como se isso não bastasse, já se faziam esses mesmos cálculos havia milhares de anos. Não há prova melhor do elevado padrão da astronomia egípcia.

As mencionadas decifrações do ciclo sótico constituem apenas a ponta do *iceberg*. Aparecem muitas vezes em outros cálculos e em análises dos números maias. Os egípcios sabiam de onde vinha seu conhecimento. Elaborar códigos elementares era de capital importância, para que esses números pudessem facilmente ser deduzidos de outros e fornecessem, assim, um método para corrigir o acervo de tradições degradadas e recuperar o significado de lembranças esmaecidas. Aqui, portanto, não podemos falar em simples coincidência, mas numa maneira proposital de pensar, conduzida por mentes brilhantes. Aqueles homens diluíram suas observações astronômicas em cálculos fáceis de entender. E graças a essa aritmética, o leitor decerto tirará algumas conclusões alarmantes:

- Os "Números Sagrados" dos egípcios originaram-se dos cálculos que previram a catástrofe anterior. Sua mãe-pátria Aha-Men-Ptah (Atlântida) desapareceu completamente sob o Pólo Sul. O choque foi tamanho que esses números se imprimiram em sua memória para todo o sempre. As pirâmides contêm números que foram utilizados para calcular a data do fim da Atlântida. Desse modo os egípcios reverenciavam as vítimas da tragédia. Mas aí há também a prova da confiabilidade de seus cálculos, graças aos quais pudemos descobrir que o código de precessão da catástrofe anterior é parecido ao de 2012 d.C. Na verdade, as pirâmides nos contam o que irá acontecer.

- No ciclo atual, encontramos os mesmos números de código usados naquela época. Além disso, o movimento circular de Vênus acima de Órion, com código idêntico ao de 9792 a.C., será reproduzido em 2012 d.C. É isso o que mais assusta. E não pode ser negado. Eu, pessoalmente, estou perplexo. Não poucas vezes, antevendo o desfecho dos cálculos, senti o suor correr-me pelas costas – o que, infelizmente, em nada ajudará a deter a calamidade. Quando dividimos 360° por 72 e 288, obtemos os "Números Sagrados" dos egípcios e maias, após nova divisão pelo período entre as catástrofes anteriores. As séries infinitas de 36 levarão depois a uma seqüência incrível de números decodificados referentes ao ciclo de manchas solares e, ainda, à origem dos 360°.

- Se eu conseguisse obter esses números essenciais por meio de cálculos simples, faria novas descobertas. Sabe-se que os egípcios consideravam as coisas de maneira dupla. Eu precisava chegar aos mesmos números por um caminho diferente. Por isso, resolvi reexaminar toda a matéria ainda mais profundamente. Em alguma parte haveria sem dúvida códigos comuns, que conduziram ao desvendamento dos segredos dos atlantes, dos antigos egípcios e dos maias. Nas páginas seguintes o leitor tomará contato com essa investigação.

Para matemáticos: ver Apêndice.

5
O CÓDIGO SECRETO NO INTERVALO ENTRE AS CATÁSTROFES

Lemos nas páginas anteriores sobre a história de Aha-Men-Ptah, palavra que com o tempo se transformou foneticamente em Atlântida. Lemos também sobre a catástrofe ocorrida em 21312 a.C., quando a Atlântida se cobriu parcialmente de neve e gelo no Pólo Norte. Em 9792 a.C. os pólos se inverteram, provocando uma mudança geral na crosta terrestre. Em uma noite, Aha-Men-Ptah desapareceu sob o atual Pólo Sul. O período entre os dois cataclismos (uma mudança rápida e uma inversão) foi de 11.520 anos. Não se pode negar a ocorrência da mais recente dessas catástrofes porque o ano 9792 a.C. condiz com o código estelar mencionado no Livro dos Mortos egípcio. Durante vários meses desse ano, Vênus empreendeu um movimento retrógrado atrás do signo de Gêmeos, para a esquerda e para cima da constelação de Órion. Se o leitor quiser verificar isso, leia o capítulo correspondente de meu livro anterior e examine a fundo o desenho do capítulo seguinte. Esse código demonstra a exatidão da data.

Não o descobrimos, porém, mencionado em nenhum registro que trata do desastre ocorrido em 21312 a.C.; confirmamo-lo por meio de um programa de computador com o qual nos foi possível retroagir bem longe no tempo. Portanto, tínhamos de encontrar novos indícios. A tarefa não era tão insuperável como pensei a princípio, mas a resposta obtida foi bem diferente da esperada. Meses e meses esmiucei todas as possibilidades. Encontrei diversas pistas no programa pré-computador dos atlantes, feito para explicar a catástrofe prévia, mas não ainda a prova irrefutável capaz de convencer cientistas experientes. Eles acharam o jogo de números muito engenhoso, mas não conclusivo. Súbito, tive um lampejo de intuição e senti-me à altura de recuperar as instruções detalhadas dos maias. Conforme o leitor deve se lembrar, eu já determinara que certos números estavam ocultos em seu sistema de cálculo. Restava apenas trazê-los à luz. Vênus era tudo para os maias e perguntei-me se realmente poderia decifrar o enigma que o cercava. Segundo o Livro dos Mortos egípcio, o código de Vênus reaparecerá em 2012, o mesmo ano que para os maias trará outra supercatástrofe: uma inversão dos pólos magnéticos da Terra cujas conseqüências serão violentos terremotos e gigantescas ondas oceânicas. Dada a forma original de cálculo, códigos comuns teriam de ser recuperados. Então eu disporia de uma pista sólida para levar a bom termo minha investigação. Mas onde encontrar tais códigos? Seriam fáceis de descobrir ou os maias resolveram escondê-los o melhor possível por causa de sua obsessão do "Fim dos Tempos"?

Creio que tudo tem uma solução quando nos empenhamos de corpo e alma no exame detalhado das menores possibilidades. É o caso, por exemplo, da busca de seus números sagrados: a ruína do país representou tamanha catástrofe para os sobreviventes que seus pensamentos ficaram obcecados por ela.

Os maias homenagearam aqueles milhões e milhões de vítimas por meio de seus edifícios e números de código. Nada lhes podia escapar, muito menos a conta dos anos entre as catástrofes. Com base nos números dos maias, consegui provar finalmente que o período entre os dois acontecimentos está sem dúvida correto. Isso se vê quando recorremos à matemática, meus caros leitores: pura questão de números. Quando há uma linha de pensamento específica por trás de maneiras idênticas de codificar, estamos diante de uma prova incontestável. Todo leitor esperto pode recalcular esse *tour de force*. Não é necessário uma mente brilhante. Nos códices maias o número 365 é crucial. Mais adiante e nos próximos capítulos demonstrarei que os maias conheciam o período exato da órbita da Terra em volta do Sol: 365,2422 dias. No entanto, uma vez que esse saber era privilégio exclusivo dos sumos sacerdotes, foi mantido secreto da melhor maneira possível. Por esse motivo as casas decimais foram deixadas de lado. Conhecimento é poder. Esse provérbio valia no passado e continua a valer no presente.

Prova incontestável

Multiplique o período entre as catástrofes por 365. Isso dará: 11.520 x 365 = 4.204.800. Por ora, não se preocupe com as contas, pois eu já as fiz meticulosamente. Apenas continue lendo. Primeiro, saiba que Vênus está relacionado ao Zodíaco egípcio. Os egípcios atribuíam o valor de 576 dias para a órbita desse planeta. Os que leram meu livro anterior já se acham a par disso. Para os maias, Vênus era excepcionalmente importante. Com esse dado em mãos, poderia eu chegar mais perto da solução? Os maias, de fato, davam 584 dias para a órbita de Vênus antes de ele retornar ao mesmo ponto no céu. Mas, como? O fato é que ambos os números estão corretos, conforme explicarei em outro capítulo. Aqui, porém, quero observar que Vênus desaparece por oito dias atrás do Sol (576 + 8 = 584). Mas como posso provar que o período entre as catástrofes está certo? Esclarecendo que o número 4.204.800 iguala os dois números mais importantes das órbitas de Vênus, quando multiplicados por dois números não menos importantes dos códigos numéricos maias:

584 x 7.200 = 4.204.800
576 x 7.300 = 4.204.800

Temos aí, pois, a primeira prova irrefutável. Podemos notar a correlação sem esquentar demais a cabeça. Não é necessário sequer ser bom de contas. Calculei esses resultados diversas vezes e a correlação é indiscutível. Nem o crítico mais exigente poderia negá-la. Quando combinamos esses fatos maias com os dos egípcios, surpreendemos todos os seus segredos. Quem mais poderia ter elaborado um sistema tão complexo? Tratar-se-ia de meras recordações distorcidas do conhecimento astronômico de seus predecessores? Só em presença da totalidade dos fatos conseguimos perceber as conexões subjacentes. Isso, sem dúvida, não é tudo. Os números 7.200 e 7.300 são importantíssimos no código maia quando multiplicados pelo ano sagrado de 260 dias daquele povo! E há mais. A decifração dos calendários maias mostrará que o número 260 está na base da órbita sinódica exata de Vênus. Mais adiante faremos o cálculo preciso. O mesmo se aplica a uma unidade elementar do ciclo das manchas solares. A cada 260 dias, o campo polar completa 7,027027 revoluções, número de código que propicia o desvendamento do maior segredo maia.

A prova apresentada acima mostra a proficiência dos maias. Seu calendário de 260 dias baseia-se numa combinação superior de astronomia avançada com matemática. Em outras palavras, esse calendário não era apenas um instrumento religioso, mas também um milagre matemático e tecnológico. Sem nenhuma dúvida, a decifração dos códigos revela que 260 é o principal número de código do presente ciclo. Desse modo os maias inseriram importantes mensagens num sistema simples e compreensível a fim de deixar claro para nós que Vênus, em seu ciclo prévio, era responsável pelo código principal. Agora, porém, estamos num ciclo diferente, relacionado a um diferente código principal. Como o campo magnético do Sol é que determina quando o campo magnético da Terra irá mudar, os maias aplicaram o novo valor ao calendário que termina em 2012:

1.898.000 = 7.300 x 260
1.872.000 = 7.200 x 260

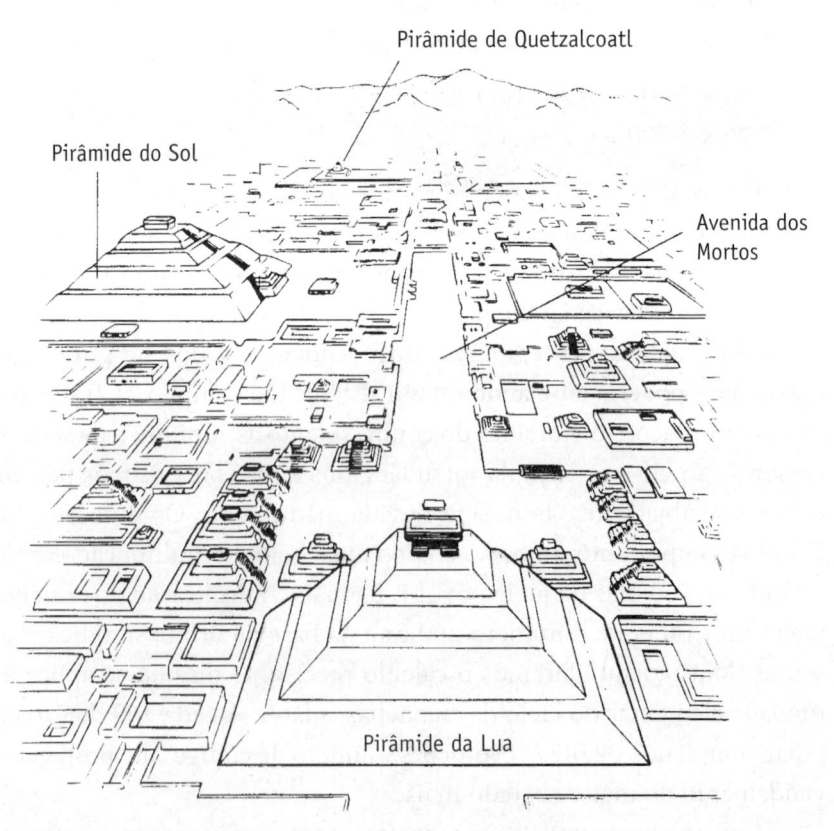

Figura 27. No dia 11 de agosto de 3114 a.C., começou a contagem regressiva dos maias para 2012. A Avenida dos Mortos aponta para o ocaso das Plêiades.

Figura 28. As Plêiades desempenham papel de destaque na mitologia maia.

O último número maia é muito importante, pois foi usado para a contagem regressiva até a data da catástrofe vindoura! O calendário iniciou-se a 11 de agosto de 3114 a.C. e terminará a 21 de dezembro de 2012, ou seja, exatamente 1.872.000 dias depois. Segundo os maias e os antigos egípcios, esse é um período fatal em que o campo magnético do Sol oscilará de novo. Ao mesmo tempo, uma onda de partículas carregadas chamada vento solar atingirá a Terra. Quando isso acontecer, nosso campo magnético se fenderá e a crosta terrestre deslizará, provocando terremotos excepcionalmente violentos, erupções vulcânicas e maremotos gigantescos.

O número 1.872.000 não foi tomado ao acaso. Após estudar durante meses o ciclo de manchas solares determinado teoricamente pelos maias, consegui levar a cabo impressionantes decifrações graças a esse número, que tornaram bastante clara a mensagem codificada deles: o fim está próximo. A data do desastre é sem dúvida verdadeira, face ao acúmulo de provas matemáticas e astronômicas. No princípio eu só dispunha de uns poucos elementos, que agora, porém, se corporificaram num conjunto sólido de fatos. Decerto, isso se deve à beleza do programa de *software* dos maias.

Se eles não houvessem usado uma lógica similar, com números idênticos aos dos egípcios, eu não conseguiria decifrar seus códigos. Com freqüência incrível, encontrei os números para o período entre as catástrofes anteriores e a que nos aguarda. Esses números estavam no cerne de sua maneira de pensar. Por esse motivo, não hesito em garantir que seus cálculos eram absolutamente exatos.

A decifração dos primeiros códigos e pistas na gênese da história de Aha-Men-Ptah logo foi seguida de novas descobertas. A partir daí tornou-se muito fácil fazer a conexão com os maias. Um meticuloso ajustamento dos fatos propiciou-me as chaves necessárias para arrematar o trabalho. Por exemplo, os maias correlacionavam cinco anos de Vênus com oito anos da Terra. Segundo sua maneira de pensar, isso significava: 5 = 8. Com base na órbita certa de Vênus, deslindei os primeiros códigos maias. Depois, com inacreditável rapidez, os outros. Os cálculos são fornecidos em detalhe no final do livro. Após muito refletir, consegui finalmente atinar com o segredo do Códice de Dresden, com a ajuda de Vênus. Como o leitor já sabe, Vênus executou um giro retrógrado acima de Órion no ano da catástrofe anterior e fará de novo o mesmo em 2012. Por isso inseriram esse planeta em seus cálculos, de todas as maneiras possíveis. Feita a descoberta, foi fácil correlacionar o ciclo sótico com os números maias.

Essas "Combinações Matemáticas Celestes" exemplificam uma mentalidade diferente da nossa. As traduções de Albert Slosman mostram que essas combinações representam figuras geométricas e movimentos no céu: "De luzes se deslocando em relação a pontos fixos." Essas combinações, que estão subordinadas somente à lei que criou o universo, asseguram a harmonia cósmica. Concordo inteiramente com isso, é claro, embora não me torne mais fácil a tarefa de decodificação. Com a matemática, podemos provar quase tudo; mas só alcançamos resultados quando nos atemos estritamente às regras aplicáveis. Depois de esclarecer os primeiros códigos, em meu livro anterior, persisti na mesma forma de pensar. Só assim consegui surpreender em seguida os pontos de coincidência entre os maias e os egípcios, obtendo a prova inegável de que eles tiveram a mesma origem. Essas regras são visíveis na "Dupla Casa da Vida", um templo egípcio, e no edifício maia correspondente. Essas antigas escolas, com seus "Mistérios Sagrados", eram a fonte básica de todo conhecimento em ambas as civilizações. Portanto, recorriam aos cálculos feitos por seus ancestrais no "Círculo de Ouro" de Aha-Men-Ptah, que resultaram nas "Leis Celestes". Os sobreviventes da catástrofe não as esqueceram. Coube-lhes, bem como à geração seguinte, decidir se continuariam se valendo desse tesouro para o bem ou para o mal.

Os sacerdotes de Aha-Men-Ptah, na antiguidade, mantiveram secretas muitas verdades que descobriram. Sabiam da existência de ciclos no universo, tanto quanto na Terra. Findo um ciclo, outro começa, igualmente doador de vida, mas em outra projeção do espaço. Isso significa que a Terra não é hoje a mesma, ao contrário, difere muito do que foi em qualquer dos períodos anteriores. Isso se aplica também às criaturas do planeta, pois este evolui juntamente com tudo o que nele vive, conforme o ritmo do Sol e o deslocamento das doze constelações do Zodíaco. Novas combinações se formam dia a dia, segundo a segundo, influenciando diretamente o futuro.

O código principal de Vênus

Vimos que 7.200 x 584 = 4.204.800, o que reflete o número de dias entre os cataclismos. Embora 584 seja apenas uma estimativa grosseira, representa um valor muito exato para a órbita de Vênus. Conheceriam os maias um valor mais preciso? Sem dúvida. Seu cálculo do tempo médio exigido por Vênus para voltar ao mesmo ponto no céu baseou-se em demoradas observações, que resultaram em 583,92 dias. Perguntei-me então se esse número traria a solução para o enigma milenar que me desafiava. Com toda a certeza, porquanto, após multiplicar esse valor pelo "Número Sagrado Maia", cheguei a um resultado intrigante: 7.200 x 583,92 = 4.204.224.

A decifração completa do Códice de Dresden depende desses cálculos simples.

Se você apanhar sua calculadora e subtrair o resultado acima do número maior, encontrará o número de código de Vênus: 4.204.800 − 4.204.224 = 576. Isso prova, inquestionavelmente, a origem do número 576. O principal número de código obtido do cálculo é que indicou a catástrofe anterior. Procure memorizar esse número, pois tanto egípcios quanto maias costumavam basear nele suas operações aritméticas. Seu método completo de codificação segue este princípio: reverenciai os "Números Sagrados" usando-os o máximo possível. Uma vez inteirado desse pequeno segredo, você descobrirá muita coisa a respeito daqueles povos e dos motivos que presidiram à sua metodologia. "Pensamento atlante", a isso se resume tudo. Projetando o pensamento em seu mundo, podemos solucionar facilmente os enigmas que ele coloca. Essa a razão de meu êxito. Apliquei os princípios e por fim decifrei a parte mais importante do Códice de Dresden. E é empregando os mesmos métodos de solução de quebra-cabeças que você encontrará o número 260, o código principal do presente ciclo, mencionado no Códice. Vou lhe dar a prova disso no capítulo 21, "A Revelação dos Calendários Maias".

Aqui, o importante é que essa velha cultura usou números astronômicos exatos em seus cálculos místicos. Muitas de suas idéias refletiam o conhecimento do fato de que acontecimentos no reino dos céus tinham enorme influência sobre eles. Templos, objetos mágicos, relíquias e escrituras religiosas, criados mais tarde no Egito e no México, ecoaram seu longínquo passado. Para os egípcios, tanto quanto para os maias, o céu era o Reino dos Deuses e do Além. Os templos e as pirâmides espelhavam na Terra a imagem do firmamento, representando a estrutura metafísica do sobrenatural.

Em Chichén Itzá, por exemplo, há uma estrutura em forma de plataforma retangular com dois pisos encimados por uma torre cilíndrica. A torre tem três janelas, de onde podemos observar os pontos extremos do ocaso de Vênus ao norte e ao sul. Além disso, uma das diagonais da plataforma aponta na direção do pôr-do-sol ao final do inverno. A outra diagonal apon-

Figura 29. Vemos aqui a pirâmide escalonada de Kukulcan com seus 91 degraus. Junto à escadaria da esquerda, uma sombra ondulada dava a ilusão de ser uma enorme serpente. Na base, bem no início da escadaria, destaca-se a cabeça de uma cobra.

ta na direção do nascer do sol no auge do verão. Cerca de setecentos metros ao norte dessa estrutura ergue-se a pirâmide escalonada de Kukulcan, cujos quatro lances de escadaria apontam nas quatro direções do vento, cada lance contendo 91 degraus. 91 vezes quatro dá 364; acrescente-se o último degrau comum e ter-se-á 365, o ano solar maia. Na véspera do equinócio, Kukulkan oferece um espetáculo maravilhoso. Padrões triangulares esotéricos, compostos de luz e sombra, vão surgindo de maneira vívida, criando a ilusão de uma enorme serpente arrastando-se pelo chão e subindo a pirâmide. Dado que os sumos sacerdotes explicavam isso como um evento cósmico, eram muito respeitados, concentrando em suas mãos grande poder político e social. Sem dúvida queriam manter esse *status*, o que só podiam fazer traduzindo seus achados científicos em códigos. Quando começamos a pensar como aqueles povos antigos, percebemos que seus segredos nos impressionam tanto quanto impressionavam a eles. Esses segredos encerram a força que motivou e definiu a própria estrutura de seus templos e pirâmides.

A prova definitiva

Sem dúvida, há muita coisa mais por trás disso. Tomemos o número que os maias usavam para indicar o giro da Terra em volta do Sol: 365,242. Aqui, deparamos com um fato crucial: a ciência moderna concorda em que a Terra perfaz sua órbita em 365,2422 dias. Agora, multipliquemos ambos os números pelo período entre as duas catástrofes e, em seguida, façamos alguns cálculos bastante simples segundo o pa-

Figura 30. Inúmeras imagens de serpentes associadas ao Sol podem ser vistas na arte dos antigos egípcios.

drão previamente estabelecido: chegamos de novo ao ciclo sótico dos egípcios! (A explicação matemática está no Apêndice.)

Essa descoberta é prova excelente do avanço científico daquelas civilizações. Aqui, os melhores egiptólogos ficam sem fala. Mesmo eles terão de admitir, embora relutantemente, que os antigos egípcios e os maias eram muito mais desenvolvidos do que se supunha. Por quê? Porque calcularam a órbita da Terra ao redor do Sol com a mesma exatidão da ciência moderna! Entretanto, disfarçaram essa descoberta trabalhando com números de código. O código para a órbita terrestre em anos é uma ferramenta útil quando se quer decifrar ou esclarecer outros códigos. Você poderá, por exemplo, usá-los para chegar aos importantíssimos números de Vênus. Além disso, mais tarde ficará claro que os dois números de Vênus, 576 e 584, são imprescindíveis para a decifração do Códice de Dresden. Os maias herdaram esses números de seus ancestrais e usaram-nos em seus próprios cálculos. Com enorme prazer percorri várias vezes as etapas dessa decifração. Podemos comparar a beleza dos dois números a uma valsa de Strauss. Já certo da consistência dos cálculos, procurei refrear o entusiasmo. Vênus, conforme os cálculos demonstraram, era a chave de quase todos os mistérios daquele povo.

Eu estava certo, absolutamente certo; mas ainda não podia acreditar nos dados. Aceitando ao pé da letra tudo o que haviam dito os maias, os egípcios e os atlantes, encontrei uma forma especial de calcular dentro de um sistema ordenado – que me espantou, mas também me pôs na pista de outra série maravilhosa de descobertas. Graças a ela, deparei com um sistema parecido por trás da maneira de pensar daqueles antigos gigantes da matemática e da ciência. Quando nos concentramos nele, todo um mundo mágico de números se abre diante de nossos olhos, repleto de similaridades inesperadas, mas inegáveis. Trata-se de uma experiência única. Nenhum matemático o negará. Ao contrário, terá de admitir que essa matemática codificada é mais bela que os números insípidos com que trabalhamos.

Com reverência, muitos verão no desvendamento dos códigos maias algo quase sobrenatural. E de fato assim é. Só cientistas geniais matemáticos conseguem fazer semelhantes cálculos. Os antigos perscrutavam o cosmo com curiosidade e dali extraíam leis que depois trasladavam para números específicos, os quais resumiam toda uma série de descobertas. Se você não tiver isso em mente, ficará perplexo diante do Códice de Dresden. Nele, é enorme a quantidade de números e combinações possíveis. Mas, se você souber para onde olhar e seguir as regras decodificadas, logrará êxito – esteja certo disso.

E eis-nos de volta ao mito da Atlântida. Conforme já demonstramos, ele contém alguns números-chave dispostos de maneira a permitir acesso à "ciência" das catástrofes polares que regularmente atormentaram o planeta. Diz respeito a um padrão misto de religião e pensamento avançado. Somente com esforços tenazes consegui deslindar os códigos a fim de correlacionar a ruína da Atlântida, a mudança do Zodíaco e o ciclo de manchas solares, conforme você verá nas páginas seguintes. Aqui, estamos em presença de uma anomalia: essas complicações crípticas não parecem pertinentes. São profundas demais para uma civilização antiga, a menos, é claro, que a ciência dessa civilização fosse extremamente avançada. Estou falando de um povo muitíssimo evoluído, que viveu num passado muito distante – seus mitos e números remontam a pelo menos algumas dezenas de milhares de anos. Isso significa que você terá de chegar a conclusões inevitáveis, e a mais importante delas é que a catástrofe de 21312 a.C. realmente aconteceu e está consignada nos Anais. O fato talvez choque algumas pessoas; mas essa maneira de calcular é tão exata que elas já não poderão ignorar suas mensagens codificadas.

Assim, podemos concluir também:

1) Nosso ponto de partida é a existência de uma conexão de Vênus com o período entre as catástrofes anteriores. Munidos desse dado, deparamos com similaridades entre o ciclo sótico do Egito e os números maias. Já provamos isso dedutivamente, sem margem a dúvidas.
2) A correlação entre os supernúmeros maias e os números sóticos será mais tarde demonstrada em minúcia. Diversos números maias são múltiplos dos números sóticos multiplicados por números codificados. Valendo-me destes últimos, pude decodificar os calendários maias e o Códice de Dresden!
3) O modo de calcular dos maias e dos egípcios baseia-se, incontestavelmente, na mesma série numérica. Por esse motivo, uns e outros têm a mesma origem, no caso a Atlântida.
4) Encontramos os números que eles usaram para a contagem regressiva até a catástrofe anterior no programa de computação criado a fim de explicar os eventos responsáveis pelo futuro desastre de 2012. Ele confirma o modo como eles pensavam.

5) Os maias, tanto quanto os egípcios, conheciam números astronômicos exatos, o que é, de todas, a descoberta mais intrigante. Graças a esse conhecimento, conseguiram fazer previsões bastante acuradas sobre órbitas planetárias com antecedência de milhares de anos. Conseqüentemente, puderam também elaborar com incrível exatidão o cálculo que lhes forneceu a "Data Final". Por isso, convém levar muito a sério suas advertências.

6) Quem ainda persiste em negar o peso dessa prova não entende os esquemas mentais daqueles povos. Os números eram o principal ponto de partida em sua maneira de raciocinar, na qualidade de elementos universalmente aceitos. De fato, hoje empregamos o mesmo estilo de cálculo dos maias – a cada quatro anos ajustamos nosso calendário com um dia extra. É um ajuste um tanto grosseiro. Após 128 não contamos mais um dia e, portanto, não há um ano bissexto!

Se pensarmos nisso cuidadosamente, logo descobriremos a sua maneira de calcular. Aqueles povos a usavam em todos os tipos de operações. No caso do ano bissexto, trata-se de um dia. Ora, quando o acumulamos ao longo de milhares de anos, obtemos uma quantidade imensa de dias extras: depois de certo tempo eles chegam, por exemplo, a milhares de milhões. Para harmonizar os calendários, os antigos cientistas eliminavam um número "x" de dias ou acrescentavam um número "y" até equilibrar a equação. No período anterior, vários números se correlacionavam com Vênus. Por tal motivo os maias e os antigos egípcios reverenciavam esse planeta e por tal motivo consegui quebrar muitos de seus códigos.

Para matemáticos: ver Apêndice.

6

O NASCER DO SOL

Os números que discutimos nos capítulos anteriores camuflam dramas humanos sem precedentes e fenômenos naturais espetaculares. Tentarei explicar isso mais claramente. Você costuma ver o Sol nascer no leste. No dia 21 de março, início da primavera, ele está sempre no mesmo lugar tanto em altura quanto em latitude. Também surge no mesmo ponto do horizonte e, no mesmo ponto, atinge a altura máxima. Partindo desse fato, os antigos cientistas calcularam a precessão do Zodíaco. Até aqui, tudo normal. Mas as coisas sempre foram assim? O Sol sempre se ergueu no mesmo lugar? Nas antigas escrituras, há testemunhos de catástrofes que fizeram a Terra "virar de cabeça para baixo". Depois disso, nada se conservou como antes. A próxima frase chocante provém do Livro dos Mortos egípcio: "Instalei o Sol num novo horizonte."

Ao pesquisar para meu livro anterior, esse foi um dos primeiros códigos com que me deparei. Pode ser explicado assim: após o deslizamento da crosta terrestre, o Sol se levantou num ponto diferente do horizonte. É como se deve entender essa frase notável. Se você mora na Suécia, sabe que no verão o Sol quase nunca se põe e a luz do dia persiste por 24 horas: o famoso "Sol noturno de pico de verão". No equador, a história é outra: ali, o Sol "vai dormir cedo" e desaparece por completo em instantes. Os turistas que visitam ilhas exóticas conhecem muito bem esse fenômeno. Num momento tudo está claro; no outro, tudo está escuro, como se o Final dos Tempos sobreviesse com a rapidez do raio. Imagine agora que você está na Inglaterra e, súbito, o chão desliza sob seus pés, transportando sua cidade para regiões tropicais a milhares de quilômetros de distância. Para quem continuar vivo o Sol aparecerá, é claro, num plano muito diferente. Não é preciso ser astrônomo para demonstrar isso. Assim como nos trópicos, o Sol se erguerá num ponto diverso, subirá bem mais alto no céu, brilhará com maior intensidade e se porá mais depressa.

Bem, essa é apenas uma parte da história. Heródoto escreveu uma nota marginal muito intrigante em seu relato sobre o Egito. Diz ele, literalmente, que os egípcios lhe garantiram: "O Sol se levantou duas vezes no ponto onde agora se deita." Os cientistas continuam a ignorar essa declaração espantosa. Afastam dela os olhos sem nada dizer. Vários escritores tentaram explicá-la, mas em vão. Esse excerto famoso do Livro II de Heródoto continua a desafiar a sapiência dos exegetas. Sem dúvida, você tem todo o direito de questionar a credibilidade dos sacerdotes e suas declarações. E de duvidar da exatidão da transcrição de Heródoto. Mas isso não ajudará em nada porque um autor latino, Pompônio Mela, escreveu no século I: "Nos anais autênticos dos egípcios, lemos que o curso das estrelas mudou de direção quatro vezes e que o Sol se pôs duas vezes no lugar de onde agora se ergue" (*De Situ Orbis*; 9.8). Aqui, Pompônio ratifica o que Heródoto escreveu. Não apenas o Sol, mas também as estrelas alteraram seu rumo! Se refletirmos bem nisso, veremos que estamos em presença de um novo código. Em vez de se levantar no leste, o Sol se levantou no oeste – e vice-versa.

O código dos egípcios apresenta, pois, uma dupla significação. Não mudou apenas a altura do Sol nascente, mas também a direção de seu curso! No Papiro de Ypuwer está escrito: "O país está girando como a roda do oleiro." E o Papiro de Harris adverte: "Se o Sul se transformar no Norte, fogo e água assolarão a Terra enquanto ela revolver." Não se pode pintar mais vividamente uma catástrofe. Essa observação prova que o campo magnético terrestre se inverteu. Mas aqui são necessárias mais explicações.

O leste se transforma em oeste

Todos sabem que a Terra gira em torno do Sol. Este não se move – a rotação da Terra é que provoca seu movimento aparente. Como, então, é possível que ele surja de súbito do outro lado? Isso se explica sem grande dificuldade, mas antes convém examinar melhor o deslocamento da Terra. Esta se move na direção contrária ao nascer do Sol. Em termos práticos, quer dizer que o movimento é anti-horário, de oeste para leste. A fim de ilustrar o

Branco
(sac)

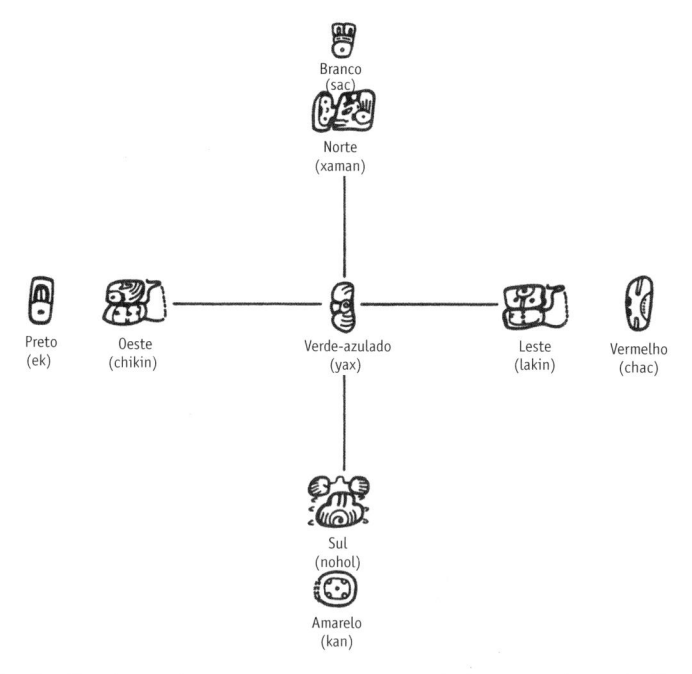

Norte
(xaman)

Preto (ek) — Oeste (chikin) — Verde-azulado (yax) — Leste (lakin) — Vermelho (chac)

Sul
(nohol)

Amarelo
(kan)

Figura 31. As direções do mundo com suas cores correspondentes, segundo os cientistas maias.

fato para você mesmo, descreva com a mão um amplo movimento circular. Comece pelo ponto onde o Sol se põe e encontrará o Sol com a mão, da direita para a esquerda. Pare de ler e faça a experiência, pois só assim perceberá que, mediante esse simples mecanismo, o Sol se levanta no leste e mergulha no oeste. Agora procure imaginar a situação durante a catástrofe. Os pólos se invertem e aqui reside, obviamente, o significado da misteriosa citação de Heródoto: quando o Pólo Norte se torna Pólo Sul, o interior da Terra avança na direção oposta! A crosta externa, é claro, tem de acompanhá-lo, e não sem protesto. Em conseqüência da inversão, as áreas secas entram em colapso e formidáveis terremotos, além de maremotos, atormentam o planeta inteiro. Alguns continentes se afundam no mar, outros emergem. Não se pode imaginar pior pesadelo. Depois que os elementos se acalmarem, ver-se-á em 2012 que a rotação da Terra tomou o curso horário, da esquerda para a direita. Comece por onde o Sol se ergue nesse momento e siga sua rota, da esquerda para a direita. Imagine-se, após a catástrofe, avançando no rumo do nascer do Sol – pois a Terra está girando de acordo com os ponteiros do relógio! Isso significa que o Sol se erguerá inevitavelmente no oeste, não no leste!

Isso já aconteceu muitas vezes, como o provam os textos das pirâmides traduzidos por K. Piehl em seu livro *Inscriptions Hiéroglyphiques* (p. 65: L'ouest qui est à l'Occident): "A fonte de luz deixou de viver no Oeste. Uma nova surge agora no Leste." Mais adiante, o texto esclarece: "O Oeste, isto é, o lugar onde o Sol se põe." Assim fora em tempos mais antigos. Em *Ancient Records of Egypt*, de Breasted, as inscrições explicam sem sombra de dúvida o seguinte: "Harakhte, ela se levanta no Oeste." Harakhte é o nome egípcio para o Sol no oeste. Os fatos astronômicos registrados na tumba de Senmut, o arquiteto da rainha Hatshepsut, provam que essa é a tradução correta. Não longe do Vale dos Reis, Hatshepsut construiu o famoso templo em que a imagem do arquiteto aparece nos nichos do corredor central. Seu túmulo localiza-se ao norte da estrada que conduz ao templo. A composição arquitetônica do edifício é das mais impressionantes; compreende uma série de terraços e pórticos alongados, cuja silhueta se destaca elegantemente contra as encostas montanhosas a pique. Uma escadaria leva a um terraço fechado por duplo pórtico. O ângulo noroeste do edifício é consagrado a Anúbis, o deus de cabeça de cachorro, que presidia ao processo de mumificação. Sua imagem é vista nas paredes do vestíbulo, que tem doze pilares. No meio da parede de fundo, abre-se um pequeno corredor abobadado que conduz aos santuários. Há ali um pátio com um terraço em nível superior, em cuja face norte se ergue um altar quadrado dedicado ao Sol, o que prova que os egípcios eram "adoradores do Sol".

Considerando-se o papel destacado desse astro nos acontecimentos catastróficos responsáveis pela inversão polar, a conclusão é bastante lógica e nos leva de volta ao túmulo do arquiteto do edifício. O templo guarda zelosamente um segredo das antigas eras. Seu teto apresenta um painel que mostra o hemisfério do céu austral. Nada de mais dirá você, até estudar o caso com maior minúcia. Os signos do Zodíaco e outros signos estelares não aparecem tais quais os conhecemos hoje: aparecem, isso sim, em posição invertida. O grupo Órion-Sírius ocupa o centro do painel do teto de Senmut, ao sul. Mas acontece que Órion situa-se do lado oeste, não leste, de Sírius, como uma imagem especular.

Isso deixa os astrônomos malucos. Em *The Astronomical Ceiling Decoration in the Tomb of Senmut*, A. Pogo escreve: "A orientação do painel sul é tal que quem se estirar no túmulo para contemplá-lo, terá de erguer a cabeça para o norte, não para o sul." Outros astrônomos também se declaram intrigados e perguntam por que os egípcios teriam feito aquilo. A coisa toda lhes parece ilógica porque, graças à orientação da imagem especular, Órion se desloca para leste, ou seja, no rumo errado. No entanto, Heródoto fornece uma explicação plausível, havendo mesmo uma outra. Órion era, para os egípcios, o mais importante dos sistemas estelares. Situá-lo erradamente equivaleria a uma blasfêmia. Portanto, temos de analisar a explicação à luz de sua atitude religiosa. Todos os fatos que ocorreram durante a catástrofe anterior têm seu lugar definido. Após o terrível desastre, os pólos se inverteram: o sul se tornou norte. Isso quer dizer também que o leste e o oeste trocaram de lugar. Eis aqui o que inspirou o arquiteto.

Colocando Órion em posição invertida, ele mostrou que ocorrera mesmo uma troca dos pólos e que as direções do vento haviam mudado. Não poderia ter sido mais claro. Vimos igualmente que as pirâmides de Gizé foram instaladas de acordo com a constelação de Órion. Para espanto de todos, elas também formam uma imagem especular do céu! Em meu livro anterior, expliquei que Órion era a posição astronômica codificada durante o ano da inversão prévia da Terra: Vênus operou um giro planetário retrógrado acima de Órion. Depois disso, violentos terremotos e erupções vulcânicas assolaram Aha-Men-Ptah. O giro retrógrado de Vênus acima de Órion ilustra a inversão do campo magnético terrestre. Esse castigo aniquilador foi obra da ira de Ptá, seu deus todo-poderoso, pois que O haviam desobedecido. Em *O Político*, escreve Platão: "Nesses dias uma gigantesca extinção de animais ocorrerá por toda parte e só uma fração da humanidade sobreviverá." Seja isso uma advertência àqueles que não acreditam nos poderes visionários da Profecia de Órion.

No Livro dos Mortos egípcio, afirma-se que a posição codificada de Vênus acima de Órion durante o cataclismo anterior encerra uma mensagem de alerta. Quando Vênus reassume essa posição, o fim está perto. Em 2012 ele empreenderá o mesmo movimento, exceto que será uma imagem especular dos movimentos que o planeta fez no ano em que a Atlântida conheceu a sua ruína. Quem não acreditar nisso será destruído pela catástrofe. Suceder-lhe-á o que Eurípides previu em *Eletra*: "O Sol recuou com o chicote de sua cólera exacerbada, cumulando os mortais de calamidades." Em *Timeu*, Platão diz a mesma coisa de maneira ainda mais poética: "A Terra será capturada por ventos tempestuosos. As águas de um dilúvio imensurável cobrirão tudo enquanto o planeta executar os mais desencontrados movimentos, agitando-se em todas as direções."

Uma inversão não é um fenômeno bem-vindo, insistamos nisso. Todas as civilizações do mundo possuem mitos e lendas sobre os horrores daquela calamidade. Os chineses e os indianos, tanto quanto os maias, contam muitas outras histórias a respeito dos efeitos devastadores que ela provocou no planeta. Segundo um relato cosmogônico dos lapões nórdicos, quase todos os seres humanos pereceram quando furacões e inundações sacudiram o globo: "Até o centro da Terra estremecia. As camadas exteriores haviam desaparecido. Muitas pessoas estavam mortas e sepultadas. Então Jumel, Senhor do Céu, enviou sua cólera terrível sob a forma de serpentes inflamadas vermelhas, azuis e verdes. Os homens velavam o rosto e as crianças choravam de medo." O deus colérico falou: "Vou virar o mundo de cabeça para baixo. Farei com que o mar se torne um paredão e arremessá-lo-ei contra vós, filhos insignificantes da Terra."

Essas palavras revelam exatamente o que aconteceu durante a inversão polar anterior: terremotos, montanhas que se erguiam e despencavam, raios, um paredão de água, o Sol desaparecendo e por aí além. Eventos tão espantosos deixaram funda impressão nos poucos sobreviventes. Eles foram espectadores desesperados, a observar sem nada poder fazer as ondas gigantescas que avançavam para transformar a Terra num horrendo campo de batalha. Ao mesmo tempo o céu exibia um portentoso espetáculo, com estrelas e planetas mudando subitamente de curso. O Sol e a Lua se moviam aos saltos.

Através da luminosidade polar irradiada pelas tempestades solares, parecia que a atmosfera estava em fogo. A inversão dos pólos é tão devastadora e assustadora que, a bem dizer, o medo mais indescritível nem sequer se pode comparar a semelhante pesadelo. Por isso cataclismos gerais são relatados em tantas tradições escritas pelo mundo afora.

Períodos de reversão do tempo zodiacal

Bem vemos até que ponto é colossal esse tipo de catástrofe. Mas quais serão suas verdadeiras conseqüências? Como descrever cientificamente o movimento do Sol após cada inversão polar? Não só o Sol se ergueu em outro ponto como a Terra entrou numa nova era! Isso se pode afirmar porque a crosta terrestre, sua camada superior, deslizará pela face do planeta enquanto o núcleo se voltar na direção oposta. Complicada embora, essa é ainda uma conclusão lógica. Mas como comunicar semelhante mensagem aos descendentes? Como explicar tudo em detalhe sem causar confusão? E aqui deparamos com uma obra-prima desse antigo culto da sabedoria: o curso do Zodíaco. Ele contém os únicos códigos astronômicos capazes de descrever ou indicar acuradamente as diversas mudanças que ocorrerão. Ei-los:

- Em primeiro lugar, o Zodíaco reflete um período exato de tempo. O calendário do Zodíaco conta os anos de que o Pólo Norte precisa para completar um círculo: 25.920 no total. Durante esse prazo, o Norte verdadeiro se move passo a passo ao longo das diferentes idades. Isso é universalmente válido e fácil de explicar, apesar do longo tempo decorrido. Você pode, por exemplo, estabelecer em que ano dessa idade a Terra foi assolada por uma catástrofe. Pode, até mesmo, atribuir-lhe implicação profética, o que é o caso para nosso objetivo – não por causa de seu fundo esotérico, mas do quadro científico onde foi inserido.
- Em segundo lugar, o Zodíaco revela uma mudança no movimento do Sol. Uma vez que este passou a erguer-se do outro lado do globo após a primeira catástrofe, a Terra percorrerá as idades em seqüência invertida.

Isso é bastante compreensível. E lança uma luz nova sobre o emprego do Zodíaco. Antes do primeiro cataclismo, o Zodíaco passou do signo de Libra para o de Leão (Libra>Virgem>Leão). Em Leão, a superfície terrestre mudou drasticamente: massas continentais se abismaram sob a água, novas ilhas emergiram, vulcões entraram em erupção, etc. Depois que tudo se aquietou, parece ter ocorrido uma completa reviravolta na precessão: ela tomou o rumo oposto! Em suma, algum mecanismo no interior da Terra virou de cabeça para baixo. Isso fez com que o movimento prosseguisse assim: Leão>Virgem>Libra.

Antes do cataclismo de 9792 a.C., o Zodíaco transitou de Aquário para Leão. E parou abruptamente. O campo magnético da Terra mudou de novo, o núcleo passou a girar na direção contrária e o Zodíaco pareceu outra vez inverter seu rumo. É o movimento que vamos seguir até 2012. Os indícios são esmagadores, mas ao mesmo tempo podem nos servir de advertência: aconteceu muitas vezes antes e voltará a acontecer outras tantas.

- Em terceiro lugar, o Zodíaco nos informa exatamente sobre a mudança da precessão. Conforme você viu em meu livro anterior, o movimento do Zodíaco foi drasticamente alterado após a catástrofe prévia. Além disso, decifrei os códigos aqui incluídos com a ajuda dos dados do cataclismo de 21312 a.C. Naquela época, a Terra entrou numa nova era em conseqüência de uma mudança de 72°. O calendário recomeçou desse ponto!

Tabela 1

Duração	Era	Duração Acumulada de Ciclos
Ano 35712 a.C. Fundação de Aha-Men-Ptah (Atlântida)		
864	Libra	864
2.592	Virgem	3.456
2.448	Leão	5.904

Cataclismo. Ano 29808 a.C. Primeira inversão polar. O eixo da Terra começou a girar em sentido inverso! O leste se tornou oeste e vice-versa!

1.440	Leão	1.440
2.592	Virgem	4.032
1.872	Libra	5.904
1.872	Escorpião	7.776
720	Sagitário	8.496

Cataclismo. Ano 21312 a.C. A Terra gira 72° no Zodíaco em cerca de meia hora! Velocidade incrível.
Observação: Não houve inversão polar, apenas giro rápido no mesmo sentido.

576	Aquário	576
2.016	Peixes	2.592
2.304	Áries	4.896
2.304	Touro	7.200
1.872	Gêmeos	9.072
1.872	Câncer	10.944
576	Leão	11.520

Cataclismo. Ano 9792 a.C. Segunda reversão polar.
Total de anos desde a fundação da Atlântida: 5.904 + 8.496 + 11.520 = 25.920 = tempo de um ciclo de precessão = fim da Atlântida!

1.440	Leão	1.440
1.872	Câncer	3.312
1.872	Gêmeos	5.184
2.304	Touro	7.488
2.304	Áries	9.792
2.012	Peixes	11.804

2012 = PRÓXIMO CATACLISMO

A catástrofe de 9792 a.C. foi a mais grave de que se tem registro na história; o curso do Zodíaco se alterou, prova de uma inversão polar. Mas, fato curioso, após muito vaguear a Terra parou – na mesma era, porém um pouco mais à frente.

Antes da catástrofe de 21312 a.C., a Atlântida esteve em Sagitário por 720 anos. De um golpe, a Terra foi arremessada à era de Aquário. Seu movimento, porém, não se inverteu nessa ocasião. Uma vez que houve apenas uma mudança súbita de eras, sabemos que o núcleo terrestre continuou a girar no mesmo sentido. Caso houvesse mudado, as eras tomariam o rumo oposto, como após o primeiro cataclismo. Na Tabela 1, vemos em ordem cronológica as diferentes catástrofes que avassalaram a Terra nos últimos 40.000 anos, lado a lado com sua influência sobre o movimento do Zodíaco.

A que era seremos arremessados desta vez, é matéria de conjectura; mas existe a certeza matemática de que o fenômeno provocará uma terrível catástrofe. Quanto mais longo o período entre os episódios, mais violenta a liberação das forças acumuladas. Por isso o Zodíaco era "sagrado" para os egípcios. Lembrava-lhes que as catástrofes periódicas afetavam a Terra e, especialmente, sua civilização. Sentiam-se aliviados quando entravam numa nova era sem ser destruídos e apressavam-se a homenagear seu deus Ptá com edifícios espetaculares. As inúmeras esfinges das eras de Touro e Áries são exemplos conspícuos disso. O maior monumento espiritual que nos legaram – a Esfinge de Gizé – também tem ligação com a catástrofe prévia que arrasou por completo sua terra de origem. Com efeito, em 9792 a.C., durante a Era de Leão, a velha pátria Aha-Men-Ptah abismou-se num dia e numa noite sob as águas tempestuosas, acabando por cobrir-se de gelo. Hoje, essa civilização há muito perdida jaz sob toneladas de gelo no Pólo Sul. Por isso jamais encontramos seus edifícios; por isso os cientistas duvidam das histórias que se contam sobre ela. Pela mesma razão, riem-se da catástrofe iminente. Porém, se estudassem com mais afinco os dados científicos do Zodíaco, seu ceticismo logo se transformaria em medo. A astronomia – e, mais especificamente, a teoria dos ciclos das manchas solares elaborada pelos maias e antigos egípcios – sem dúvida os deixaria estupefatos. O conhecimento daqueles velhos cientistas era tão grande que nos deixa envergonhados ante o pouco que sabemos! Nos capítulos seguintes voltarei ao assunto mais demoradamente, pois ele é um fator crucial de nossa argumentação. Será então possível decifrar uma mensagem milenar, graças à qual eles calcularam exa-

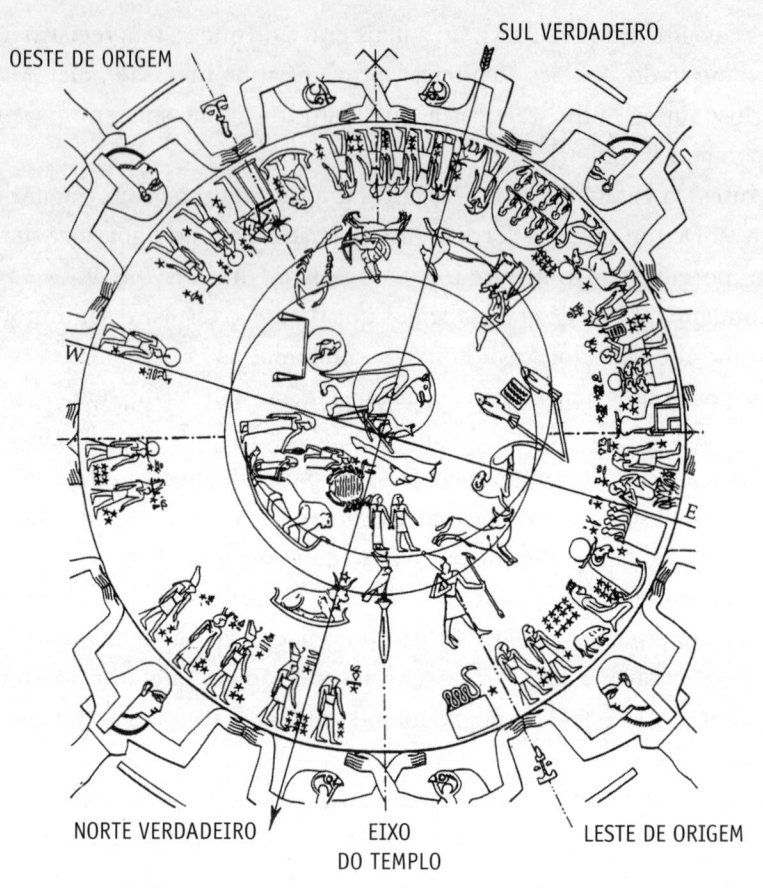

Figura 32. O Zodíaco de Dendera prova à saciedade o conhecimento astronômico dos antigos egípcios.

tamente a data da próxima catástrofe. Nossos ancestrais nos advertiram disso por meio de mensagens codificadas. Sabiam que mecanismos se ocultavam por trás das grandes mudanças terrestres e atmosféricas. Com acuidade inigualável, acompanharam e descreveram o Zodíaco, calculando a data do cataclismo anterior para completar seus conhecimentos a respeito do que aconteceu. Seus descendentes – os que escaparam à supercatástrofe – continuam a nos advertir com seus mitos e fórmulas astronômico-matemáticas precisas, informando-nos de que agora é a nossa vez. A Terra girará em sentido contrário e uma gigantesca onda diluviana destruirá quase toda a vida.

Essas inversões polares podem ser provadas com a ajuda das rochas pirogênicas. Dados geológicos mostram que elas ocorreram inúmeras vezes no passado. Os cientistas ainda não fazem a menor idéia do mecanismo que as provoca. Constitui para eles um enigma o fato de os pólos anteriores poderem ser encontrados em lugares diversos – por exemplo, há muito tempo o ponto central do Pólo Norte situava-se na China e, a dada altura, em Madagáscar. Prova-o a lava solidificada, indício de magnetismo alterado, de centenas a milhares de vezes mais forte que o campo magnético da Terra. O fenômeno revela também o caráter das forças ativas na época, pois grandes rios de lava são encontrados onde se detectam polaridades invertidas.

Os enigmas que deixam perplexos astrônomos, geólogos, físicos e outros cientistas podem ser solucionados de um golpe pelas teorias cataclísmicas dos antigos egípcios e dos maias. Eles sabiam que, quando um raio de luz incide sobre um ímã, os pólos deste se invertem. Raios provenientes do Sol – ou, em termos mais científicos, tempestades solares – também podem provocar esse fenômeno na Terra. Nosso planeta, afinal, não passa de um ímã gigante. No momento em que as partículas ionizadas de uma tempestade solar penetram nos pólos, um violento curto-circuito ocorre. Assim como no caso de um ímã normal, o Pólo Norte magnético troca de lugar com o Pólo Sul magnético – e a Terra entra a girar para o outro lado, trazendo danos indescritíveis à humanidade. O magma esfriado que os geólogos já encontraram, com polarização reversa, é prova suficiente disso. Eis por que os maias e os antigos egípcios temiam tanto semelhante fenômeno. Eles sabiam que, se a Terra entrar de novo em curto-circuito, seu núcleo se inverterá imediatamente e tremendos abalos sísmicos sacudirão a crosta.

Tudo – seres humanos, animais, árvores, edifícios – será reduzido a cacos. Partes dos continentes ruirão, outras se erguerão provocando erupções e fendas. A lava se projetará das rachaduras e exercerá seu poder destrutivo sobre a vida. Depois disso, a camada terrestre superficial se romperá e se deslocará por milhares de quilômetros numas poucas horas.

As estrelas, aparentemente, fugirão e o céu entrará em colapso. Ciclones e furacões varrerão a Terra, destruindo tudo. Em seguida, obedecendo às forças inerciais, os mares engolirão continente após continente, arrastando consigo rochas, areia e animais marinhos. E enquanto os habitantes, transidos de horror, tentarem escapar, vastas porções de terra desaparecerão sob as águas revoltas, afogando-os. A catástrofe irá se agravando mais e mais, e os derradeiros sobreviventes buscarão em desespero um lugar seguro. Poucos, porém, conseguirão escapar, pois os mares agitados, as terras cediças, os incêndios sufocantes, os vulcões devastadores, os ventos calamitosos e as ondas formidáveis destruirão quase tudo o que houver restado. Ao mesmo tempo, desaparecerão completamente as grandes realizações da civilização atual. Casas, templos, bibliotecas ficarão sob as águas. Os equipamentos de comunicação deixarão de funcionar; estoques de alimento e energia serão inteiramente destruídos. Em resumo, só o que restará serão destroços. Em apenas um dia, algumas regiões hoje quentes passarão a ter climas polares e áreas hoje frias passarão a ter climas tórridos.

Conclusão

Esse cenário de catástrofe mundial, e só ele, pode explicar de uma vez por todas dezenas de enigmas concernentes à física, biologia, geologia, etc. Ele demonstra que é possível o centro dos pólos se deslocar para outras partes e esclarece por que restos petrificados de florestas tropicais foram encontrados no Pólo Sul; por que, há doze mil anos, espécies de animais como o mamute e o tigre-dentes-de-sabre se extinguiram; por que vastas porções da Europa e dos Estados Unidos estiveram sob milhões de toneladas de gelo no passado; por que mamutes congelados, ainda com fragmentos de comida na boca, foram descobertos na Sibéria; por que aparecem esqueletos de baleias no Himalaia; por que, em todo o mundo, correm histórias míticas sobre uma gigantesca catástrofe que quase destruiu a humanidade. Em suma: uma só teoria responde a muitas perguntas.

Todos esses acontecimentos, bem como as mensagens dos antigos cientistas, dão-nos testemunhos e relatos de primeira mão sobre as repetidas catástrofes polares. Mas, como os sábios modernos são muitíssimo auto-suficientes e arrogantes, esses fatos históricos de suprema importância passam despercebidos. Cega e surda, nossa civilização logo encontrará seu fim. Qualquer pessoa apta a pensar com lógica deduzirá de onde vêm os "Números Sagrados" dos egípcios.

Nos próximos capítulos revelações mais chocantes aguardam o leitor. Decifrar a série completa dos códigos maias e o Zodíaco egípcio é possível; mas só se a decifração englobar todas essas obras-primas científicas. Já tarda que passemos a respeitar mais o conhecimento daqueles cientistas altamente evoluídos. Depois, poderemos soar o alarme para o mundo e tentar ajudar pelo menos parte da humanidade a sobreviver. Essa é a minha missão principal. Das duas, uma: ou sucumbimos ao Armagedon ou lançamos as sementes da próxima civilização que nos substituirá.

Parte II

Códigos atlantes, egípcios e maias

7
A TEORIA DOS CICLOS DAS MANCHAS SOLARES

Este capítulo também está incluído em *O Código de Órion*. Repito-o parcialmente aqui porque é necessário entender o processo de decodificação de certos números importantes.

Os maias, tanto quanto os antigos egípcios, eram adoradores do Sol. Toda a sua cultura se baseava na reverência a esse astro. E tinham boas razões para agir assim, pois o Sol não dá apenas a vida, mas também a morte.

As manchas solares são um fenômeno notável. Trata-se de áreas relativamente frias na superfície do Sol, que parecem escuras apenas porque o resto é ainda mais quente e, portanto, mais brilhante. Dentro da mancha, a temperatura fica ligeiramente abaixo dos 4.000 °C; muito quente sem dúvida, mas não tanto que a impeça de parecer mais escura em contraste com as vizinhanças. Essa temperatura baixa deve-se ao campo magnético, que é talvez dez mil vezes mais forte que o dos pólos da Terra. O magnetismo detém os movimentos ascendentes que, em outras partes do Sol, transportam energia para a superfície. O resultado é que a área onde se localiza a mancha recebe menos energia e fica, por isso, menos quente que a região circundante.

Uma mancha solar não passa de um fenômeno transitório. As menores duram apenas umas poucas horas ou uns poucos dias. As maiores podem durar semanas ou meses. Algumas são tão grandes que podem ser vistas a olho nu. As manchas solares aparecem e desaparecem de acordo com um certo ritmo. No início do ciclo, elas surgem nas imediações dos "pólos" do Sol. Durante o ciclo, vemo-las mais perto do "equador" e, mais tarde, qua-

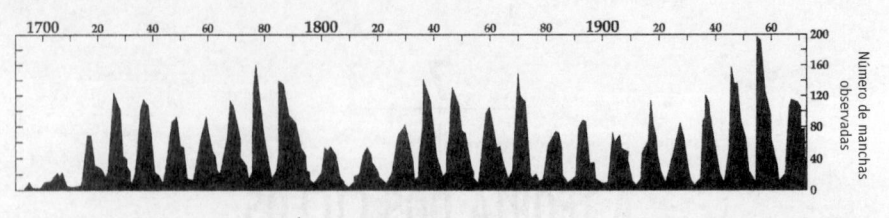

O ciclo de manchas solares de $11\frac{1}{2}$ anos (aproximadamente), com base em observações a partir de 1680.
Figura 33. Gráfico do número de manchas solares desde 1680.

se sempre aí pelo fim do ciclo, em maior número ao redor dos pólos. Os ciclos, contudo, não ocorrem regularmente; há altos e baixos.

As manchas surgem aos pares. Os integrantes têm pólos magnéticos opostos, como se existisse uma gigantesca "ferradura imantada" na superfície solar. Decerto não é esse o caso. Há fortes correntes elétricas no interior do astro e são elas as responsáveis pelos campos magnéticos.

Sabemos muito menos sobre os ciclos de manchas solares que os atlantes. Eles os estudaram durante milhares de anos, aplicando-lhes uma teoria que nenhum especialista atual na ciência solar conhece! Com base nessa teoria, conseguiam prever acuradamente o comportamento do Sol. Como você pode ver neste livro, os maias e os antigos egípcios possuíam dados bastante exatos sobre o tempo que a Terra leva para girar à volta do Sol. Graças a essa exatidão inacreditável, você não terá dificuldade em calcular o período de revolução dos campos magnéticos solares. Sabedor disso, poderá determinar o ciclo das manchas solares, embora só após uma longa procura. Assim os antigos faziam, assim você terá de fazer também. O problema é que só dispomos de um volume pequeno de dados e talvez eles não bastem para adquirirmos o conhecimento teórico necessário à retomada do cálculo que apontou a data final. Seja como for, começarei mostrando como os atlantes reuniram seus dados.

A teoria que pode abalar a Terra

Astrônomos e físicos ainda não têm uma explicação para o ciclo de manchas solares, mas os sacerdotes que estudaram as "Combinações Matemáticas Celestes" descobriram alguns fenômenos. Após demorados períodos de observação, eles perceberam que as manchas se moviam ao longo do equador num período médio de 26 dias. Nas imediações dos pólos o período médio é um pouco maior. Perceberam também que o tempo de deslocamento das manchas de um ponto a outro varia conforme o ciclo. Quando ocorre um mínimo de manchas solares, elas se movem mais lentamente pela superfície. Durante um máximo, ao contrário, o deslocamento é mais rápido. Com base nessas observações, os antigos propuseram uma teoria. O código principal foi redescoberto em 1989 pelo pesquisador Maurice Cotterell. Ele empregou números redondos para os campos magnéticos do Sol: 26 dias para o equatorial e 37 dias para o polar. Partindo daí, chegou a um ciclo magnético de manchas solares de 68.302 dias em relação à Terra. Isso vem descrito em pormenor em seu livro *The Mayan Prophecies*. Cotterell utilizou diferenciais e um programa de computador a que deu o nome de "diferenciação rotacional". Para simplificar o problema, valeu-se de uma comparação baseada num indicador aleatório dos campos magnéticos do Sol e da Terra com um período intermediário de 87,4545 dias. A escolha se deveu a que os campos polar e equatorial do Sol completam um ciclo comum a cada 87,4545 dias, retornando depois ao ponto de partida. Ele igualou um desses ciclos comuns a um *bit*.

O resultado foi sensacional: havia um ciclo rítmico óbvio na longa folha de impressão do computador. Vale enfatizar aqui que nenhum astrônomo conhece essa teoria! Assim, ninguém na Terra tem consciência dos efeitos desastrosos de uma inversão completa do campo magnético do Sol. Insisto: nenhum cientista "oficial" conhece essa teoria. Por isso, as advertências dos maias e antigos egípcios devem ser levadas muito a sério. O fato de eles terem conhecido a teoria é de abalar a Terra!

"Por quê?", você perguntará. Bem, não existe uma fórmula matemática simples para calcular o ciclo. Sei agora, graças a papiros escritos há mais de cinco mil anos, que os antigos egípcios eram capazes de resolver problemas matemáticos extremamente intricados. Os maias sem dúvida tinham a mesma capacidade. Eis um exemplo de problema difícil que os antigos egípcios conseguiam solucionar: obter o volume e a área de superfície de uma meia esfera. Esse problema aparece no Papiro de Rhind, hoje em Moscou. Sua idade estimada é de cinco mil anos e foi copiado de documentos ainda mais antigos. Quando examinei o problema, perdi o fôlego. Não era coisa nada simples! Tive de recorrer ao meu compêndio de matemática espacial para resolvê-lo. E precisei de duas horas para refrescar a memória antes de compreender o cálculo!

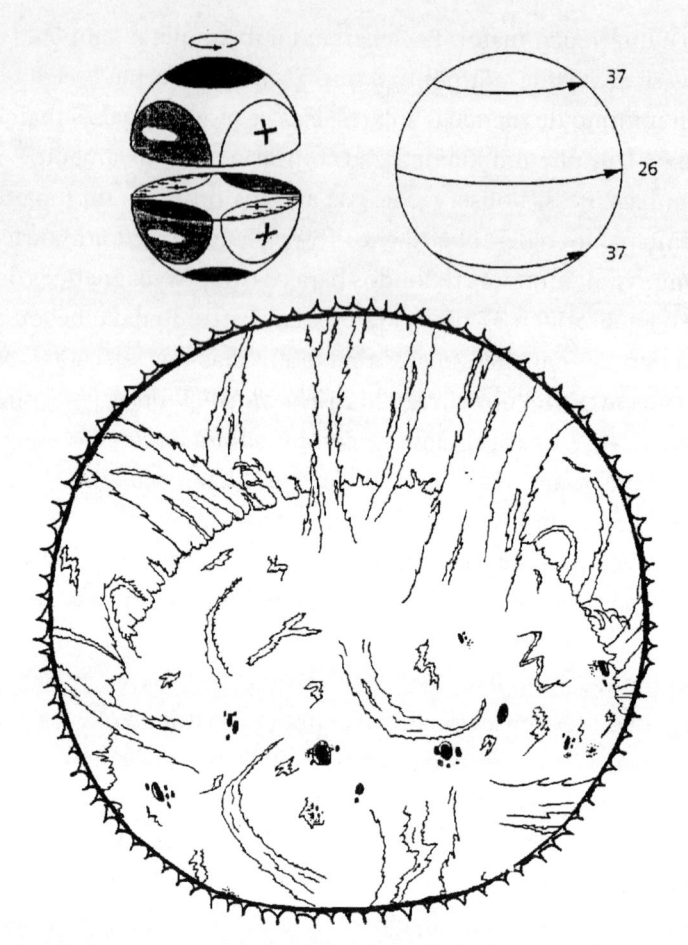

Figura 34. As velocidades variáveis dos campos magnéticos do Sol: 26 dias no equador e 37 dias nos pólos.

Eis outra prova de que os antigos egípcios sabiam mais do que os egiptólogos costumam admitir. Além disso, graças à decifração do Códice de Dresden e ao conhecimento do Zodíaco astronômico egípcio, encontrei indícios de que tanto egípcios quanto maias chegaram à teoria do ciclo de manchas solares magnético. Essa é uma evidência clara de que podiam executar a tarefa, uma prova incondicional de que ambos os povos tinham a mesma origem, e de que possuíam matemáticos e astrônomos brilhantes, muito superiores aos cientistas contemporâneos. Exemplo disso é o fato de o campo polar do Sol ser invisível da Terra. Só satélites em órbita ao redor do Sol conseguem registrá-lo. O grande mistério é: como os maias determinaram a velocidade desse campo? E há muitas outras perguntas parecidas!

Para ambas as civilizações, o ciclo de manchas solares magnético era elemento central em suas vidas. Isso não é nada difícil de crer quando nos damos conta de que uma tempestade solar gigante, oriunda do ápice do ciclo de manchas, irá inverter os campos polares da Terra. A catástrofe resultante eliminará bilhões de pessoas, talvez a humanidade inteira, em conseqüência da destruição de usinas nucleares por violentos terremotos. A Terra se tornará uma enorme bola radiativa. Só isso deveria bastar para nos fazer perceber a urgência de escavar o Labirinto, onde todo o conhecimento está sepultado.

Conhecimento perdido e códigos redescobertos

Muitos problemas encontrarão sua solução nas instalações secretas do Labirinto. Determinar o ciclo de manchas solares magnético não é tarefa fácil: exige conhecimento específico sobre a órbita da Terra à volta do Sol, cálculo integral e mensuração exata do tempo. O mais estranho é que aqueles povos possuíam esse saber, mas precisavam mantê-lo oculto. Só os sacerdotes iniciados nos textos sacros tinham acesso a ele. Para os demais, tudo estava envolto em mistério. Essa circunstância, é claro, não facilita nosso trabalho. Um código se oculta por trás de cada número ou letra. Sua interpretação exige muita paciência e tenacidade. Sem esses dons, não haverá decifração alguma das importantes mensagens codificadas, pois elas são bastante complexas. É interessante saber, entretanto, que os antigos sempre recorriam aos mesmos "Números Sagrados". "Continue tentando" parece ser a mensagem.

Esse é o único meio de encontrar as respostas enquanto não dispomos dos dados do Labirinto. Se você refizer os cálculos matemáticos do ciclo de manchas solares e acrescentar-lhes outros, descobrirá muitas mensagens codificadas interessantes. Divida o ciclo de manchas teórico de Cotterell pelos períodos de giro dos campos magnéticos do Sol e encontrará o número de ciclos pelos quais passam os campos magnéticos num ciclo de 68.302 dias ou 187 anos:

$$68.302 \div 26 = 2.627$$
$$68.302 \div 37 = 1.846$$

Subtraindo-se esses números, descobrimos quantas vezes o campo equatorial coincide com o campo polar: 2.627 − 1.846 = 781. Isso leva a diferentes conexões. Para determinar o momento em que um campo coincide com o outro, faça o seguinte cálculo simples:

2.627 ÷ 781 = 3,36363636
1.846 ÷ 781 = 2,36363636

Explicação: depois que o campo polar viajou 2,3636 do círculo, o campo equatorial se emparelha com ele. O campo equatorial percorreu um círculo completo, ou 360°, a mais. Isso acontece exatamente após 87,4545 dias e concorda com o ciclo calculado por Cotterell. Fato impressionante, o número 0,36363636 ocorre em ambos os campos. Eis a origem dos 360°:

1) Quando estudava matemática, eu não entendia por que o círculo tem 360° e não 100°. Mas, quando se consideram esses números, a propriedade se torna clara: origina-se do cálculo do ciclo de manchas solares!
2) Outra decodificação mostrou que os antigos egípcios e os maias calcularam a diferença entre os graus que os campos percorrem (360) e aplicaram-na ao ciclo de precessão, que durou 25.920 anos (25.920 = 72 x 360). Isso prova, sem sombra de dúvida, a origem dos 360°!
3) Após um ciclo de 87,4545 dias, uma diferença de 360° ocorre. Oito desses ciclos formam um "miniciclo" nos cálculos de Cotterell, o que resulta no próximo número de graus: 360 x 8 = 2.880. Ele aparece em diferentes cálculos, dos quais constitui a parte essencial. Agora você descobrirá a origem desse número. Aplicando o valor dos respectivos períodos entre as catástrofes anteriores, é possível determinar o ciclo sótico com a ajuda do número 2.880!
4) Mais tarde, a série infinita 0,36363636 aparece várias vezes no Códice de Dresden. Irá se tornar um código crucial de Vênus. Sucede também que esse número está ligado a cálculos ainda mais complicados. Números de código multiplicados por 36 fornecem novas combinações que levam a mais revelações no Códice de Dresden e no Zodíaco egípcio.

8
CATÁSTROFES, TEMPESTADES SOLARES E A PRECESSÃO DO ZODÍACO

Este capítulo é extremamente importante. Revela um vínculo matemático inquestionável entre o ciclo de manchas solares e a precessão (mudança) do Zodíaco. Aonde isso leva, você verá num instante. Mas primeiro terá de examinar alguns cálculos, aliás muito fáceis. Encontrará vários números realmente notáveis, que não podem ser ignorados. Antes de começarmos, lembre-se de que cada campo magnético do Sol tem uma velocidade orbital diferente. A rotação dos pólos é mais lenta que a do equador. O campo equatorial gira em torno de seu eixo em 26 dias; o campo polar, em 37 dias. Depois de 87,4545 dias, o campo equatorial mais rápido se emparelha com o campo polar mais lento. Nesse instante, o campo equatorial terá percorrido 3,363636 partes do círculo; o polar, 2,363636. A diferença é de exatamente um círculo ou 360°.

"Sim, é fácil", diz você. Ótimo: posso então ir adiante. Se você leu o capítulo referente à ruptura do código do Zodíaco em *O Código de Órion*, já sabe que a Terra se desloca 3,33333 segundos no Zodíaco a cada ano. Agora, peço-lhe que multiplique esse número por ele mesmo: 3,33333 x 3,33333 = 11,11111. Essa a duração média de um ciclo de manchas solares. A cada onze anos, o ciclo sobe e desce, de um ponto alto a um ponto baixo. De novo, não temos aí nenhuma coincidência. Graças a novos cálculos, consegui deslindar vários códigos com esse número, provando que minha pesquisa estava indo muito bem. Quando multipliquei esse número significativo pelo número de ciclos de rotação dos campos magnéticos do Sol, encontrei os seguintes resultados impressionantes – *realmente* impressionantes, devo enfatizar:

3,363636 x 11,11111 = 37,37373737
2,363636 x 11,11111 = 26,26262626

De fato, os períodos das rotações aparecem outra vez, mas inversamente ao número de círculos percorridos. Duas séries infinitas de 37 e 26 são encontradas.

Os leitores com pendor matemático logo repararão no seguinte: isso significa que, tendo em mãos o período do campo magnético do equador, pode-se calcular a velocidade do campo polar recorrendo ao quadrado do número de precessão! E, é claro, o contrário também é verdadeiro.

Temos aqui uma conexão matemática extraordinária, onde a coincidência está absolutamente fora de questão. Ela faz parte de um "plano-mestre", um programa de computador dos mais sofisticados que supera os modernos *softwares* em beleza e complexidade. Não é possível ignorá-lo. Tente elaborar algo semelhante. Comece assim: incorpore os dois campos magnéticos do Sol, que são os elementos constitutivos do ciclo de manchas solares, com seu período médio. Se você perguntar isso a um astrônomo, ele lhe lançará um olhar vazio e não responderá nada. Talvez a coisa seja pior ainda: ele não conseguirá fornecer um modelo matemático porque ignora as fórmulas que os antigos egípcios e os maias conheciam perfeitamente! Essas séries de dados astronômicos complexos são perturbadoras. Provam, à saciedade, a inteligência dos criadores das teorias. Assim como a descoberta da pedra de Rosetta deu impulso à egiptologia, essa maneira de decodificar provocará uma revolução no conhecimento da antiguidade. Trata-se de um vínculo crucial para a existência de nossa civilização. De certo modo, esses números fazem parte de uma numerologia esotérica. Como o leitor pode ver por si mesmo, são números essenciais, que podem ser manipulados para fornecer componentes básicos. E estes, manipulados por sua vez, levam aos mesmos números!

Os números capitais constituem uma metáfora para a catástrofe pré-calculada que irá assolar a Terra. Eles são o clímax intrigante de uma busca das razões das mudanças polares, do desabamento dos céus, da destruição dos continentes, animais e criaturas humanas. Vertida num simbolismo essencial, uma vasta complexidade de mitologia, religião, ciência e matemática se acha oculta em sua simplicidade. E há mais. Aparentemente, a descoberta de que o campo equatorial do Sol gira em 26 dias foi fácil de fazer. A rotação do campo polar exigiu mais esforço para ser calculada, pois esse campo é invisível da Terra. Eis por que os antigos ocultaram no número de precessão o código secreto do campo polar. A prova está aqui:

11,11111 x 3,3333 = 37,037037037037

Portanto, uma série infinita de 37. Isso não é coincidência. De novo, existem mais conexões a fazer entre a mudança zodiacal e o magnetismo solar. Se tivermos êxito, obteremos a prova dos eventos preditos e reais que destruíram a Atlântida. Ao mesmo tempo, acumular-se-ão mais evidências do que irá acontecer em 2012. Os atlantes sabiam que um curto-circuito gigantesco no Sol pode provocar tremendas erupções. A onda de choque eletromagnética será tão poderosa que o campo magnético terrestre desaparecerá. Depois disso, a Terra começará a girar na direção oposta, invertendo a ordem das constelações do Zodíaco tal qual a vemos hoje! Para descrever isso, os atlantes buscaram uma relação matemática entre os dois fenômenos. Podemos descobri-la usando os ciclos de rotação dos campos magnéticos do Sol: 26 e 37 dias. Depois, calcularemos o número de graus que cada campo percorre em um dia. Dividindo o número de graus de um círculo por esses números, chegamos ao seguinte:

360 ÷ 26 = 13,84615385
360 ÷ 37 = 9,729729730

Dividamos agora o ciclo de precessão por esses números:

25.920 ÷ 13,84615385 = 1.872
25.920 ÷ 9,729729730 = 2.664

Observe bem esses números. O primeiro já é significativo. Para os maias, 18.720 é um número muito importante. Mas 1.872 é o período mais curto no Zodíaco dos egípcios! Além disso, deparei com esses números várias vezes em meus cálculos. A exatidão de uma operação tão simples eliminou todas as dúvidas que ainda pudessem subsistir. E não é tudo. Mais tarde, 2.664 será apontado como um número de código vital no Códice de Dresden, dos maias. Em outras palavras, é possível obter dois números de código maias mediante um cálculo simples, apelando-se para o Zodíaco egípcio!

Isso indica que ambas as civilizações devem ter tido a mesma origem. Mergulhando ainda mais fundo nesses achados, consegui extrair elementos mais importantes. A onipresença de números simbólicos usados pelos maias e egípcios não é fortuita. Consubstancia uma estranha, mas compreensível similaridade. Os números são a síntese de uma supercivilização que se via às voltas com o fim de sua época – deuses matemáticos que claramente incorporaram sua mitologia e conhecimento numa grande idéia destinada a tornar-se fonte de um saber científico assombrosamente exato. Suspendi a respiração. Que outras descobertas me aguardavam? Encontrar a precessão exige o conhecimento de dois pontos no ano em que dia e noite são iguais. Seriam 20 de março e 22 de setembro. A pesquisa revelou que os maias e os egípcios sabiam disso, pois diversos templos foram construídos no local onde o Sol se ergue no horizonte no começo da primavera.

Eis aqui a solução do enigma que estou tentando esclarecer. O ciclo de precessão é uma máquina majestosa de extraordinária complexidade. O conhecimento que aqueles povos tinham do cosmo devia ser imenso; e sua matemática, fenomenal. Eles sabiam que o Sol leva 72 anos para se deslocar um grau na eclíptica. Esse é um cálculo notavelmente preciso, segundo os astrônomos modernos. Só uma ciência de nível matemático e astronômico superior pode chegar a tamanha exatidão. Perguntei-me: haverá códigos secretos por trás desses números? Terão os antigos iniciado a codificação com os números encontrados acima? Sua herança foi tão brilhantemente ocultada a ponto de só uma pessoa com perspectiva científica poder reduzir essa informação matematicamente complexa a um modelo mais acessível? Assombrado, iniciei os cálculos e logo percebi que meu palpite estava correto:

1.872 = 72 círculos de 26 dias
2.664 = 72 círculos de 37 dias

Creio que você se impressionou ao deparar com o número 72. Multiplicando-o pelos períodos dos campos magnéticos polar e equatorial do Sol, obtemos números iguais aos que descobrimos anteriormente. Esses números aparecem com tanta freqüência que não podemos ignorá-los. Atingimos, pois, a essência. Sem nenhuma dúvida, vemos que os egípcios incorporaram-nos deliberadamente a seus cálculos. Por quê? Um cuidadoso estudo do texto de Albert Slosman sobre a catástrofe anterior deu-me a resposta a essa questão candente: Aha-Men-Ptah deslocou-se 72° no Zodíaco após o desastre!

A conexão entre importantes números básicos no ciclo de manchas solares e o Zodíaco foi estabelecida de propósito. Ela é a resposta matemática às visões apocalípticas de erupções vulcânicas, terremotos violentos, eras glaciais e ondas marinhas gigantescas – e, por isso mesmo, assustadoramente realista. "Que solução brilhante, que lógica irrepreensível!", murmurei para mim mesmo. Não conseguia, em verdade, captar toda a sua grandiosidade. Seria aquilo uma mensagem telepática que atravessara as brumas do tempo? Algo me dizia que de fato era. Havia muito mais coisas a descobrir por trás desses números de um passado remoto. Seria eu capaz de resgatar tais lembranças? Conseguiria deslindar, ainda mais extensamente, códigos que encerravam mensagens esquecidas do passado? Observei os números com renovado interesse e logrei êxito após um curto período de estudo meticuloso (os leitores interessados em matemática encontrarão as evidências na Parte V). Subtraiamos o número do ciclo de manchas solares (ver capítulo anterior) dos valores calculados:

1.872 – 1.846 = 26
2.664 – 2.627 = 37

Que descobrimos? Uma conexão direta entre o magnetismo solar e as mudanças no Zodíaco. Eis aí uma ciência das mais avançadas, que excede em muito a que hoje praticamos. Por trás de tudo isso há uma mão solidária que nos quer advertir. Cientistas incrivelmente habilidosos foram responsáveis por esse gesto. Sabemo-lo porque a conexão não é aleatória: existe mesmo um vínculo direto entre os períodos de tempo catastróficos da Terra. O ciclo de precessão está intimamente ligado ao início e ao fim das eras glaciais, fato conhecido desde os anos 1970. As descobertas anteriormente mencionadas são prova de que os atlantes possuíam um alto nível de conhecimento – há mais de doze mil anos! Eles descobriram também, tal como os cientistas de hoje, que havia inúmeras causas para as eras glaciais. Puderam testar a descoberta no dia 2 de fevereiro de 21312 a.C. A Terra girou 72° e a região subtropical de Aha-Men-Ptah (Primeiro Coração de Deus) deslocou-se para, em poucas horas, cobrir parcialmente o que era na época o Pólo Norte. A essa tragédia seguiu-se um maremoto. Os sobreviventes se reagruparam na porção ainda habitável do continente e decidiram fundar um centro astronômico: o Círculo de Ouro. Durante milhares de anos, seus cientistas vasculharam os céus. Em 10000 a.C., os atlantes estavam tão seguros de uma correlação entre o campo magnético do Sol e as catástrofes conseqüentes na Terra que resolveram começar preparativos para um êxodo. Esses preparativos levaram nada menos que 208 anos.

Os maias e os egípcios, como descendentes dos lendários atlantes, predisseram uma catástrofe ainda mais violenta para 21-22 de dezembro de 2012. Com base em quê? Depois de quase doze mil anos, haverá uma enorme inversão no campo magnético do Sol! Quando isso acontecer, labaredas gigantescas se projetarão do astro. Trilhões de partículas atingirão os pólos terrestres e os deixarão "em chamas". Devido ao fluxo contínuo de eletromagnetismo, o campo magnético da Terra ficará sobrecarregado. Forças elétricas desconhecidas começarão a agir. À medida que os pólos se saturarem de auroras compostas das partículas caídas, o inevitável sucederá: o campo eletromagnético interior do planeta também ficará sobrecarregado a ponto de romper-se. Então, bam! O campo magnético se inverterá e a Terra passará a girar para o outro lado! Assim como um dínamo que começa a girar ao contrário, o Pólo Norte se transformará em Pólo Sul e vice-versa! Toda a nossa civilização perecerá.

Concluo então que os atlantes descobriram diversas relações entre o magnetismo solar e a mudança do Zodíaco. Todas elas são absolutamente perturbadoras. Os modernos cientistas sabem que o mesmo fenômeno porá a Terra em terrível perigo. Ignorar tais mensagens significa suicídio. Quase todas as pessoas sucumbirão durante esses acontecimentos se precauções não forem tomadas com a máxima urgência! E, para cúmulo da desgraça, os sobreviventes não poderão contar com quase nada da tecnologia contemporânea! Não haverá computadores nem máquinas para reunir os pedaços e restaurar a vida tal qual a conhecemos.

9
ORDEM NO CAOS DOS CAMPOS MAGNÉTICOS DO SOL

Magnetismo: o mais formidável e menos conhecido poder do universo. Sua radiação está em toda parte, mesmo nos cantos mais recuados do espaço imensurável. Todos sabem que uma agulha imantada age como se uma força misteriosa a fizesse apontar sempre numa direção. Para muitos, isso é um fato incompreensível e mesmo assustador. Quando manuseamos dois ímãs, também vemos acontecer coisas que só em parte podemos explicar. Pólos iguais se repelem, pólos diferentes se atraem. Se espalhamos um pouco de limalha de ferro à volta de um ímã, surgem diferentes tipos de linhas que ilustram os campos de força. Além disso, sabe-se que um dínamo produz eletricidade graças ao giro dos ímãs instalados dentro dele. Até aqui, creio que você entendeu tudo sem grande dificuldade. Creio também que a maioria dos leitores já brincou com ímãs e admirou seus poderes enigmáticos.

Agora as coisas ficam mais complicadas. Poucos sabem que existem ímãs gigantescos no universo: portentosas galáxias que encontram morte violenta em terríveis convulsões – os chamados quasares. Você descobrirá os motivos disso em meu livro *A New Space-Time Dimension*. Entretanto, não precisará ir tão longe para encontrar visões apocalípticas que se correlacionam com o magnetismo. Cosmicamente perto, mas a bilhões de quilômetros de distância, um enorme campo magnético está girando. Mas como pode ser isso? Trata-se de um pulsar ou de uma estrela que entrou em colapso? Não, claro que não. Então o que será? Resposta: o nosso Sol! Muita gente ficará surpresa e fará as seguintes perguntas: possuirá o nosso Sol um supercampo magnético? Como é possível tal coisa? Eu pensava que esse campo era fraco! O que você quer dizer, exatamente?

Bem, caros leitores, tudo depende da definição. Segundo os cientistas, o campo magnético da Terra também não é muito forte. Entretanto, quando refletimos mais no assunto, concluímos que esse ponto de partida é incorreto. Sem dúvida, ao medir a força do campo magnético terrestre, não ficamos lá muito impressionados. Mas se considerarmos seu tamanho total veremos algarismos que nos deixarão estupefatos e concordaremos em que se trata de uma estrutura formidável.

O Sol possui dois campos magnéticos igualmente assombrosos. Ainda assim os astrônomos dão pouquíssimo crédito ao fato e por isso não lhe prestam atenção, alegando que "segundo parâmetros cósmicos, o campo magnético do Sol é muito fraco". Isso sem dúvida é puro escapismo. Se você pudesse chegar mais perto do Sol, veria um campo impressionante a girar, movido pelos campos magnéticos solares. Se, de uma nave espacial, observasse o campo do equador ficaria espantado com a imagem diante de seus olhos. O campo equatorial do Sol gira em torno de seu próprio eixo à incrível velocidade de 7.000 km por hora, arrastando consigo massas fragmentadas de matéria! É uma gigantesca protuberância incandescente, com chamas solares atormentando-lhe a superfície. Se você projetasse a Terra numa pequena chama solar, só a distinguiria como uma cabeça de alfinete perdida em meio a um vórtice brutal. As forças magnéticas do Sol estão, permitam-me dizer, fora deste mundo!

Magnetismo e ciclo de manchas solares

Há milhares de anos, os ancestrais dos egípcios e maias descobriram os poderes do magnetismo solar. Sabiam que esse fenômeno ocultava acontecimentos fatídicos. O prosseguimento das pesquisas capacitou os antigos cientistas a descobrir que o campo giratório do Sol lembra uma mola, uma luta entre forças opostas. De um lado, a gravidade tenta fundir toda a matéria; de outro, as forças magnéticas procuram impedir isso. Num período de onze anos, essas forças concorrentes conseguem permanecer em equilíbrio e viver em paz lado a lado. Mas quando começam a ocorrer instabilidades, elas se soltam impetuosamente. Chamas enormes varrem a superfície solar no auge do ciclo das manchas. Esse foi o primeiro elemento da pesquisa. Em seguida, os antigos perceberam que a velocidade do campo equatorial do Sol chegava a 27 ou 28 dias, da perspectiva da Terra. No próprio Sol era de 26 dias, mas, como a Terra gira em torno dele, parecia de 27 ou 28. Como esses sábios antigos conseguiram fazer o cálculo? Recorreram à matemática e à velocidade das manchas. Havendo um pico solar, áreas mais escuras aparecem no Sol. Nesses lugares o campo magnético fica perturbado, tornando essas áreas um pouco mais frias que as vizinhanças. A temperatura mais baixa as faz parecer mais escuras que o resto, de modo que os antigos cientistas podiam facilmente determinar a velocidade das "placas negras". Assim marcaram mais um tento na busca do saber, pois pretendiam encontrar uma conexão matemática entre esses eventos cósmicos e as catástrofes que regularmente afligiam a Terra. Entretanto, o que é mais, propuseram-se calcular a calamidade seguinte com boa antecedência. Como? Qual era o quadro físico das erupções traumatizantes que ameaçavam a Terra a cada período de milhares de anos?

Olhando para o Sol, viam um conjunto caótico de manchas, erupções, chamas, campos magnéticos, áreas confundidas, etc. Por onde começar? Seu conhecimento de física era ainda limitado. Só dominavam alguns conceitos básicos e não faziam idéia de que o Sol era um enorme aquecedor movido a fusão nuclear. Por outro lado, possuíam grande perícia matemática e era com isso que teriam de encontrar a solução. Entrementes, já haviam resolvido uma série de outros enigmas: as fases da Lua, os eclipses solares e as estações. Podiam explicar, por exemplo, os eclipses solares pelo alinhamento das posições geométricas da Terra, do Sol e da Lua em determinado momento. Deve-se isso ao ritmo regular no qual esses corpos celestes giram um em torno do outro segundo trajetórias definidas. Tais coisas se encaixam em padrões cientificamente estabelecidos. Mas que dizer dos fenômenos súbitos do Sol? Que cadeia de causas os explicam? Pensando em termos lógicos, eles sabiam que os terremotos eram resultado do acúmulo de tensões sob a crosta terrestre. Sem dúvida, seu conhecimento a respeito desse assunto tinha muitas falhas, mas eles concluíram que o mesmo se aplicava ao Sol. Em alguma parte devia existir uma causa natural que, se suficientemente pesquisada, poderia ser descrita com exatidão graças a seu conhecimento matemático.

A fé se tornou a inspiração dos cientistas antigos: cada erupção gigantesca no Sol era provocada por um evento portentoso. Mas, como já suspei-

Figura 35. Os pólos terrestres se invertem, em média, a cada 11.500 anos. Portanto, o Pólo Norte se torna o Pólo Sul, fenômeno que no momento nenhum cientista saberia explicar. Ao mesmo tempo, os pesquisadores não fazem idéia da força extremamente destrutiva dessa alteração. O fato é que, no passado remoto, uma civilização avançadíssima dominou a Terra e revelou os segredos da inversão polar. Cabe-nos agora redescobrir esse conhecimento.

tavam, teriam de descrever uma rede ainda mais complexa de influências estreitamente correlacionadas – uma tarefa impossível. Além disso, uma interação contínua estava ocorrendo entre as diferentes partes – uma enorme diversidade de forças e campos. Que dados valiosos poderiam eles tirar daí? Contemplavam forças magnéticas inimagináveis lutando entre si e se compondo numa bola de relâmpagos, trovões e tempestades solares, como numa visão apocalíptica da contagem regressiva para o "dia do juízo". Onde encontrar a lógica, a proposição capaz de descrever isso? A pressão das autoridades, porém, era imensa. Por trás da parte que conseguiram captar da imagem devia haver, em princípio, um mecanismo superior que governasse o todo. Graças a esse mecanismo, seria possível predizer o futuro violento do Sol e suas repercussões na Terra.

Seguindo esse raciocínio, os antigos Einsteins começaram a postular um campo magnético mutável ao redor do Sol – uma ordem geométrica que, chegada à fase crucial, causaria uma espécie de "curto-circuito". O campo, após se intensificar, morreria de morte violenta numa supertempestade. Pouco depois, inverteria o campo magnético da Terra, provocando uma imensa catástrofe que destruiria todos os seres vivos do planeta. Os sacerdotes concluíram que o futuro estava suspenso por um fio e era tão frágil quanto a Terra submetida à violência inflamada do Sol. Por isso, deviam encontrar a resposta a essa pergunta inquietante: quando irá o campo giratório do Sol modificar decisivamente o ciclo da vida e da morte na Terra?

Em busca da Primeira Teoria do Caos

Após milhares de anos dedicados ao estudo do ciclo de manchas solares, eles chegaram a algumas conclusões importantes. O que deduziram foi o seguinte:

- A velocidade das manchas aumenta um pouco quando é atingido o ponto alto do ciclo. Portanto, deve existir uma conexão entre a velocidade do campo magnético e o próprio ciclo de manchas.
- A velocidade média do campo equatorial do Sol é de 26 dias (da perspectiva da Terra, 27 ou 28).
- Em latitudes superiores, a velocidade vai diminuindo gradualmente. A 35° do equador, a média cai para 26,5 dias. A 45°, desce para 26,9 dias. Acima disso é muito difícil determinar a velocidade porque ali raramente ocorrem manchas! Era, pois, impossível avaliar além desse ponto a diminuição de velocidade.
- Depois de cerca de 3.840 e 7.680 anos, ocorrem emissões solares violentas (mas não destruidoras).

Os teóricos tinham de se haver com esse problema, mas para onde olhar? Qual o fundamento de um fenômeno tão bizarro? Era da máxima importância saber quando e sob que circunstâncias o Sol iria de novo exibir sua truculência.

A resposta levou a uma profunda revolução na aurora da física. Eles suspeitavam que o Sol suportasse sua massa graças à tremenda pressão gasosa e à força eletromagnética de suas entranhas fumegantes. De outro modo, ele explodiria. Isso parecia suficientemente claro. Em menor escala, porém, ocorriam episódios de rápida desorganização, como turbulência e irrupções. Ainda assim as manchas permaneciam estáveis, girando regularmente, indiferentes ao caos circundante. Em outras palavras, encontravam-se em estado de caos estável. Os sacerdotes haviam conseguido, entrementes, resolver equações lineares. Mas como descrever a estabilidade num todo caótico? Como poderia o caos ser gerado por um comportamento regular? Era um problema dos mais intricados.

No labirinto cientificamente não igualado dessa civilização superior, teóricos brilhantes trabalhavam sem descanso. Começaram a achar seu caminho em meio ao caos. Matemáticos e físicos buscavam a correlação entre diferentes tipos de anomalias encontradas na Terra. Observavam a desordem da atmosfera, a turbulência dos oceanos e outros elementos irregulares da natureza. A partir da desordem, conseguiram criar fórmulas matemáticas para descrever padrões complexos, aproximando-se assim cada vez mais do êxito em sua labuta. Notaram, nas ondas dos rios, ritmos que competiam entre si: ondas que se absorviam umas às outras, dividindo superfícies e camadas limítrofes. Observaram agitações e vórtices em série, compreenden-

Figura 36. Em seus templos, os atlantes investigavam diligentemente os segredos das inversões polares.

do que aquilo eram irregularidades num fluxo contínuo. Pois, a despeito dos padrões caóticos observados, os rios continuavam correndo.

Quanto mais alto, mais lento

Quando examinavam o Sol, percebiam os mesmos padrões caóticos já notados nos rios: um fluxo linear que se tornava turbulento. E essa era a solução para o enigma que eles vinham tentando resolver há tanto tempo! Começaram, pois, a estudar ainda mais profundamente a mudança na velocidade do Sol. Sem dúvida, ali estava a prova de que o Sol não era sólido como a Terra, cujos pontos superficiais giram todos à mesma velocidade. Por esse motivo, devia haver uma esfera giratória no interior do Sol, a qual arrastava consigo as camadas adjacentes de nuvens. Essa força atinge o nível máximo no centro do astro, onde a velocidade de rotação é, conseqüentemente, maior. O efeito diminui na razão direta do afastamento do centro.

Considerando-se o padrão de turbulência e vórtices, tal conclusão é de fato bastante compreensível. Portanto, no todo, ela devia ser de importância capital, uma ruptura definitiva no pensamento dos antigos que afetaria sua busca por ordem no caos. Eles sabiam já que sistemas simples como um rio podem exibir comportamentos complexos e que sistemas complexos podem ser governados por leis simples. Compreenderam aos poucos que o caos, há muito posto de lado porque parecia caprichoso demais, oferecia um instrumento novo para manipular fatos velhos. Chegara, para eles, a hora de tecer hipóteses na busca de coisas que não podiam ver. Seus melhores teóricos sabiam que, quanto mais alto olhavam, mais a velocidade do Sol diminuía. Haviam também observado que, a meio caminho entre o equador e a parte mais elevada do Sol, as manchas desapareciam abruptamente e ninguém as conseguia ver mais! De que modo a velocidade se alterava? Era o que queriam saber. Aquela era a crise mais grave que haviam enfrentado, crise que irritava e atormentava os pontos extremos de seu conhecimento da natureza e tudo quanto percebiam como sobrenatural.

Pensamentos se agitavam em seus cérebros. Que força fazia o Sol ir mais devagar nos pólos? E em que local exato isso acontecia? Existiria uma correlação com acontecimentos anteriores na Terra? Com redobrada coragem, eles se puseram a calcular. A velocidade média do campo equatorial do Sol era de 26 dias. Isso já se sabia. Mas qual seria a velocidade do campo mais elevado, que eles não conseguiam ver? Pela taxa conhecida de desaceleração, ela teria de chegar a mais de 30 dias, qualquer que fosse o caso. Nesse ponto, só podiam fazer conjecturas. Recorreram então aos melhores matemáticos para solucionar o enigma. Talvez eles pudessem também encontrar um vínculo com a supertempestade futura. O fato é que um matemático especialmente brilhante descobriu uma ligação possível entre os campos magnéticos do Sol e da Terra. Uma comparação simples talvez esclarecesse essa matéria, mas então seria necessário conhecer a velocidade da rotação do campo mais elevado!

Para mim ainda é misterioso o modo como por fim solucionaram o problema – mas ficará claro no próximo capítulo que eles o conseguiram.

10

A DECIFRAÇÃO DO CÓDICE DE DRESDEN E DO ZODÍACO EGÍPCIO

No final deste livro você encontrará a decifração das partes mais importantes do Códice de Dresden maia e do Zodíaco egípcio. Vênus desempenhava o papel principal nos códigos maias, que descrevem o movimento desse planeta ao longo de ciclos incontáveis. Há, além disso, uma correlação entre cinco anos de Vênus e oito anos da Terra. Segundo os maias, eles eram iguais. Os pesquisadores reconhecem esse fato, mas até agora só apontaram umas poucas similaridades. Perguntei-me então: que aconteceria se tomássemos esse ponto de vista ao pé da letra? Em vez de umas vagas semelhanças, números precisos poderiam surgir? Consegui deslindar os códigos primários da civilização atlante que correspondiam aos números de Vênus. Será que eles ocultavam alguma coisa? Poderiam ajudar-me a completar a tão laboriosamente buscada decodificação?

Comecei a trabalhar e, para meu espanto, fui avançando mais depressa do que poderia ter imaginado! Prontamente decifrei os códigos milenares. A tela de minha calculadora logo mostrou números bastante exatos, ligados à órbita da Terra em redor do Sol. E, quando digo números exatos, refiro-me a quatro casas decimais após a vírgula! Isso significa que, há dez mil anos, os matemáticos calcularam essas quantidades com a mesma precisão que nós, atualmente. Sim, com a mesma precisão! E, à medida que a decifração avança, percebe-se que poderiam ter feito cálculos ainda mais exatos. Não se pode chegar a uma conclusão mais sensacional! Semelhante resultado é de molde a derrubar todos os nossos astrônomos e matemáticos de seus pedestais. Mas retomarei esse assunto em outro capítulo.

Esses cálculos constituem a base da decifração do Códice de Dresden. Sem eles, estaríamos diante de um caso perdido. Adotando a mesma maneira de pensar, é possível descobrir uma quantidade surpreendente de códigos. Os matemáticos terão muito com que se haver. Aos leitores pouco dados à matemática, informo que os códigos principais se referem ao ciclo de manchas solares. Só depois de um longo trabalho é possível decifrá-los. Não sabemos quanto tempo os maias despenderam na elaboração dessa obra-prima fantástica e notável – ela é tão brilhante e complicada ao mesmo tempo!

A mudança do Zodíaco era, para os egípcios, o ponto central de sua maneira de raciocinar. À primeira vista, essas matérias parecem referir-se a algo totalmente diverso. Digo "parecem" porque, depois de estudar a fundo o ciclo de manchas solares, logo percebi que ambas as civilizações o conheciam. E o mais notável é onde fui encontrar a chave para o enigma. Os egípcios atribuíam períodos de tempo diferentes para diferentes eras do Zodíaco. Empreendi então uma pesquisa sistemática. Após um ano de trabalho duro, consegui finalmente penetrar os códigos mais simples. Eu estava indo rápido, mas mesmo assim precisaria de mais ou menos dois anos para completar a tarefa. Devemos ter em mente que centenas de códigos egípcios e maias ainda estão ocultos, esperando vir à luz. Mas não se pode fazer tudo de uma vez. Minhas descobertas até o momento eram, para dizer o mínimo, espantosas. Os códices maias e o Zodíaco egípcio são as jóias da coroa da proficiência astronômica e matemática. Jóias de ouro puro, engastadas com diamantes de brilho intenso e da melhor qualidade. Quando se atenta para os fundamentos de seus códigos, não é possível negar isso.

O Códice de Dresden

Na figura 37, vê-se a parte do Códice de Dresden que me conduziu à revelação do maior dos segredos maias. Estive procurando esse códice por muito tempo e ele só caiu em minhas mãos por acaso. Encontrava-me na casa de Gino, uma tarde. Nossa descoberta do Labirinto no Egito andava pelos jornais. Por causa disso, o observatório de Hove entrara em contato com Gino pedindo-lhe para ministrar um curso sobre arqueoastronomia. Dizia-se também que Antoon Vollemaere, versado em assuntos maias, daria palestras sobre sua especialidade na mesma organização. Telefonei imediatamente para ele e passei-lhe algumas informações. Após alguns contatos telefônicos, marcamos um encontro.

Ao que parecia, Vollemaere pesquisara os maias por mais de dez anos. Assegurou-me de que esse povo dispunha de astrônomos bastante evoluídos e que seu conhecimento era extremamente subestimado. Concordei com ele, é claro. Duas horas depois eu estava convencido de que aquela conversa me seria muitíssimo valiosa. Poucos dias se haviam passado e eis que uma foto-

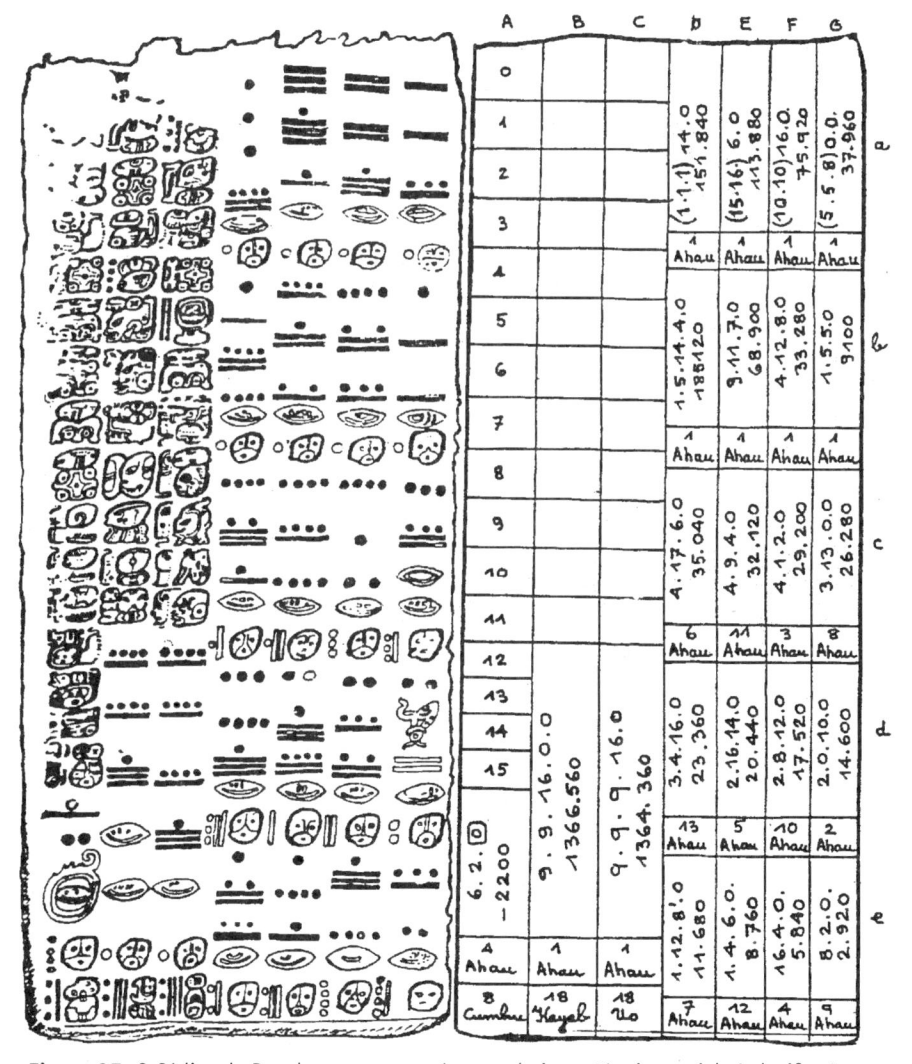

Figura 37. O Códice de Dresden com seus números de importância crucial. A decifração deles revela uma ciência bem mais avançada que a nossa!

cópia do Códice de Dresden aparecia em minha caixa postal, juntamente com uma explicação e as interpretações que Vollemaere dera ao texto. Cheio de curiosidade, comecei a ler os papéis, que num primeiro momento me pareceram muito complicados. Continham diversos números de Vênus e desenhos de deuses maias. Percorri cuidadosamente vinte das 74 páginas do manuscrito. Minha cabeça fervia com tanta informação. Decerto me seriam necessários anos para calcular todos os números ocultos nos códigos. Por essa razão, resolvi me limitar à página reproduzida aqui na figura 37.

Ela contém um número que levou Cotterell a alimentar uma suspeita: os maias já conheciam o ciclo de manchas solares que ele descobrira. A fotocópia contém duas partes. À esquerda, você pode apreciar o método de cálculo maia, juntamente com hieróglifos. À direita, aparecem os números transformados em nossa escala decimal. Estudei o conjunto em detalhe. Estava absolutamente convencido de que os maias conheciam essa escala e a usavam, embora poucos tivessem acesso a ela. Só os sacerdotes a empregavam para fazer seus cálculos secretos da posição dos planetas e do ciclo de manchas. Puderam desse modo engambelar milhares de pesquisadores, mas não a mim! Por onde começar? Que números encerravam seus segredos há muito perdidos?

A escala decimal secreta

Aqui, devo fazer uma observação muito importante. Os maias não usavam a mesma escala que usamos. Os números eram indicados por linhas e pontos.

O zero tinha a forma aproximada de um olho. Os pontos grafavam os números de um a quatro e uma linha simbolizava o cinco. O seis era uma linha encimada por um ponto, e assim por diante. Se você observar o desenho, compreenderá tudo imediatamente. É um sistema bastante lógico. Mas agora vem o grande "mas". Para os números acima de vinte, os maias

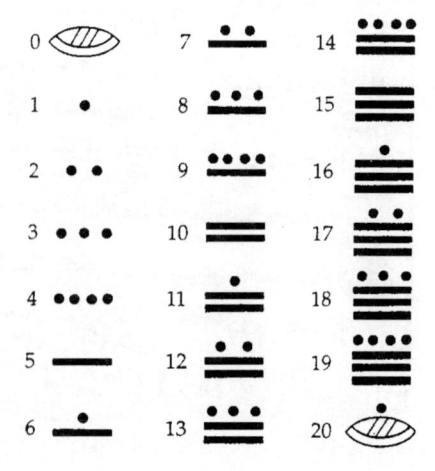

Figura 38. Números maias.

usavam múltiplos de vinte. A isso se chamava o uinal. O quarenta era indicado por dois uinais, o cem por cinco, etc. A partir do 260 vinha o tonalamatl. Portanto, trezentos é igual a 1 tonalamatl + 2 uinais. Os números superiores recebem outros nomes.

Agora, procure realizar uma decifração como as dos capítulos anteriores empregando essa escala. Depois de muito tempo, terá de admitir que é uma causa perdida! Todas as tentativas levarão a nada. E, para seu espanto, também aos matemáticos só restará aceitar que é absolutamente impossível decifrar seja lá o que for com base numa notação dessas! Sem dúvida, as conseqüências daí advindas são de longo alcance. Podemos concluir que os maias conheciam nossa escala decimal e a usavam juntamente com a deles. Não há outra conclusão; e cabe novamente aos cientistas reconhecer que os maias eram bem mais inteligentes do que se supunha.

O supercódigo decifrado

Minha intuição me dizia que uma supersérie de códigos se ocultava por trás destes números grandes: 1.366.560 e 1.364.360. Restava apenas encontrá-la. O desafio não me incomodava: eu tinha ganho muita experiência em decifração de códigos, portanto devia ser uma tarefa simples que levaria a uma decodificação complicada. Subtraí um número do outro e obtive 2.200 (1.366.560 – 1.364.360 = 2.200). Na fotocópia, esse número aparece em cima, mas com o sinal de menos. Se considerarmos a maneira de pensar dos antigos, essa era uma pista importante. Seguindo-a, dividi ambos os números por 2.200. A princípio, o resultado não significou nada para mim, mas depois percebi que se encaixava perfeitamente no todo. Então, resolvi dividir por 2.200 o número que Cotterell encontrara para o ciclo longo de manchas solares: 1.366.040 ÷ 2.200 = 620,92727. Logo meu coração se pôs a bater apressado. Já obtivera aquele número em cálculos anteriores: era igual a um valor importante do ciclo de manchas. No final do livro você encontrará o cálculo. Após deslindar esse código, fazer o mesmo com o seguinte seria brincadeira de criança.

Divida o número maior por 2.200: 1.366.560 ÷ 2.200 = 621,163636. Subtraia o número anterior e terá: 0,2363636. Se multiplicar 0,2363636 por 10, o resultado será exatamente o número de giros de que o campo polar do Sol precisa para completar um ciclo: 2,363636! Diabos me levem se isso não impressionar você!

Retomei minha impressionante viagem de descoberta com redobrado alento. Fatos surpreendentes foram surgindo em rápida sucessão. Horas depois, eu estava tão impressionado com minhas próprias descobertas que perdi o sono. Decidi, pois, continuar trabalhando pelo resto da noite, que acabou sendo a mais profícua de toda a minha pesquisa dos segredos maias. Numa série contínua de decifrações, consegui deslindar o Códice de Dresden. Estava tão perplexo que às vezes mal podia ir em frente. Vários códigos adicionais apareciam muitas vezes por trás de um único número. Mas só percebi isso após centenas de cálculos que não deram resultados satisfatórios. Então, quando deparei com o elo, fez-se a luz. Esse enorme progresso na decifração prova que os códigos maias eram muito mais intricados e surpreendentes do que os cientistas costumam admitir hoje em dia. Eles encerram mistérios às vezes chocantes, mas também majestosamente belos. Está bem claro que nosso conhecimento do Códice de Dresden é fragmentário. E que sabemos muito pouco do que os maias sabiam em outras áreas. Isso nos dá uma lição: nosso conhecimento não passa de redescoberta de antigos valores. Mas o fato mais intrigante é que o Códice de Dresden realmente diz respeito ao ciclo de manchas solares, sobre o qual nossos astrônomos não sabem coisa alguma!

O panorama que minha decifração dos códigos desvenda mostra uma visão pessimista de acontecimentos que pouparão muito poucos seres humanos. Nossas vidas e a continuidade da presença humana no planeta dependem da revelação desses segredos. Para a maioria das pessoas, as decifrações parecerão excessivamente complicadas, mas elas decerto captarão a gravidade das revelações. Nos textos científicos, uma decifração autêntica precisa conter algo mais que meras intuições. Eles têm de ser convincentes, apoiados em sólidos princípios. Além disso, o todo precisa seguir uma linha coerente de raciocínio. Os matemáticos respeitam muito teorias desenvolvidas em termos estritamente quantitativos. Pois bem: nossa decifração obedece a essas exigências. Contém resultados e comparações que propiciam novas decodificações. Quem quer que saiba somar, subtrair, dividir e multiplicar o confirmará. Não há necessidade de operações mais complicadas. Os números provam que os maias conheciam e empregavam a escala decimal. As pessoas que estudarem cuidadosamente a decodificação terão de admitir isso. Chegamos assim a uma teoria bela e inabalável, simples e ao mesmo tempo magicamente elegante. Essas propriedades extras virarão o mundo de cabeça para baixo e serão, conseqüentemente, aceitas por todos.

Uma prova impressionante

O Códice de Dresden é, sem nenhuma dúvida, impressionante. Segundo a moderna linha de raciocínio, os maias não poderiam ter tido conhecimento da teoria do ciclo das manchas solares. Não eram suficientemente hábeis para isso, afirmam os cientistas contemporâneos. Mas não, não estou me expressando bem aqui: os astrônomos atuais são sem dúvida competentes, mas ainda assim ignoram a teoria! Foi um astrônomo amador, Cotterell, quem a redescobriu. Com o auxílio do cálculo diferencial elementar, ele chegou a uma conclusão sensacional em suas comparações do ciclo de manchas solares. Quando, após muito trabalho, deparou com um número obviamente similar no Códice de Dresden, pôde iniciar sua pesquisa. Depois de anos de esforços, coletou indícios comprobatórios de que os maias sem dúvida conheceram o ciclo de manchas por ele descoberto. Infelizmente, não podia apresentar fatos, que minha decifração agora fornece. Nenhum matemático ou astrônomo deverá ignorá-los, pois são absolutamente convincentes. Quero, pois, instar a todos que aceitem essa prova impressionante o mais rápido possível. Só assim iniciaremos as operações necessárias para garantir a sobrevivência da humanidade.

Para esboçar o ciclo de manchas solares, você precisa considerar dois dados importantes. Refiro-me às órbitas dos campos magnéticos. No equador, ela é de 26 dias; nos pólos, de 37. A órbita do campo do equador pode ser calculada com base nas próprias manchas. Se você acompanhar o deslocamento de uma mancha até ela voltar ao ponto de partida, obterá 26 dias. Para tanto, é claro, terá de conhecer a órbita da Terra à volta do Sol, bem como um pouco de geometria espacial.

Quando falei sobre isso ao professor Callebaut, da Universidade de Antuérpia (uma autoridade de renome mundial no campo dos ciclos de manchas solares), ele me assegurou que respeitava os antigos cientistas e achava que poderiam ter conhecido a teoria. Confessou também que ele mesmo a ignorava, embora lhe parecesse bastante promissora.

Depois que o professor a examinou, travamos o seguinte diálogo:

Callebaut: "Admito que eles hajam determinado a órbita do campo equatorial, mas não a dos campos polares! Para isso é necessário um satélite, que eles não tinham!"

Geryl: "Como assim?"

Callebaut: "As manchas só aparecem nas imediações do equador. Não ocorrem em áreas mais altas. Portanto, é impossível determinar a órbita do Sol em altitudes superiores! Pior ainda, da Terra não se podem ver os campos polares do Sol!"

Geryl: "Não há outro meio de determinar a velocidade dos campos polares?"

Callebaut: "Que eu saiba, não. Vou lhe mandar um artigo que escrevi com dois colegas russos, e que dá apoio à teoria do ciclo das manchas solares. Talvez ele possa ajudá-lo."

Durante a conversa, algo me deixou de orelhas em pé. Tudo era fácil de entender até certo ponto; mas então, de súbito, aquele fato intrigante: de que modo os antigos puderam conhecer a órbita do campo polar?

Dois dias depois encontrei o artigo, com o título complicado de "Variações de Longo Prazo nas Oscilações Torsionais do Sol", em minha caixa postal. Autores: professor Dirk K. Callebaut, Valentine I. Makarov e Andrey G. Tlatov. Reli-o mais de uma vez. Fora publicado em *Solar Physics 170*, 1997. Os autores investigaram as manchas solares em diferentes graus de latitude de 1915 a 1990. Constataram que as manchas, no equador, levam aproximadamente 25,75 dias para completar um giro em torno do Sol. Vão ficando mais lentas à medida que se afastam daquela linha. A 40°, o período é de mais ou menos 26,6 dias. De 45° para cima, o giro requer 27 dias (o campo se desloca 13,33° por dia). Para graus superiores de latitude, o professor não dispõe de informações, pois nessa área as manchas são difíceis de ver ou nem aparecem!

Era simplesmente impossível, para os antigos, determinar a diminuição de velocidade da rotação do Sol! Insistimos: os grandes pesquisadores atuais do ciclo de manchas solares são absolutamente incapazes de medir, da Terra, a órbita descendente do Sol em regiões superiores!

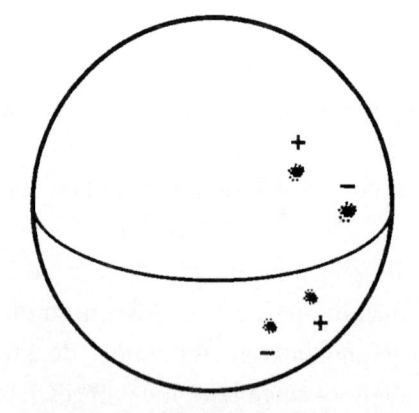

Figura 39. O desenho mostra os limites da visibilidade das manchas solares no Sol. Elas surgem na latitude de 45°. Acima disso, não são visíveis! Como poderiam os maias conhecer a velocidade orbital do campo polar do Sol, que é completamente invisível da Terra?

Mais do que espantado

Sim, eu estava mais do que espantado; estava francamente perplexo. Aquela era uma dificuldade com que não contara. Cotterell construíra sua teoria recorrendo aos dados de um satélite a girar em torno do Sol, que mediu a velocidade orbital dos campos polares. Mas os maias não tinham nada que se parecesse a satélites. Por isso o professor Callebaut perguntara com muita razão: "De que modo os maias ficaram sabendo que o campo polar precisa de 37 dias para descrever a órbita do Sol?" Estariam fazendo uma contagem regressiva com a ajuda de sua teoria? Acaso o Sol se encontrava em outro lugar naquele tempo, de modo que pudessem ver o deslocamento dos campos polares? Ou haveria outros fatores? A resposta talvez nunca seja encontrada. Mas que eles dispunham de tal conhecimento é 100% certo, a crermos no Códice de Dresden. Infelizmente, só podemos conjecturar como chegaram a isso.

A possibilidade de um cálculo em retrospecto, com a ajuda da teoria, não deve ser excluída. Quando se estudam as manchas solares ao longo de milhares de anos, obtêm-se números astronômicos exatos. Pode-se então determinar, com base exclusivamente neles, o máximo e o mínimo do ciclo. Pelo que se depreende do artigo do professor Callebaut, o campo do equador se desloca mais rápido quando o ciclo de manchas atinge seu ponto alto. Não são necessários computadores para chegar a essa conclusão. Basta acompanhar atentamente o movimento das manchas; e a cultura dos maias como um todo nos mostra que eles o fizeram. Todos os seus números, calendários e edifícios eram baseados no princípio do ciclo de manchas solares de 68.302 dias, para o qual escolheram o número de código 68.328. Só os sacerdotes conheciam os números reais. Os não-iniciados foram mantidos nas trevas – até o momento em que eu atinei com sua fórmula de cálculo e pude assim chegar aos números secretos. Essa teoria espantosa responde sem sombra de dúvida à maior pergunta matemática e astronômica de todos os tempos.

Os astrônomos precisam estudar urgentemente o ciclo de manchas solares com a ajuda da teoria de Cotterell. Tal como os maias e os antigos egípcios, poderão assim calcular de novo a data fatal. Então não apenas teremos certeza do que nos aguarda como tomaremos as devidas providências para resgatar a humanidade. A data fatídica que os maias nos transmitiram deve ser levada muito a sério. Além do fato de terem trabalhado com Números Sagrados redondos, eles conheciam também com notável precisão o número que a ninguém mais era permitido conhecer. Uma vez inteirado desse ponto de vista, você logrará êxito na decodificação. Já sabe que eles empregavam números fundamentais. Porém, mais importante ainda é a explicação dos números. Para decifrar o Códice de Dresden, tive de usar o número 27. Felizmente, havia descoberto sua origem antes.

Sírius, a Grande Pirâmide e o número 27

Em vários cálculos, deparei com o número 27. A princípio, ele não fez nenhum sentido para mim. No entanto, para os Mestres dos Números e Medidas, todo número significava alguma coisa. Durante um ano queimei os miolos refletindo sobre o número 27. Não conseguia arrancar nada dele. Depois me pareceu bastante lógico; mas, enquanto não se sabe, procura-se como um louco. Por fim encontrei a solução no livro *The Atlas of the Universe*, de Patrick Moore, onde li o seguinte: Nenhum agrupamento de manchas solares pode ser observado por mais de duas semanas ininterruptamente porque o Sol gira sobre seu eixo. Em conseqüência, um agrupamento de manchas avança de um dos lados do disco solar para a borda oposta, um 'cruzeiro' que dura um total de 13,5 dias no equador do astro. Depois os agrupamentos ficam invisíveis por outros 13,5 dias na face oculta do Sol e em seguida retornam ao ponto de partida.

Parece haver aqui um engano, pois 13,5 x 2 = 27 e não 26. Entretanto, como a Terra se move ao redor do Sol a uma velocidade de 29,8 km por segundo, é de crer que, vista de nosso planeta, a rotação do eixo do Sol leve 27 dias. Aí está! Com isso, fiquei um passo mais perto da revelação do maior enigma da astronomia nos tempos antigos. O número 27 estava oculto em diversos cálculos relacionados ao ciclo de manchas solares. Todavia, precisei de mais de um ano para atinar com esse fato crucial.

Sem dúvida havia algum significado por trás de tudo isso. Os antigos cientistas não faziam nada por capricho. Cada número importante encerra diversos dados. Não muito depois, vi um livro na casa de Gino. Os autores haviam medido as pirâmides de Gizé e as reproduziram com a ajuda de um programa especial de computador. Um dos ângulos mais freqüentes parecia ser de 27°! Graças a isso talvez me fosse possível recuperar os códigos (apenas os essenciais, é claro). Mas onde achá-los? Então se deu uma coincidência. Li num velho livro que Sírius forma um ângulo de 27° com a Estrela Polar. Sírius, como sabemos, tinha enorme importância para os egípcios e por isso logo me pus a investigar a questão – que talvez fosse simples. As pirâmides foram construídas para homenagear as vítimas da catástrofe: deveria haver alguma relação com o fato.

Conclusões

1) As pirâmides de Gizé formam um complexo arqueoastronômico fantástico. Seus ângulos são códigos ocultos que levam à solução do enigma da civilização egípcia. Para tanto, precisamos saber o período entre as duas catástrofes e daí partir para o resgate de todos os números importantes daquele povo.
2) Recorrendo ao raciocínio lógico, podemos calcular uma coisa com base em outra. Descobrimos assim um vínculo inegável entre maias e egípcios. Eles conheciam os segredos da Atlântida e o modo pelo qual os atlantes calcularam os acontecimentos de 2012.
3) Podemos recuperar esses números de várias maneiras, o que mostra a eficiência notável de seu programa de computador. Os programas atuais não poderiam fazer melhor. Os antigos devem ter trabalhado nele por muito tempo.
4) O ângulo de 27° traz à luz uma pista oculta para Sírius. Sírius era muito importante para os egípcios. Após 1.461 anos, um novo ciclo sótico começou. O ângulo entre Sírius e a Estrela Polar é de 27°. Além disso, Sírius parece deslocada 27° de sua posição verdadeira.
5) As manchas solares surgem na latitude de 45°. No equador, elas precisam de mais ou menos 27 dias para descrever um giro completo à volta do Sol. No final do livro você verá que o número 27 aparece muitas outras vezes.
6) A decodificação do ciclo de manchas solares dos maias é de capital importância! Ele desempenha um papel de relevo em diversos cálculos. Por isso fiz questão absoluta de mostrar a você como consegui solucionar o problema. Graças a essa descoberta, deslindei outras muitas correlações implícitas. E o que demonstrei aqui para esse número, poderia demonstrar também para outro: 576.

Vênus e o enigma do número 576

Uma noite Gino, com o qual descobri a localização do Labirinto do Egito, telefonou-me. Falei-lhe dos problemas que estava enfrentando para solucionar o código de Vênus: "Ignoro ainda como eles puderam calcular com tamanha exatidão o período sinódico desse planeta."

"Ora", retrucou ele, "não é coisa assim tão difícil. Vênus fica visível por muito tempo. Quando posicionado do lado leste do Sol, surge à noite a noroeste. Torna-se então uma estrela noturna tão brilhante que chama a atenção geral. Quando, porém, está a oeste do Sol, é uma estrela da manhã. No verão do hemisfério norte, mal se vê; mas como estrela matutina em novembro, dezembro e janeiro, atrai todos os olhares."

"Eu não sabia disso; ótimo você ter me contado. Mas o que tem isso a ver com a órbita do planeta em si?"

"Vênus aparece durante 263 dias como estrela da manhã e 263 dias como estrela da noite. Por cinqüenta dias não é visível e oculta-se por oito dias atrás do Sol."

"Espere, não vá tão depressa... Ainda não anotei esses dados!"

"Pois vou repetir: 263 dias como estrela da manhã, outros tantos como estrela da noite."

"Ao todo, 526 dias. Certo, Gino?"

"Certo. E torna-se invisível por cinqüenta dias."

Imediatamente adicionei esse número ao anterior.

"Mas temos então 576 dias!", exclamei ao telefone.

"Tem razão! Por que não pensei nisso antes?"

"Esse número misterioso do Zodíaco refere-se de algum modo ao código de Vênus!"

"Sem dúvida; explica de imediato muita coisa."

Pulei de alegria – aquela conversa nos levara bem mais longe em nossa pesquisa. De fato, sem uma informação tão simples, eu provavelmente jamais decifraria o código maia. Jamais descobriria a correlação entre esse número e o programa de computador para a catástrofe prévia. Conforme o leitor provavelmente se lembrará, havia uma diferença de 576 dias entre o valor calculado do período da órbita de Vênus e o da Terra. Essa notável diferença colocou-me na senda de novas investigações segundo a mesma linha de raciocínio.

Recapitulando os pontos:

1) O número 576 diz respeito a Vênus e foi usado como código no Zodíaco egípcio. Em meu livro anterior eu poderia ter provado isso, mas então não conhecia o significado do número. De uma perspectiva matemática, temos aí uma correspondência entre a mudança do Zodíaco e o planeta Vênus.

2) Depois de 584 dias, Vênus está de novo no mesmo ponto do céu onde se esconde durante oito dias por trás do Sol. A série numérica é clara: exibe a conexão entre Vênus e o Sol. Em seu livro *The Mayan Prophecies*, Cotterell aponta algumas dessas conexões. Eu não apenas as confirmo como declaro ter encontrado outras. E novos dados ainda esperavam para vir à luz. Bastava procurar. E consegui achá-las! Empregando o número 576, decifrei importantes códigos ocultos tanto no Códice de Dresden quanto no Zodíaco egípcio.

3) Com a ajuda de Vênus, pude provar que os maias haviam chegado a números astronômicos incrivelmente exatos. Isso é de espantar porque sua precisão supera em muito a nossa! Além disso, provei na seqüência a origem do número 0,6666 (576 ÷ 864 = 0,6666).

4) Quando analisamos a fundo as duas catástrofes descritas no capítulo 6, vemos surgir duas vezes o número 576. Ele está relacionado ao Zodíaco. Depois do desastre de 21312 a.C., a Terra permaneceu no signo de Aquário por 576 anos. Antes da catástrofe de 9792 a.C., permaneceu no signo de Leão por 576 anos. Mais que nunca, esse número de código de Vênus revelou ser da máxima importância para o planeta luminoso!

5) A diferença entre a órbita sinódica real de Vênus, 583,92, e 576 é 7,92. Esse é um número de código que aparece em vários cálculos diferentes, mas agora cem vezes maior. Isso me colocou na pista da decifração do Códice de Dresden.

6) Os maias e os egípcios usavam três calendários. Se você multiplicá-los por 576 obterá 1.728, que é um número fundamental para o cálculo de decodificações relacionadas ao ciclo de precessão. Esse foi um dos primeiros códigos descobertos que me permitiram explicar a mudança do Zodíaco.

Para matemáticos: ver Apêndice.

11

CARACTERÍSTICAS COMUNS AO CÓDICE DE DRESDEN E AO ZODÍACO EGÍPCIO

Após estudar cuidadosamente todas as mensagens decifradas, algumas similaridades me chamaram a atenção. Descobri que os números maias podem ser usados para decifrar antigos códigos egípcios e vice-versa. Ainda mais sensacional foi o fato de que, após determinar todos os números de código, uma decodificação se seguiu a outra! Só posso concluir daí que essas obras-primas de tempos recuados complementavam-se maravilhosamente e formavam um todo! As duas características mais destacadas dessas veneráveis realizações astronômicas são o planeta Vênus e o ciclo de manchas solares. Vemo-lo bem quando recuamos aos acontecimentos de quase doze mil anos atrás. Segundo a tradição maia, um novo Sol aparece no céu quando se inicia uma era nova. Os maias davam a essas eras nomes evocativos dos eventos ocorridos sob cada Sol sucessivo, que eram chamados de: Sol de Água, Sol de Terremoto, Sol de Furacão e Sol de Fogo.

A primeira era findou pela água, quando só poucas criaturas humanas escolhidas sobreviveram. Chamavam-na de *Apachiohualizltli* ou Sol de Dilúvio. Alguns afirmam que apenas um casal escapou à morte; outros, que sete casais conseguiram preservar a vida e repovoaram a Terra depois que cessaram as chuvas contínuas. Depois, na era do Sol de Terremoto, a Terra se partiu em pedaços em muitos lugares. Montanhas vieram abaixo e outras se ergueram como que do nada. Uma tempestade pavorosa, sobrenatural, pôs termo à era do Sol de Furacão. E por fim, após uma enxurrada de sangue e chamas provocada pelo Sol de Fogo, os sobreviventes morreram à míngua. Durante essas quatro eras, fogo, terremotos, furacões e inundações avassaladoras agitaram o planeta, extinguindo nossa espécie. O elemento mais importante e comum a essas calamidades globais foi o Sol: ele é que arrasou a Terra. Os maias não tinham dúvidas quanto a isso e, portanto, nisso baseavam sua fé.

Também o livro sagrado dos budistas fala em "Ciclos Mundiais": "Muito tempo depois que as chuvas cessaram, um segundo Sol apareceu. Entrementes, o mundo se abismara em trevas." A escolha do Sol para denominar as sucessivas épocas que terminaram em destruição geral é bastante clara para nós. Sem dúvida, os antigos nos diziam que uma alteração em nossa fonte de luz põe fim a cada ciclo.

Mitos antigos e matemática obsessiva

Agora temos também provas matemáticas para amparar essa conclusão. Os maias tinham chegado à fórmula do ciclo de manchas solares. Com a ajuda dessa teoria, podiam fazer cálculos sobre o comportamento de nosso Sol. Muito antes do fato, sabiam que uma intensa atividade solar ocorreria. Com base na intensidade esperada, calculavam se ela teria alguma conseqüência para a Terra. Sua preocupação com os números era quase obsessiva, pois não ignoravam que muitos segredos da natureza podiam ser explicados graças a eles. Tinham a certeza de que, uma vez compreendidos suficientemente os números originais dos eventos, era possível prever com exatidão a data em que ocorreriam.

Aplicando o mesmo esquema de raciocínio, pude entrar em seu astuto jogo numérico. Os maias pensavam racionalmente à sua própria maneira e convertiam tudo no que haveria de tornar-se os Números Sagrados. Segundo seus processos mentais, os mesmos números explicavam todas as coisas. Eles conheciam os valores exatos, mas preferiam ocultá-los numa série de códigos. Depois, com o auxílio dos Números Sagrados, tanto eles quanto os egípcios poderiam encontrar os números certos. Por isso devemos considerar precisos seus cálculos e seus mitos. Eles sabiam coisas que não sabemos. O cálculo que fizeram do fim do Quinto Sol é inquestionavelmente correto, por mais incrível que sua ciência nos pareça. Portanto, tomemos a sério sua profecia sobre o Final dos Tempos.

A jóia da coroa dos códigos maias era o chamado "calendário longo" ou "Longa Contagem", que teve início há milhares de anos, na Era dos Deuses, em 4 Ahau 8 Cumkun: 11 de agosto de 3114 a.C. Terminará após 1.872.000 dias, quando o mundo for destruído no ano Katun Ahau 13: 21 de dezembro de 2012 d.C. Esse sistema codificado demonstra a habilidade dos maias para calcular ciclos longos e predizer ciclos de destruição, bem como a criação que sempre se lhes segue. Desde o começo, eles literalmente fizeram a contagem regressiva até o momento fatal. Já sabemos que calculavam com incrível exatidão e que sua contagem era um sistema codificado. Segundo seu sistema de codificação, um ciclo de manchas solares equivale a 68.328 dias; e seu ano solar durava 365 dias. Quando calculamos o período de um ciclo de manchas usando esses dados, obtemos 187,2 anos. Um múltiplo desse número – 1.872.000 – assinala a destruição do mundo para 2012 d.C.! Por quê?

Na época em que escrevi meu primeiro livro, ainda não havia deslindado o código final. Agora, três anos depois, tendo examinado meses a fio centenas de milhares de aspectos do ciclo de manchas solares, já posso dar uma resposta à pergunta acima. O fim chegará como um ladrão a coberto da noite, no ápice de um grande ciclo de manchas solares. Você lerá a respeito num dos próximos capítulos.

A maneira mais fácil de imaginar a "Contagem Sagrada" dos antigos é visualizar uma calculadora que adiciona sem cessar as forças magnéticas até se saturar e explodir. Já agora se acumulam no Sol as forças colossais que irão dar um fim à nossa civilização. Daqui por diante, só mais uma fração dessas forças será acrescentada.

Os astecas, que suplantaram os maias, também tinham consciência do desastre iminente. Mas na época deles o método de calcular o fim foi esquecido. À falta de informação substancial, os astecas faziam sacrifícios humanos na crença de que, com rituais, iriam adiar a catástrofe. Alimentavam o deus solar Tonatiuh com o sangue dos prisioneiros executados. Nas imagens, Tonatiuh aparece com o rosto cheio de rugas e a língua protuberante, como que a alardear sua fome de corações sangrentos. Saciando-o regularmente, os astecas acreditavam poder mantê-lo vivo. A mesma certeza de que o deus solar podia ser aplacado com sacrifícios humanos dominava as grandes civilizações da América Central. Tais crenças eram contrárias ao conhecimento dos maias, que haviam previsto *mediante cálculos* a data fatídica para a era do Quinto Sol. Toda a sua cultura, todos os seus números sagrados giravam em torno desse evento. Valendo-se de sua teoria do ciclo de manchas solares, determinaram o instante em que uma tremenda emanação de energia do Sol irá, de um golpe, varrer a civilização da face do planeta.

A relação com Vênus

Vênus, o segundo planeta de nosso sistema solar, tem muito a ver com isso tudo. Como? Que relação lógica poderíamos traçar entre os eventos finais e Vênus? O chamado culto de Vênus era na verdade o fruto maduro de uma civilização tecnicamente avançada, embora pouco conhecida. Muita informação se perdeu, mas muito podemos inferir se pensarmos logicamente e fizermos algumas pesquisas. Todas as nações da América Central atribuíam enorme importância simbólica a esse planeta. Os egípcios também não ignoravam que Vênus era tanto uma "estrela matutina" quanto uma "estrela noturna".

Ao decodificar o Zodíaco egípcio, deparamos com o número 576, que simboliza Vênus. Ele nos permite deslindar uma série impressionante de mistérios, dotando-nos com uma herança inestimável, da qual muito se perdeu nas brumas do tempo.

Portanto, ocorreram outrora eventos que ligam Vênus a turbulências no Sol. Mas que eventos misteriosos foram esses? O que pode ter tido caráter tão miraculoso a ponto de perturbar assim a mente dos sacerdotes? Por que os antigos incluíram uma certa relação com Vênus em sua ciência astronômica profética? Que lembranças terríveis do terrível maremoto estariam ligadas a isso? A solução tinha de estar em alguma parte. Procurei seguir a lógica, tentando reconstituir os eventos milenares. Sabe-se que Vênus possui uma camada densa de nuvens. Teria isso algo a ver com o caso?

Durante a catástrofe anterior, o Sol emitiu enormes quantidades de partículas eletromagnéticas. As auroras deram à nossa atmosfera um brilho intenso. "É isso aí!", pensei. Assim como a da Terra, a atmosfera de Vênus também ficou resplandecente, porém mais, dados a sua proximidade do Sol e o fato de as partículas que o atingiram estarem muitas vezes mais concentradas que as que chegaram à Terra. Antigas escrituras declaram que um "segundo Sol" apareceu no firmamento. E há mais. Quando a tempestade solar atingiu Vênus, em nada teve diminuída sua força. Nas camadas atmosféricas superiores, substâncias gasosas se inflamaram como "fogos de artifício celestes", formando uma cauda de cometa esplendidamente iluminada. Velhíssimas escrituras mexicanas descrevem esse fenômeno. Primeiro, dizem elas, Quetzalcoatl, um corpo celeste em forma de serpente, atacou o Sol, que então se recusou a aparecer durante vários dias. O mundo ficou privado de luz. Muitas pessoas sucumbiram enquanto essa calamidade varria a Terra. Então o corpo em forma de serpente se transformou numa estrela. Surgiu pela primeira vez no leste e tomou o nome de Quetzalcoatl, o do planeta que hoje conhecemos como Vênus.

Em *Worlds in Collision*, de Velikovsky, lemos o seguinte: "Apareceu então uma grande estrela, Quetzalcoatl. O céu, para aliviar a ira, fez com que grande número de pessoas perecesse de fome e peste." E mais adiante: "Depois disso os homens voltaram a calcular os dias, as noites e as horas." É significativo o fato de a contagem do tempo começar do instante em que a estrela da manhã surgiu no céu. Tlahuizcalpanteuctli, ou "estrela matutina", mostrou-se pela primeira vez pouco depois de a Terra ser arrasada por maremotos e convulsões tectônicas.

É lícito deduzir do extrato seguinte de *Worlds in Collision* que a presença de Vênus no céu chamou a atenção de todos. Isso prova que tempestades solares podem modificar grandemente a face de um planeta como Vênus. Este parecia uma serpente monstruosa. "A serpente tem penas e por isso é chamada Quetzalcoatl. Surge quando o mundo começa a ressurgir do caos provocado pelo grande cataclismo." A plumagem do corpo em forma de serpente representa chamas rubras.

O nascimento da estrela matutina foi motivo dos mais populares nas lendas de nações tanto do Oriente quanto do Ocidente. Vezes sem conta essa imagem reaparece, inalterada. Uma estrela chamejante deteve o movimento visível do Sol, tornando-se uma estrela da noite e do dia, e causou um incêndio no mundo inteiro. Na Babilônia, era chamada Ishtar, a "Estrela das Lamentações". O trecho seguinte é de *Sumerian and Babylonian Psalms*, de Langdon (1909):

> Pois faço o céu tremer e a terra sacudir-se.
> Sou Ishtar, o brilho que ilumina o céu
> E as chamas que descem sobre o país hostil.
> Sou Ishtar, a luz que sobe no céu.
> Sou Ishtar, a rainha celeste, a luz que sobe no céu.
> Essa é a minha nomeada.
> Subjugo sem esforço as montanhas.
> Essa é a minha nomeada.

Na Polinésia, até há bem pouco tempo, pessoas eram sacrificadas a Vênus, a estrela da manhã. O mesmo acontecia a meninos e meninas na Arábia, onde se cultuava a rainha celeste "al-Uzza". Tamanha fé nos poderes maléficos desse planeta deve ter lá seus motivos. A "Segunda Estrela" abalou a Terra, incendiou-a, lançou-lhe ventos de força destruidora e encheu-a de água. Em suma, Vênus era uma imagem vívida na lembrança daqueles que sobreviveram à catástrofe. Por isso os atlantes e seus descendentes transformaram os números de Vênus em códigos, incluindo-os em seus cálculos! Depois do Sol, era o astro que chamava mais atenção no firmamento daqueles dias. Quando a próxima calamidade sobrevier, Vênus fulgurará de novo, fazendo jus aos mitos relatados por quase todos os povos do mundo.

A descoberta do vínculo entre Vênus e a catástrofe explica sem dúvida muita coisa. Confirma, em boa lógica, minhas descobertas relacionadas ao Zodíaco egípcio, o Livro dos Mortos egípcio e o Códice de Dresden maia. A complexidade dos calendários maias também pode ser deduzida daí. Os que criaram esses sistemas avançados acharam meio de integrar o movimento de Vênus à órbita de outros planetas. Estudando-se os cálculos, vê-se que aquele povo tinha consciência do fato de serem necessários 583,92 dias, em média, para Vênus reaparecer no mesmo lugar. Com a ajuda desses números especiais, consegui deslindar o Códice de Dresden. Acrescente-se a isso outro fato notável, o de terem também associado o ano sagrado maia – o Tzolkin de 260 dias – ao movimento de Vênus. Novas pesquisas deixaram claro que 260 era um número fundamental para a teoria do ciclo de manchas solares.

Em verdade, estamos considerando aqui relações matemáticas entre Vênus e o ciclo de manchas. Mas essas não são as únicas relações observadas. Vênus executa também movimentos retrógrados, tecendo espirais no espaço. Em 2012, esse planeta descreverá um círculo perfeito acima de Órion (um dos motivos pelos quais meu livro anterior recebeu o título de *The Orion Prophecy*). Fato curioso, porém, é que o movimento retrógrado de Vênus vem mencionado no Livro dos Mortos como código para a inversão do campo magnético da Terra. Mas os antigos egípcios não eram os únicos que pensavam assim. Dorsey, em *The Pawnee Mythology*, declara o seguinte:

> Segundo os anciãos, a estrela da manhã revelou que quando a Lua se tingir de vermelho as pessoas saberão que o fim do mundo está próximo.
> E revelou mais: no começo de tudo, ela instalou a Estrela Polar no norte, permitindo que a Estrela do Sul vigiasse periodicamente a Estre-

la do Norte para ver se ela continuava em seu posto. Então, podia voltar para seu lugar.

A ordem para destruir todas as coisas será dada pela Estrela do Norte e executada pela Estrela do Sul. Então, novas estrelas cairão sobre a Terra.

Na história dos índios pawnee percebemos de imediato a noção do movimento retrógrado de Vênus. Ele descreve um círculo completo. Vênus, ao que se supunha, era capaz de inverter a posição do Pólo Sul e do Pólo Norte executando esse giro planetário. Tal qual muitas outras nações, os pawnee acreditavam que a futura destruição dependerá do planeta Vênus. No fim dos tempos, o Pólo Norte e o Pólo Sul trocarão de lugar. Fica claro, por seus atos, que os pawnee levavam isso muito a sério. Quando Vênus brilhava mais intensamente e nos anos em que um cometa atravessava os céus, um ser humano era sacrificado. Acontecia assim: os cabelos de uma garota aprisionada eram tingidos de vermelho pelo guarda. Também ele pintava os cabelos e o rosto de vermelho, colocando na cabeça um cocar de doze penas de águia, pois era essa a forma que a estrela da manhã ostentava na visão dos índios. Quatro estacas, fincadas na direção do vento, serviam de patíbulo. Instava-se então a estrela da manhã a apoiar-se nas estacas, "para que Tu possas sempre carregar os céus". No momento em que o astro surgia, dois homens davam um passo à frente, empunhando tições acesos. Abriam o peito da jovem e arrancavam-lhe o coração, após o que quatro tições eram colocados nos lados nordeste, noroeste, sudeste e sudoeste do patíbulo, para incendiá-lo.

Como já sabemos da relação entre Vênus e o cataclismo mundial ocorrido há quase doze mil anos, o significado dessas cerimônias se torna claro. Vênus é o vínculo entre os abalos que sacudiram a Terra antes e os que voltarão a sacudi-la. As direções do vento se inverterão e um período de trevas assolará os céus. Vênus, então, inaugurará uma era nova. Graças às antigas escrituras e ao que restou dos conhecimentos dos egípcios e maias, podemos amealhar um conjunto consistente de dados. As relações matemáticas dão apoio aos velhos mitos e os velhos mitos nos contam o que aconteceu. Pude concluir assim que minha hipótese de trabalho era, infelizmente, exata. Os antigos egípcios e os maias tinham muito em comum no tocante à visão da catástrofe que nos atingirá:

• Os códigos maias referem-se principalmente a Vênus. No Zodíaco egípcio, o número de Vênus foi inserido e usado muitas vezes. A decifração o prova à saciedade. Em meu livro anterior, Gino e eu explicamos que Vênus fornece o principal código para a inversão dos campos magnéticos do Sol. No ano da catástrofe prévia, 9792 a.C., Vênus descreveu um círculo planetário, durante vários meses, por trás de Gêmeos e a noroeste de Órion. Em 2012, Vênus executará um movimento idêntico, mas dessa vez exatamente acima de Órion, e a Terra passará a girar ao contrário após a inversão dos pólos. Essa descoberta prova que aqui não há coincidência, mas um manuseio brilhante de códigos comuns.

- Ambas as civilizações incorporaram o ciclo de manchas solares a seus cálculos. Os dos egípcios são um pouco mais difíceis de decifrar que os dos maias. O Zodíaco e as fases de precessão eram mais importantes para os egípcios. Após pesquisar por longo tempo, consegui enfim provar que a teoria do ciclo das manchas estava oculta em seu Zodíaco astronômico. Os cálculos que mostrarão ao leitor o estilo de codificação dos egípcios estão no final do livro.
- Antes de atinar com o ciclo de manchas solares oculto no Códice de Dresden, você precisará ter à mão todas as decifrações egípcias essenciais. Elas

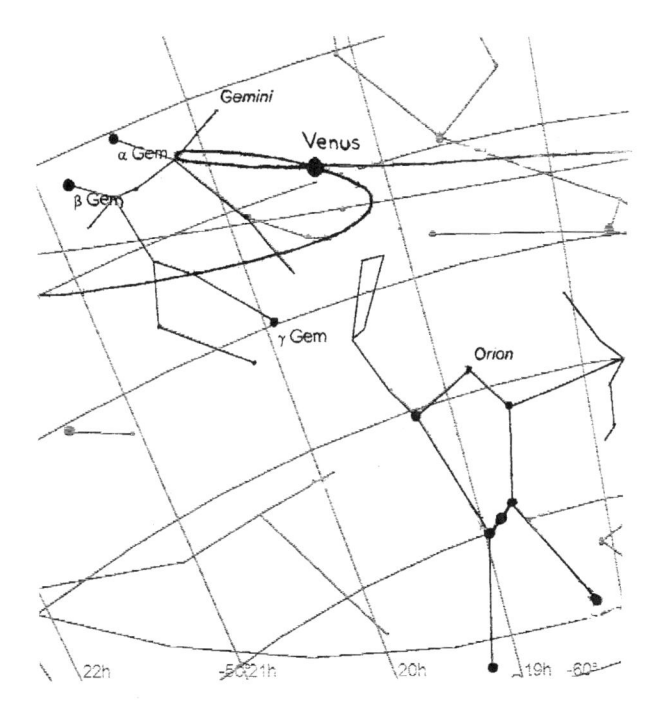

Figura 40. Em 9792 a.C., ano da catástrofe anterior, Vênus descreveu um círculo planetário retrógrado atrás de Gêmeos e acima de Órion.

provam a origem dos códigos. O ciclo de manchas se relaciona aos campos magnéticos do Sol e às tempestades solares, enquanto o Zodíaco egípcio revela suas conseqüências para a Terra.

- Decifrações adicionais mostram que a precessão do Zodíaco também está oculta no ciclo de manchas maia. Quando o campo magnético do Sol muda, sua influência sobre a Terra é catastrófica. Como você viu em meu livro anterior, nosso planeta entrou em outra era do Zodíaco após cada cataclismo! E com isso nosso círculo de evidências se fecha.

Conclusão

No ano 2012 d.C., o campo magnético do Sol mudará. Uma furiosa tempestade solar atingirá a Terra, provocando a inversão de seus pólos magnéticos e fazendo com que ela passe a girar ao contrário. Além disso, a Terra entrará numa nova era. O código de Vênus tem muito a dizer sobre esse assunto. Durante meses, Vênus executará um movimento retrógrado aparente acima de Órion. Com seus cálculos anteriores e hábil codificação do fenômeno, tanto maias quanto egípcios mostraram quão avançado era seu conhecimento!

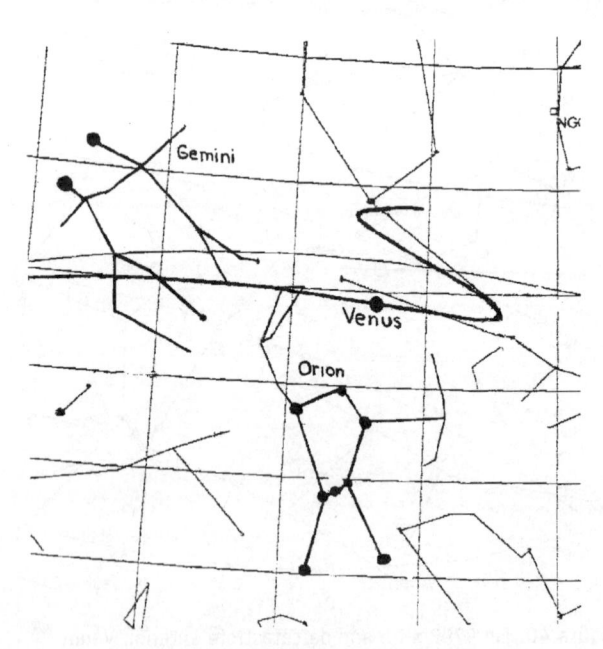

Figura 41. Em 2012, Vênus descreverá um giro planetário retrógrado acima de Órion, provocando com isso uma inversão polar na Terra.

12
666 – O NÚMERO DA BESTA

Em seu livro *The Supergods*, Maurice Cotterell submete o templo de Palenque a severo escrutínio. Faz inúmeras perguntas como:

- Por que o edifício tem nove andares e apenas cinco escadarias? Fora bem mais fácil construir escadas mais curtas.
- Por que a segunda escadaria tem 22 degraus?
- Por que o templo ostenta 620 inscrições?

Partindo de seu conhecimento do ciclo de manchas solares, ele passou a examinar o templo com outros olhos. Após demorado estudo, descobriu ali uma unidade lógica. O templo, com seus artefatos, foi edificado de tal maneira que nós, curiosos, não podemos nos impedir de fazer perguntas às quais ele responderá com mensagens codificadas, todas aludindo ao ciclo de manchas solares. Até aqui isso é uma prova lógica da antiga teoria de Cotterell, segundo a qual o ciclo de manchas era não só universalmente válido como conhecido dos maias do modo como ele o calculou. Mas novas pesquisas levaram a um resultado inesperado e sensacional.

Ele, de início, reconstituiu uma série numérica. Encontrou primeiro cinco objetos; em seguida, cinco signos duplos, cinco signos de objetos que exibiam o número três, etc., até cinco signos de objetos com o nove por número básico. A lista estava completa, exceto pela circunstância de faltarem os três objetos para o número seis: 666, o número da Besta. Isso o deixou profundamente intrigado, pois não conseguia achar a solução. A Bíblia traz uma estranha história referente a esse número, que fala em apocalipse próximo e destruição total. Ninguém sabe a que isso se refere, pois de fato é tema muito bizarro e misterioso. O capítulo 13 do livro do Apocalipse menciona a Besta que se ergue do mar. Tem sete cabeças e dez chifres; em sua testa, está escrito: "Eis a sabedoria; quem tiver conhecimento conte o número da Besta, pois é o número de um homem, 666."

Quase todas as pessoas sabem a respeito desse número e que ele está relacionado ao final dos tempos. Livros e mais livros foram escritos sobre o assunto, com todos os tipos imagináveis de interpretação. Até agora, ninguém conseguiu pistas plausíveis para chegar ao seu significado. Perplexo, reli várias vezes o capítulo. Não sabemos muita coisa sobre essa parte da Bíblia, como veio à luz e quem a escreveu – só sabemos que a história do Apocalipse é de autoria de um judeu cristão que se diz chamar João. "Apocalipse" quer dizer "revelação". O Livro das Revelações foi redigido entre 56 e 95 d.C. na ilha de Pátmos, ao largo da Turquia. No prefácio, João informa que Deus lhe transmitiu o Apocalipse por intermédio de um anjo: "E vi um anjo que bradou com grande voz: 'Quem é digno de abrir o livro?' E homem nenhum, no céu ou na Terra, conseguiu abrir o livro ou pelo menos ter dele um vislumbre." Mas isso não era obstáculo para João. A ele lhe foi permitido contemplar o livro, embora não precisasse lê-lo: via tudo acontecer diante de seus olhos. O texto se torna realmente interessante na passagem da abertura do sexto selo, que diz respeito à pulsação do universo.

Segundo João, "estrelas caíram na Terra" e "o céu era como um papiro que se enrola". Antes da abertura do sétimo selo, fez-se um curto silêncio e houve uma mudança nos eventos cronológicos. Como num filme, João avançou e recuou no tempo, entre o céu e a Terra. Os "servos" de Deus, os 144 mil membros das doze tribos de Israel, foram marcados por um "sinal" na fronte, que os protegeria por ocasião do Juízo anunciado. Após a abertura do sétimo selo, ocorre uma pausa por um motivo qualquer. João nos conta o seguinte: "Houve, no céu, um silêncio de aparentemente meia hora." Segue-se uma série de acontecimentos surrealistas. Vêm primeiro sete trombetas, representando o número dos selos abertos. Ao primeiro som de trombeta, a Terra é bombardeada por raios e granizo misturados com sangue. Um terço do planeta é devorado pelo fogo. A segunda trombeta transforma um terço dos oceanos em sangue. Um terço da vida orgânica desaparece e um terço dos navios soçobra. Ao soar da terceira trombeta, uma "estrela" despenca sobre a Terra, envenenando um terço dos rios e lagos. A quarta trombeta anuncia a extinção parcial da luz do Sol e da Lua. A quinta rasga um abismo no chão, de onde emergem estranhos animais com cabeças humanas. Ao toque da sexta trombeta, surgem quatro anjos à frente de dois milhões de cavaleiros. Têm escudos coloridos e cavalos com cabeça de leão. Cabe-lhes garantir que, após numerosas pragas, um terço da humanidade pereça. Durante esse morticínio, diz João, o resto da humanidade se recusa a dispensar seus deuses, feitos de ouro e prata, que "não podem ver, ouvir nem falar".

Há de novo um interlúdio antes do toque da sétima trombeta. Nesse período, João recebe um papiro de um anjo conhecido "na terra e no mar", o qual lhe ordena que o coma. Será doce na boca e amargo no estômago, garante-lhe o anjo. Aqui, a lição moral é que os frutos do materialismo não valem a pena, mas são uma pílula dura de engolir. Em seguida, João recebe uma régua para medir o Templo de Deus e avaliar o número dos fiéis. Além disso, é informado de que duas testemunhas, simbolizadas por duas oliveiras e duas lâmpadas, espalharão suas profecias pelo mundo durante 1.260 dias, juntamente com surtos de peste e a mudança da água em sangue. Mas elas serão derrotadas pela Besta que sobe do abismo. Seguem-se então as famosas palavras: "Aqui há sabedoria. Aquele que tem entendimento calcule o número da Besta, pois é o número de um homem e seu número é 666." Mas, antes de me deter nesse ponto, continuo com a história de João.

Cristo surge diante dele, em meio aos 144 mil eleitos. Os anjos anunciam várias coisas, enfatizando que as igrejas precisam ser povoadas em honra de Deus e ameaçando aqueles que foram marcados pela Besta. Sete anjos disseminam sete pragas nas horas derradeiras da humanidade. O quarto e o quinto são os mais importantes. Dizem que o Sol queimará seres humanos com seus raios, após o que haverá no mundo um período de trevas.

Depois de ler tudo isso, pus-me a procurar os possíveis elos. A história contém os elementos de uma inversão polar, com a qual está associado o número da Besta. E então, aos poucos, comecei a enxergar luz. Sem nenhuma dúvida, o número 666 é apoiado por numerosas fontes. Egípcios e maias o conheciam. Também havia uma conexão com o ciclo de manchas solares. Assim, ele tinha de ser a base para a próxima destruição da Terra. Outro fato notável é o número 7 ser mencionado 54 vezes na história de João sobre o Apocalipse. O número 54 é um importante número críptico para a decifração do Códice de Dresden e está também diretamente ligado ao Zodíaco egípcio. Pista nada negligenciável. O livro tem 22 capítulos, que é o principal número de código para decifrar o Códice de Dresden. "Que significará isso?", perguntei-me. Já fizera longos cálculos com os números maias, o que talvez me pusesse no caminho certo.

Reli o capítulo sobre o número 666 no livro de Cotterell. Mas, dessa vez, prestei mais atenção aos números de seu esquema. Cinco vezes o número um, cinco vezes o número dois, cinco vezes o três até cinco vezes o nove. Só faltavam os múltiplos de seis. Aquele era um ponto de partida um tanto absurdo e inconcebivelmente difícil. De novo me debrucei sobre os dados, revendo as questões que Cotterell havia proposto e tentando encontrar as possíveis conexões. Ele conseguira encaixar alguns números e sua decodificação revelara o ciclo de manchas solares. Mas não respondera a uma das perguntas: por que a segunda escadaria tem 22 degraus? Eu sabia a resposta, pois esse número é necessário à decifração do Códice de Dresden. Então dei com algo que talvez estivesse ocultando a solução. Algo que dizia respeito a nove séries de cinco.

A pirâmide tem também nove andares e cinco escadarias. Sim, alguma coisa importante estava escondida ali. Multiplicando cinco por nove, obtemos 45. Eu já vira esse número em algum lugar – mas onde? Passei rapidamente os olhos por meus cálculos. Ah, lá estava! Num ciclo de manchas solares de 187 anos há cinco ciclos divergentes que contêm nove *bits*, num total de 45 *bits* (9 x 5)! Os outros ciclos contêm oito *bits*, número importantíssimo para os antigos egípcios. Até ali, tudo bem. Tratava-se agora de encontrar uma relação matemática entre os ciclos divergentes e o número 666. Tudo está exposto em códigos. Provavelmente havia um elo com o resto dos números importantes do Códice de Dresden que eu decifrara. Apanhei a calculadora e decidi aventar algumas hipóteses para deslindar o enigma.

Três números são imprescindíveis para decifrar o Códice: 2.664, 1.872 e 1.944, que também se relacionam ao Zodíaco egípcio. E não nos esqueçamos: eles formam múltiplos de 36. Depois de refletir um pouco, consegui estabelecer a conexão entre os números necessários à decifração do código maia e o ciclo de precessão, o ciclo de manchas solares e o número 666. Minutos depois, aproximava-me celeremente da solução de um enigma velho de mais de mil anos.

Subtraia os três números acima do ciclo de precessão total e divida o resultado por 36:

25.920 – 2.664 = 23.256 ÷ 36 = 646

25.920 – 1.872 = 24.048 ÷ 36 = 668

25.920 – 1.944 = 23.976 ÷ 36 = 666 = o número da Besta!

668 – 646 = 22 = solução do Códice de Dresden!

O CATACLISMO MUNDIAL EM 2012

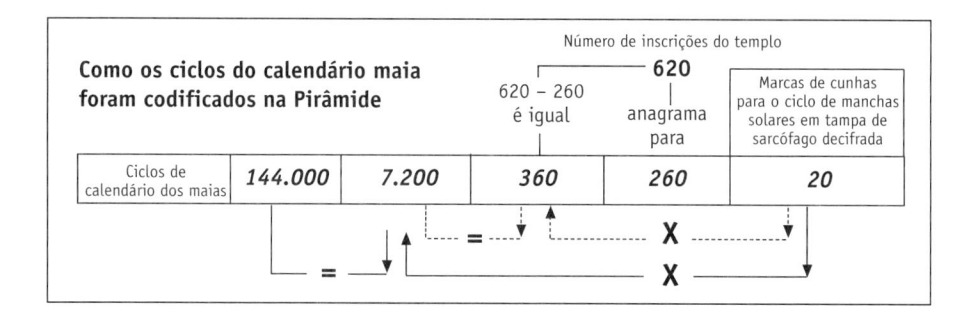

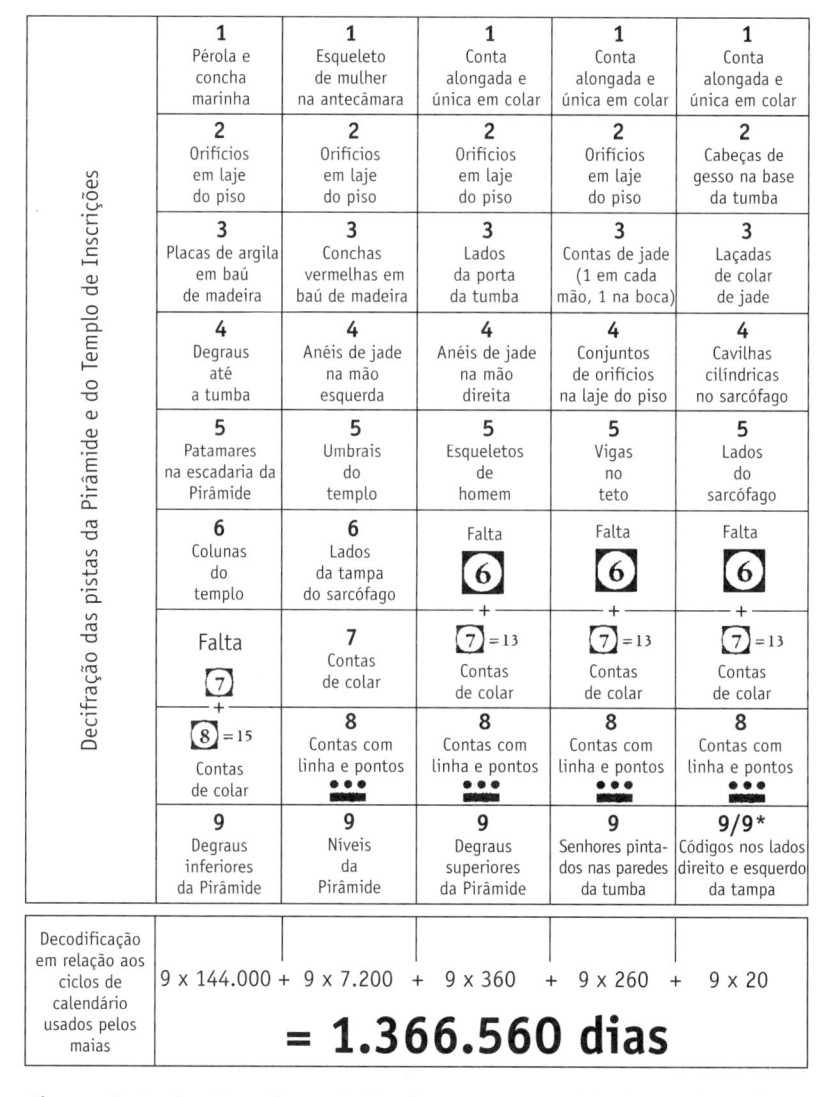

Como os ciclos do calendário maia foram codificados na Pirâmide		Número de inscrições do templo			
		620 − 260 é igual	620 anagrama para		Marcas de cunhas para o ciclo de manchas solares em tampa de sarcófago decifrada
Ciclos de calendário dos maias	144.000	7.200	360	260	20

	1 Pérola e concha marinha	1 Esqueleto de mulher na antecâmara	1 Conta alongada e única em colar	1 Conta alongada e única em colar	1 Conta alongada e única em colar
	2 Orifícios em laje do piso	2 Orifícios em laje do piso	2 Orifícios em laje do piso	2 Orifícios em laje do piso	2 Cabeças de gesso na base da tumba
	3 Placas de argila em baú de madeira	3 Conchas vermelhas em baú de madeira	3 Lados da porta da tumba	3 Contas de jade (1 em cada mão, 1 na boca)	3 Laçadas de colar de jade
Decifração das pistas da Pirâmide e do Templo de Inscrições	4 Degraus até a tumba	4 Anéis de jade na mão esquerda	4 Anéis de jade na mão direita	4 Conjuntos de orifícios na laje do piso	4 Cavilhas cilíndricas no sarcófago
	5 Patamares na escadaria da Pirâmide	5 Umbrais do templo	5 Esqueletos de homem	5 Vigas no teto	5 Lados do sarcófago
	6 Colunas do templo	6 Lados da tampa do sarcófago	Falta [6] +	Falta [6] +	Falta [6] +
	Falta [7] +	7 Contas de colar	[7] = 13 Contas de colar	[7] = 13 Contas de colar	[7] = 13 Contas de colar
	[8] = 15 Contas de colar	8 Contas com linha e pontos •••	8 Contas com linha e pontos •••	8 Contas com linha e pontos •••	8 Contas com linha e pontos •••
	9 Degraus inferiores da Pirâmide	9 Níveis da Pirâmide	9 Degraus superiores da Pirâmide	9 Senhores pintados nas paredes da tumba	9/9* Códigos nos lados direito e esquerdo da tampa
Decodificação em relação aos ciclos de calendário usados pelos maias	9 × 144.000 +	9 × 7.200 +	9 × 360 +	9 × 260 +	9 × 20

$$= 1.366.560 \text{ dias}$$

Figura 42. 9 × 5 = 45 = número de *bits* divergentes num ciclo de manchas solares.

Agora eu estava cem por cento certo de que o número 666 indicava o fim do mundo. Se você observar bem o que decifrei, poderá seguir minha linha de raciocínio. 25.920 é o número de anos necessários para que a Terra percorra todo o ciclo zodiacal. No livro *Le Grand Cataclysme*, vimos que isso talvez nem venha a ocorrer, pois entrementes uma catástrofe mergulhará o planeta numa nova era e o ciclo do Zodíaco terá de recomeçar porque tudo no céu, visto da Terra, terá mudado de posição. Os três números crípticos do Códice de Dresden relacionam-se a isso, porquanto é preciso subtraí-los do ciclo de precessão. Se você dividir o resultado por 36, encontrará números essenciais porque os três números crípticos do código também têm que ser divididos por 36 para se encontrar o código que encerram. E desse modo você chegará ao número da Besta.

Segundo o método de raciocínio dos maias, o número 666 perturba o movimento da Terra no Zodíaco. Até então, eu não podia imaginar prova melhor que essa. Sem hesitar dividi 666 por 22 (= o principal código na decifração do Códice de Dresden) e obtive 30,272727. Devia haver alguma conexão logicamente implícita em minha decifração do Códice. Os cinco ciclos divergentes de nove *bits* ocorreram-me então. A solução tinha de estar aí. Graças à minha decifração do Códice de Dresden, eu sabia que um conjunto de 87,4545 dias correspondia a 3,363636 círculos do campo equatorial do Sol.

Multipliquei 3,363636 por 9, obtendo 30,272727. Lá estava a solução há tanto procurada!

Ora, isso parece um desvio no ciclo de manchas solares! Novas decifrações o provaram, de modo que não precisaremos discuti-lo aqui. Após a decifração, cheguei às seguintes conclusões:

1. O número 666 representa um desvio no ciclo de manchas solares, o que provoca importantes mudanças no Sol.
2. O desvio é responsável também pela inversão do pólo magnético do Sol. Esse fenômeno provocará enormes tempestades solares em 2012.
3. Enfatizando que precisamos decifrar o que há por trás do número 666, os antigos cientistas nos contaram o que ainda nos vai acontecer!
4. O número da Besta = 666 = ciclo de desvio = tempestade gigantesca = inversão do campo magnético da Terra = catástrofe total!

666: o número da profecia incorporado ao Templo do Sol

De novo encontrei nessa decodificação traços deixados pelo culto de uma civilização há muito desaparecida. Seus cientistas recorriam aos Números Sagrados, que usavam repetidamente em seu método de cálculo. Por milhares de anos, a ciência aí oculta foi sendo transmitida de geração em geração. Depois, entretanto, ficou esquecida durante muitos séculos de treva. Todavia, graças a seu notável método de trabalho, pude reviver os traços dessa civilização tecnicamente avançada, envoltos numa mortalha de profecias e códigos esotéricos antiqüíssimos. Meus pensamentos se voltaram para o modo de raciocinar desses construtores de pirâmides. Se o número 666 estava oculto no templo de Palenque, deveria também ser encontrado em outros lugares. Todos os seus atos eram, afinal, baseados no ciclo de manchas solares. Novas provas arqueológicas sem dúvida apareceriam. Eu me sentia cada vez mais eufórico com essa possibilidade. Onde mais estaria o número 666 se ocultando em edifícios que significam para nós uma incomensurável herança profética? Ele poderia estar em qualquer canto. Os maias eram tão incrivelmente hábeis que puseram sua mensagem num nível ainda mais elevado que a civilização responsável por legar-lhes esse conhecimento. Com este eles herdaram lembranças de horrendos terremotos, estrelas cadentes, um Sol em chamas e um maremoto avassalador. Os maias entreteceram tudo isso, em seus edifícios mágicos, com a mensagem urgente: "Aconteceu antes e acontecerá de novo, muitas vezes."

Com redobrado ânimo e interesse, comecei a esmiuçar obras antigas. Tinha de haver outra conexão, em alguma parte. No livro de Velikovsky, *Worlds in Collision*, lemos que os antigos anais diziam o seguinte: "Nesta era tudo foi destruído pela chuva de fogo que desceu do céu e pela lava que se projetou da terra." O símbolo da era presente é o próprio Deus Sol. Os maias sabiam que o Sol já avançara muito em seu ciclo e estava quase morto. Seu rosto exibe as rugas da idade e sua língua se estira ferozmente, para devorar sangue e corações. O número 666 desempenha aí um papel importante. Em conseqüência do desvio no ciclo de manchas solares, os ciclos do Sol estão mudando. Espera-nos uma completa inversão do campo magnético. Quando a catástrofe ocorrerá? No exato instante em que os ciclos divergentes houverem arrastado os campos magnéticos do Sol para seu máximo. Segundo os velhos mestres, esse instante corresponde a 21 de dezembro de 2012 d.C.

Figura 43. A torre de Palenque, localizada perto do Templo de Palenque. Quantos outros segredos estarão ali ocultos?

Seus templos e pirâmides não são produtos de mentes supersticiosas, mas projetos de uma arquitetura extremamente habilidosa. Foi graças a esse princípio básico que consegui encontrar outra conexão com o número 666. Em Teotihuacan ergue-se um edifício majestoso, a Pirâmide do Sol. Ela encerra uma alusão direta ao Sol e a seus ciclos divergentes ocultos. Durante os equinócios de verão e outono, exatamente ao meio-dia, o Sol, em sua trajetória luminosa sul-norte, provoca um fenômeno: uma sombra perfeitamente vertical vai aos poucos desaparecendo em cima de um dos andares inferiores da fachada oeste. E agora, o que é ainda mais fantástico: a passagem da sombra para a luz completa ocorre em exatamente 66,6 segundos! Eis aí uma relação inegável com o número 666. Os maias usavam nossa cronologia de 86.400 segundos, o que lhes permitiu assimilar o número 666 a seu desenho. Para compreender bem esse exemplo magistral de pensamento científico, você precisa ter um grau incrível de conhecimento astronômico e geodésico. De novo os mestres visionários da ciência antiga nos deixam perplexos. Temos aí o exemplo de um mito vigoroso e duradouro dos tempos primitivos, a lembrança de uma terrível catástrofe global.

Essa visão arquitetônica sobreviveu por milhares de anos, juntamente com os códigos matemáticos que oculta. A relação matemática incrivelmente exata entre o Sol e seus ciclos divergentes é bom exemplo do que dissemos. Essa redescoberta de dados que remontam à aurora de nossa civilização deveria nos tornar mais humildes. Naqueles tempos, pioneiros conheciam e faziam coisas das quais não temos nenhuma notícia. Mas seus achados científicos agora nos acossam como ecos em nossos sonhos – sonhos que nos induzem a uma abordagem franca do desastre mundial. Após certo número de ciclos divergentes, a pior catástrofe da história da humanidade ocorrerá.

Súbito, veio-me um pensamento. Cinco ciclos divergentes simbolizados pelo número 666 aparecem num ciclo de manchas solares de 187,2 anos. Dividindo 187,2 por 5, obtemos o período médio entre esses desvios: 187,2 ÷ 5 = 37,44. Multiplicando esse número por 100, chegamos a um número maia bastante conhecido! Novamente eu encontrara um código essencial. Quando dividi, por esse número, o período entre os desastres passado e futuro, obtive um total aproximado de 315 ciclos divergentes.

Conclusões lógicas

Esses resultados mostram de onde os maias tiraram seus números essenciais. Estes se baseiam nos "Números Sagrados". Os que estudarem meticulosamente a decodificação do Códice de Dresden, no final do livro, logo perceberão a importância dos valores encontrados. Esse estilo próprio de calcular forma o núcleo do método de pensamento dos antigos. Eles gostavam de brincar com números, de preferência sempre os mesmos. Com isso, podiam alcançar certos resultados muito próximos da realidade. Depois de mais alguns cálculos, iam gradativamente se acercando dos valores reais, até obter uma exatidão impressionante. Exemplo fenomenal disso é o período do ano solar, que eles calcularam chegando a várias casas decimais (ver capítulo 14)! Sem dúvida, muitos outros desses códigos estão ocultos em sua maneira de calcular.

Enquanto escrevo estas palavras, minha mente divaga. Um lampejo de intuição pode fazer a diferença entre decifrar mais e ficar parado, sentimento que agora conheço bem! Precisei parar de pensar por vários meses, até conseguir retomar o desafio de uma perspectiva nova. Descobri de repente como continuar solucionando os códigos e esclarecendo os enigmas. Isso acontecerá de novo. E será muito chocante, pois nos conduzirá ao fim previsto dos tempos. Depois de concluir o livro, outro fato me chamou a atenção. Vou mencioná-lo aqui de passagem, mas voltarei a ele em minha próxima obra: 666 = 315 + 351 (315 é um anagrama para 351).

Você já viu que o ciclo de manchas solares contém 315 desvios de nove *bits* entre as catástrofes anterior e futura. Em outras decifrações, deparei com o importante número 351, que abriu caminho para achados igualmente importantes no Códice de Dresden. Os números 315 e 351 são anagramas um do outro, ou seja, contêm os mesmos algarismos dispostos em posições diferentes. Diversos cálculos essenciais exemplificam isso, que é parte integrante do joguinho dos maias com os números. Com a ajuda do número 351, consegui então calcular a quantidade exata de dias entre o desastre anterior e a calamidade que nos espera. Podemos concluir aqui que existe mesmo uma relação significativa entre esses dois números. A princípio, planejei incluir a explicação neste livro; mas essa é uma história tão longa e complicada que terá de esperar.

Epílogo

Você encontrará mais provas da inversão polar no último capítulo do Apocalipse de João. Nele, o autor descreve a Nova Jerusalém, a cidade santa de Deus, após o Juízo Final. A cidade é um cubo perfeito e tem os alicerces decorados com doze pedras preciosas e semipreciosas. Em verdade, essas pedras são as mesmas jóias que os sumos sacerdotes usavam quando Deus lhes transmitiu as especificações do Tabernáculo, durante o êxodo chefiado por Moisés. O plastrão (couraça para o peito) era vestido sobre uma roupa colorida. As pedras do plastrão representam as doze tribos de Israel, mas estavam associadas aos doze signos do Zodíaco. As doze pedras, com seus signos zodiacais correspondentes, são:

1. Ametista (Áries)
2. Água-marinha (Touro)
3. Crisópraso (Gêmeos)
4. Topázio (Câncer)
5. Berilo (Leão)
6. Crisólita (Virgem)
7. Sárdio (Libra)
8. Sardônica (Escorpião)
9. Esmeralda (Sagitário)
10. Calcedônia (Capricórnio)
11. Safira (Aquário)
12. Jaspe (Peixes)

Chegamos agora a uma conclusão chocante, pois, na lista de João, as pedras são mencionadas em ordem *inversa*. E isso é outra prova da inversão polar, porquanto, depois da catástrofe de 9792 a.C., o Zodíaco passou a mover-se na direção oposta!

Sumário

Incorporando o número 666 a seus edifícios, os maias nos transmitiram o princípio que destruirá nossa civilização. Mas, afora esse, deparamos com outros números que eles usavam. Os maias criaram uma obra-prima baseada naquilo que herdaram de uma civilização superior, a qual, outrora, governou a Terra. Com a ajuda de seus cálculos incrivelmente exatos, os antigos sumos sacerdotes puderam prever o seguinte: o universo mergulhará em grande desordem e obrigará os planetas a mudar de curso. Após o cataclismo, o Sol, a Lua e as estrelas passarão a girar em sentido contrário. A Terra tremerá e se sacudirá; as águas das profundezas se levantarão com enorme violência para destruir as civilizações existentes. Os antigos egípcios nos transmitiram a mesma mensagem. Cabe-nos agora negar essas verdades imemoriais ou tratá-las com o devido respeito.

Para matemáticos: ver Apêndice.

Parte III

Números míticos e o desastre iminente

13

A INVERSÃO DO MAGNETISMO SOLAR

Março de 2001. Com o auxílio de um arquivo do Microsoft Excel eu conseguira reproduzir em parte o ciclo de manchas solares teórico de Cotterell. Contudo, aquilo parecia um processo longo e difícil, pois eu ainda não estava familiarizado com o Excel Advanced. Por isso tinha de calcular e reproduzir cada *bit*, o que era frustrante e demorado, sobretudo depois que descobri um erro estúpido cometido logo de início. Portanto, precisaria refazer todos os cálculos. Assim, decidi deixar as coisas como estavam por algum tempo e rever cuidadosamente o ciclo de Cotterell. Em seu livro *The Mayan Prophecies*, o ciclo de 187 anos é apresentado graficamente. Eu já o analisara inúmeras vezes, mas agora iria fazê-lo de maneira ainda mais acurada e anotar com o máximo escrúpulo todos os meus estranhos achados, que mais tarde retomaria sem pressa.

Quadros anômalos

Como explicou Cotterell após sua pesquisa do ciclo de manchas solares, parecia que existiam muitos quadros com oito *bits*. Num ciclo completo de 187 anos, porém, havia cinco com nove *bits*. Por uma razão qualquer comecei a suspeitar que ali se ocultava alguma coisa – por meio da qual um enigma poderia ser solucionado. Munido de um lápis, pus-me a conferir os quadros e contei cuidadosamente o número de *bits*. Comecei pelo primeiro quadro e obtive, sem sombra de dúvida, oito *bits*. Prossegui até o décimo quadro que, segundo Cotterell, tinha nove *bits*. O primeiro problema surgiu no décimo quinto quadro: seu último *bit* parecia referir-se ao primeiro do décimo sexto. Mas, a ser assim, então o décimo quinto deveria consistir de apenas sete *bits*! Ou seja, o décimo sexto quadro teria nove *bits*! "Como será isso possível?", espantei-me. Todos os outros quadros tinham oito *bits* e oito era um Número Sagrado para os egípcios! De que modo os quadros 15 e 16 poderiam consistir de sete e nove *bits*? Eis, a seguir, uma ilustração do dilema:

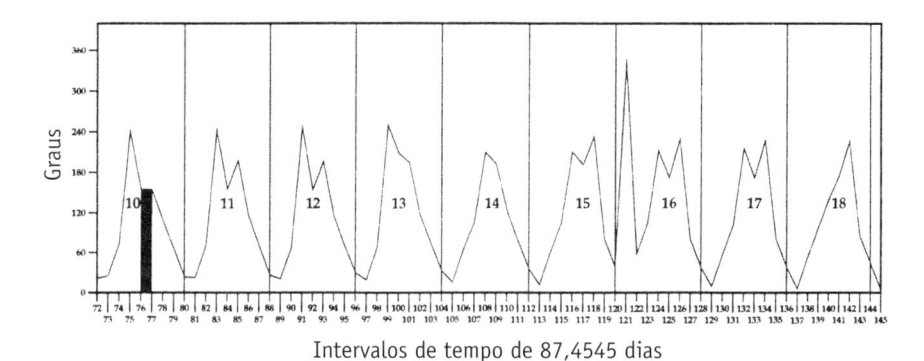

Intervalos de tempo de 87,4545 dias

Figura 44. Se você examinar cuidadosamente os quadros 15 e 16, chegará à conclusão de que ambos podem se basear em sete ou nove bits. Os demais baseiam-se em oito bits. Por quê?

Assim, parei de contar e preferi refletir por algum tempo. O quadro 15 teria nove ou sete *bits*? Por que o quadro se comportava de maneira tão impudente ao final? Haveria ali alguma pista? Por que esses quadros eram tão diferentes dos anteriores? Por mais que analisasse o problema, não atinava com nenhuma solução. Sabia apenas que ele apontava para algo de muito especial. Assinalei esse desvio com lápis vermelho e passei a contar o número de *bits* dos outros quadros.

Não encontrei nenhuma discrepância nos quadros de 17 a 29. Todos tinham oito *bits*. Mas o quadro seguinte, número 30, deu-me problemas. Segundo Cotterell, ele é de nove *bits*. De fato. Mas no fim o quadro se complicava de novo. No entanto, o quadro 31 tinha oito *bits*. Aqui, pois, ele realmente dizia respeito a um ciclo divergente de nove *bits*, o segundo desvio constatado até o momento. Depois de verificar isso várias vezes, prossegui na tarefa. Dezenove quadros depois, no número 49, deparei com outro ciclo divergente de nove *bits*. Isso coincidia com os achados de Cotterell e já era o terceiro ciclo divergente que eu encontrava. Até ali, não conseguira apanhar Cotterell em nenhuma contradição. Sua pesquisa continuava brilhante.

Dois dias depois voltei a contar, mas sem ir muito longe porque os quadros 56 e 57 voltavam a constituir um estranho casal com uma projeção em forma de cume no meio. Suspeitei então que o grande segredo estava oculto por trás desse cume. E aquela era a segunda singularidade do tipo com que me deparava. Meus olhos correram imediatamente para o estranho quadro anterior, que reproduzi acima. Os dois, de maneira bastante suspeita, eram semelhantes! Pressenti estar no caminho certo. Por que não pensara naquilo antes? Como pudera ignorar o fato durante anos? Observe o desenho abaixo:

Intervalos de tempo de 87,4545 dias

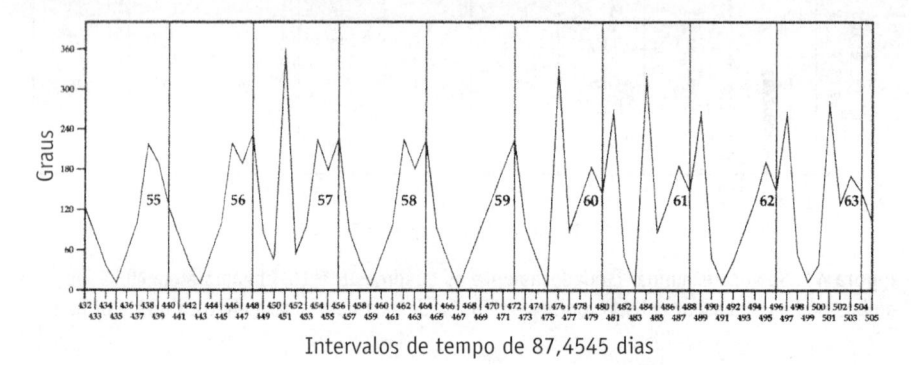

Figura 45. Repare novamente que os quadros 56 e 57 podem se basear em sete ou nove bits. Outra vez é o caso de nos perguntarmos por que, sobretudo considerando-se a relação com o número 666.

Depois de assinalar esse desvio em vermelho, continuei a contar com a máxima atenção. Onze quadros depois, cheguei ao número 68, de nove *bits* – o que coincidia com os achados de Cotterell. Até aquele momento, eu achava minha pesquisa tranqüilizadora e alarmante ao mesmo tempo. Descobrira que Cotterell estava certo, mas que havia também alguns desvios notórios que ele não mencionara. Como era possível que não os tivesse visto? E quanto a mim, encontraria outros? Que estranha função esses desvios desempenhavam no ciclo de manchas solares? Meu interesse por esse fenômeno bizarro aumentou grandemente; observei e comparei, após o que já não precisei contar muito mais. Os quadros 71 e 72 se apresentaram sem dificuldade: tinham um cume no meio. Pareciam-se aos que eu anteriormente achara estranhos, mas com algumas pequenas diferenças. Mostro aqui o desenho porque há nele enigmas a decifrar, ligados especialmente ao fim de nossa civilização.

O CATACLISMO MUNDIAL EM 2012

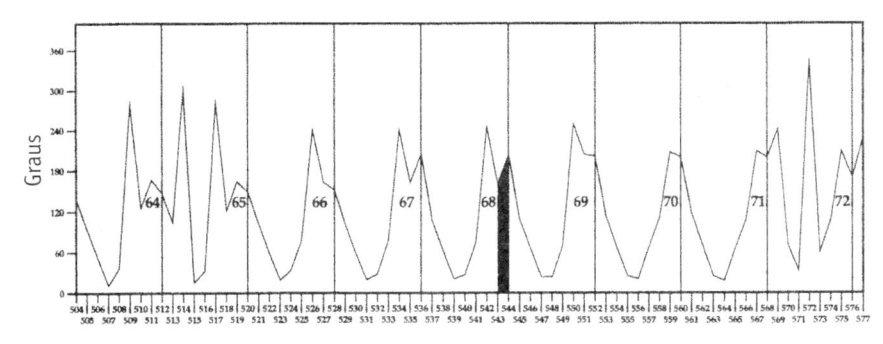

Intervalos de tempo de 87,4545 dias

Figura 46. No ciclo de manchas solares, os quadros 71 e 72 são os últimos que se baseiam em sete ou nove bits. Qual o segredo por trás dessa aberração?

Dada a experiência que eu adquirira com os quadros, a partir daí a contagem se fez mais rápida. No quadro 88, encontrei nove *bits* pela última vez. Terminara então com os quadros divergentes. O que descobrira até o momento era sobretudo a confirmação do que Cotterell afirmara em seu livro. Um ciclo de 187 anos continha cinco quadros com nove *bits*. Os outros continham oito. Eu concordava com aquilo, exceto por aqueles três quadros anormais, de que não poderia dizer se eram de sete ou nove *bits*. Que segredos milenares se escondiam ali?

Aquilo se referia, sem sombra de dúvida, a alguma teoria do caos: um esquema matemático reconhecível num ambiente caótico. Mas como iria eu decifrar o código? Onde encontraria as respostas que há tanto procurava? Precisava deixar essas questões prementes em suspenso, pois meu conhecimento do Microsoft Excel Advanced, um programa de computador que logo se revelaria utilíssimo, ainda era precário. Além disso, a edição em inglês de *O Código de Órion* me exigia cuidados. E assim um tempo valioso foi se escoando, com o relógio batendo inexoravelmente os segundos da contagem regressiva para o ano 2012.

Reconstituição do ciclo de manchas solares

Cerca de dois meses depois, comecei meu curso de Excel Advanced. Ao fim do segundo período, já dispunha do conhecimento teórico de que precisava para a tarefa. A coisa até parecia muito fácil: digite uma função e o programa automaticamente faz os cálculos diferenciais. Ah, agora eu iria decifrar sem demora o código! Pelo menos, era o que esperava. Primeiro, fiz uma comparação da órbita da Terra ao redor do Sol, associando-a à comparação dos campos magnéticos solares. Juntos, eles perfazem um ciclo de 87,4545 dias. Em seguida, converti esse dado em graus. Depois, calculei os *bits* correspondentes dos campos equatorial e polar, convertendo de novo os resultados em graus. Por fim, com base nisso, calculei o valor absoluto. Muito excitado, estudei meus quadros novinhos em folha. E, quando concluí que tudo estava correto, minha cabeça começou a girar.

A teoria de Cotterell

Cotterell examinou os quadros meticulosamente. A seu ver, esses dados brutos constituíam um indicador aleatório do vínculo (relativo) entre o campo magnético do Sol e o campo magnético da Terra, com um intervalo de 87,4545 dias. Seis desses microciclos (equivalentes a 48 *bits*) formam um ciclo mais longo de 11,5 anos. Isso parecia condizer com o ciclo médio de manchas solares, que é de 11,1 anos, registrado a partir de observações. Cotterell afirmava também que os ciclos de nove *bits* tinham algo a ver com o plano curvo neutro do Sol. À semelhança de qualquer outro ímã, o Sol possui uma área em volta do equador na qual dois campos magnéticos polares estão em perfeito equilíbrio, de sorte que nem a força do Pólo Norte nem a força do Pólo Sul predominam. O resultado é um plano tênue e neutro entre as duas zonas magnéticas. Entretanto, devido à complexidade do campo magnético, essa linha divisória não é um plano achatado, mas uma curvatura. Aparentemente, como presumiu Cotterell, o plano neutro descreve um novo microciclo a cada 187 anos, quando então um *bit* alterado percorre toda a série de 97 microciclos num período de 97 x 187 ou 18.139 anos.

Se essa teoria for correta, os períodos entre os ciclos de nove *bits* mostrarão o número de anos em que o campo magnético está positiva ou negativamente carregado. Você já sabe com quanto zelo eu contei esses *bits*. Entre o primeiro quadro com nove *bits* e o segundo que apresentou também nove (do décimo ao trigésimo), existem vinte ciclos. Do trigésimo ao quadragésimo nono, há dezenove ciclos, ou seja, o mesmo número de ciclos que você contará entre o quadragésimo nono e o sexagésimo oitavo quadro. Do sexagésimo oitavo ao octogésimo oitavo, encontrará de novo vinte ciclos. E por fim, há dezenove ciclos do octogésimo oitavo ao último quadro. Pelo raciocínio de Cotterell, o ciclo começará pelo fim e, nos períodos seguintes, a polaridade do campo magnético do Sol terá de se inverter:

1) 19 x 187 anos = 3.553 anos = 1.297.738 dias
2) 20 x 187 anos = 3.740 anos = 1.366.040 dias
3) 19 x 187 anos = 3.553 anos = 1.297.738 dias
4) 19 x 187 anos = 3.553 anos = 1.297.738 dias
5) 20 x 187 anos = 3.740 anos = 1.366.040 dias

Debrucei-me muitas vezes sobre essa estimativa teórica, mas nada pude extrair dela. Não parecia lógica. Além disso, não explicava a inversão do campo magnético da Terra que, pelos meus cálculos, iria ocorrer em 11.520 anos. Veja você mesmo: 3.740 + 3.553 + 3.553 = 10.846 anos. Por que esse cálculo nem se aproximava de 11.520 anos? Como puderam os cientistas antigos prever acuradamente o dia de sua extinção com a ajuda de semelhante teoria? Estaria aquilo certo?

Só havia uma maneira de deslindar o enigma de uma vez por todas: cada *bit* do segundo ciclo de manchas solares de 187 anos tinha de ser estudado isoladamente, para revelar um possível desvio que Cotterell houvesse deixado de notar.

Cotterell se enganou

Copiei os quadros no computador. Segundo Cotterell, algumas mudanças deveriam ocorrer em alguma parte. Isso parecia razoável, pois o segundo ciclo de 187 anos mostrava um leve desvio em relação ao primeiro. Sim, era mesmo possível que algo estivesse se alterando. Mas onde? Uma vez que aquilo significava a busca final de provas para o "Fim dos Tempos", resolvi analisar os quadros tanto gráfica quanto aritmeticamente. Nunca se sabe, não é verdade? Certas coisas ficam mais óbvias depois de impressas, sendo então mais fácil decidir, a olho nu, quais números se alteraram. Por isso optei por essa tática dupla. Meu trabalho avançaria menos rapidamente, mas eu achava que assim chegaria com segurança à meta.

Comecei pesquisando cada um dos seguintes ciclos mais longos de manchas solares. Cada ciclo consiste de 781 *bits* = 97 quadros = 68.302 dias. Superpus o quadro do primeiro ciclo a um do segundo e procurei os possíveis desvios. Não vi nada. Os dois pareciam idênticos. Mas como podia ser?

Será que eu conseguiria mesmo achar a solução? Milhares de dúvidas me acossavam, minando a minha confiança. Aquilo estaria certo? Seria verdade? Desisti, exausto. Afinal, já era manhã.

À noite, entreguei-me ao problema com redobrada energia. Afinal, havia um desvio ou não? Horas depois eu ainda não descobrira coisa alguma. Não significaria aquilo que, em verdade, não havia coisa alguma a descobrir? Não, Cotterell tinha de estar errado! Devia haver outro desvio. Não poderia ser diferente. Decidi examinar o terceiro ciclo de 187 anos a fundo e, cerca de uma hora depois, cheguei enfim a um resultado! Ao que parecia, o quadro 30, com seus nove *bits*, se deslocara para o quadro 29! Olhei incrédulo para aquilo, mas, após vários cálculos, não pude mais ignorar o fato. Os nove *bits* apareciam claramente no quadro 29! Haviam se deslocado um quadro para diante!

Por que os *bits* se deslocam?

Cada ciclo longo de manchas solares, de 187 anos (igual a 781 *bits*), parece ser diretamente seguido por um ciclo semelhante do mesmo tamanho e duração. No entanto, o *bit* um do segundo ciclo (que seria o 782 no quadro geral) começa num grau *mais baixo* do que o primeiro *bit* do primeiro ciclo. Eis por que os primeiros microciclos do segundo ciclo longo têm menos graus do que os microciclos do primeiro ciclo longo de manchas solares, de 187 anos.

Devido a esse mecanismo, alguns microciclos se deslocam para diante – uns mais que outros. Os ciclos com menor mudança em graus se deslocam primeiro. Esses deslocamentos podem ocorrer em qualquer lugar, em qualquer dos ciclos de 187 anos seguintes.

Pode-se demonstrar isso com uma matemática simples. Digamos que o *bit* 16 num ciclo longo é igual a 17 graus e que o ciclo longo dois começa 10 graus abaixo. O *bit* 16 no ciclo longo dois equivaleria então a sete graus (17 − 10). O ciclo longo três começa, de novo, 10 graus abaixo. O *bit* 16 do ciclo três seria então um 3 negativo (7 − 10 = −3). Isso, obviamente, é impossível; portanto, os graus se deslocariam para diante até o *bit* 15.

Emocionado pela minha descoberta no quadro 29, prontamente revi os outros quadros divergentes no ciclo longo três. Mais um parecia ter mudado. Os nove *bits* do quadro 88 estavam agora no quadro 87! Decidido a confirmar de vez minhas descobertas, recomecei a contagem, mas não encontrei outros desvios. Ainda não inteiramente seguro, repeti todo o processo de contagem e comparação, mas, por mais que tentasse, nenhum outro desvio apareceu.

Retomei o trabalho na noite seguinte, agora examinando o quarto ciclo de manchas solares de 187 anos, ou seja, os anos de 561 a 748. Por horas a fio, fiquei com os olhos presos à tela; porém, coisa estranha, nada surgiu em todo o ciclo que desse a mínima impressão de desvio! Frustrado, desliguei o computador. Na mesma noite tive um pesadelo com os acontecimentos de 2012. Vi o campo magnético se inverter e o Sol aparentemente explodir de súbito, enquanto a população inteira do mundo, em pânico, tentava alcançar os portos. Impressionado com aquelas imagens noturnas, voltei à pesquisa e empreendi um estudo aprofundado do quinto ciclo. Fora lá que eu descobrira a passagem dos nove *bits* do quadro 49 para o anterior. Agora que sabia onde procurar, as coisas começaram a avançar mais rapidamente. O sexto ciclo longo de 187 anos nada revelou; mas, no sétimo, percebi que os nove *bits* do décimo quadro haviam se deslocado para o nono. Eu examinara milhares de quadros inúmeras vezes, mas resolvi fazê-lo de novo.

O que eu descobrira era totalmente diverso das declarações de Cotterell! Na verdade, meus achados contrariavam os dele! Senti que estava prestes a atinar com a teoria real da inversão do campo magnético, embora muitas perguntas ainda aguardassem resposta. Por que os quadros se desviavam dos originais? Haveria outros desvios que eu não percebera? Então o que eu precisaria detectar? Perturbado com essas novas incertezas, resolvi não fazer mais nada pelos próximos dois dias; depois, estudaria e contaria outra vez. Achei que tinha de estar, eu próprio, cem por cento convencido; do contrário, ninguém acreditaria em mim. Quarenta e oito horas depois, suspirei com alívio. Meus novos cálculos estavam indubitavelmente corretos. Sentime seguro e, no dia seguinte, comecei a pesquisar o oitavo ciclo. Achava-me agora a mais de 1.300 anos de distância do ponto de partida. Após meticuloso exame dos quadros, descobri que os *bits* do quadro 68 haviam passado para o 67. Embora ainda não fizesse a mínima idéia do que aquilo significava, o entusiasmo pela descoberta aumentava mais e mais.

Por isso continuei contando com a máxima precisão. No ciclo seguinte, o nono, também não encontrei nada. O décimo, porém, revelou algo que de início eu passara por alto. De acordo com o princípio que já vira em ação, os nove *bits* do quadro 29 haviam se deslocado para o 28. Parecia que era só isso o que eu descobrira, mas, após o terceiro exame, notei que o valor do *bit* 8.035 era exatamente igual ao do *bit* 8.036, ou seja, 22,3558 graus! Aquilo significava 1.924 anos a contar do começo! Por quê? Haveria ali códigos secretos? Seria o caso de eu não ter notado aquelas similaridades antes? Senti-me obrigado a submeter os mais de 8.000 *bits* a novo escrutínio! Passei mais de uma semana investigando esse ponto, pois a meu ver não devia ignorar coisa alguma. No entanto, tamanha pesquisa não levou a nada. Frustrado, resolvi examinar de novo o décimo ciclo. Contei em voz alta o número de graus – e foi minha sorte! No *bit* 8.037, reconheci subitamente o número que a meu ver era igual ao *bit* 8.034. Calculei as seguintes séries de valores em imagem especular:

8.031 = 8.040 = 201,2021
8.032 = 8.039 = 203,5094
8.033 = 8.038 = 111,7789
8.034 = 8.037 = 67,0674
8.035 = 8.036 = 22,3558

Ali estava um fato dos mais peculiares que Cotterell nunca mencionara – e que deveria ter algo a ver com a solução correta! Mas seria o fim de tudo? Não haveria mais desvios a descobrir? Só o prosseguimento da pesquisa o diria.

A revelação do grande segredo

Eu já sabia muito bem para onde voltar a atenção. No décimo primeiro ciclo, notara que nove *bits* do quadro 29 se haviam deslocado para o quadro 28; não observara nenhuma outra anomalia. Depois de examinar bem o décimo segundo e o décimo terceiro ciclos, concluí que ali não encontraria nada de estranho. Mas, às vezes, coisas esquisitas aconteciam: em alguns quadros, os traços que se projetavam para cima em linha reta perdiam a protuberância enquanto outros, que a não tinham, ganhavam-na! Que significaria aquilo? Por que eu não notara o fato antes? Teria de refazer todo o trabalho?

Resolvi prosseguir na pesquisa, pura e simplesmente. Nos ciclos seguintes, detectei outro par de quadros deslocando *bits*. Anotei cuidadosamente esses dados. No fim, sem dúvida descobriria para onde tudo aquilo estava me levando. Ou o caminho que percorria era totalmente errado? Teria cometido um erro estúpido? Não, era impossível porque conferira tudo muito bem, não raro dez vezes. O que descobrira tinha de estar correto. Então chegou o dia da "grande descoberta", que afastou de mim todas as incertezas. No vigésimo ciclo, no *bit* 16.071, deparei-me subitamente com 360 graus. No entanto, segundo o princípio matemático, aquilo deveria ser zero! Quando algo completa um círculo de 360 graus, volta ao ponto de partida. Em outras palavras, ao ponto zero. Passei os olhos rapidamente por minha comparação diferencial e vi que programara esse equívoco. Zero é igual a 360 graus! Um engano pequeno, negligenciável, mas... que encontrara em algum ponto da série de mais de dezesseis mil *bits*. Por isso, mudei de tática. Se aparecessem 359,999 graus ou mais, eles seriam automaticamente transformados em zero. Muito esperançoso, pressionei o botão *"enter"* e a mudança se operou. Como uma flecha, retornei a esse valor muitíssimo peculiar. O que significaria? Teria o ciclo inteiro de manchas solares passado a zero no meio do processo? Seria possível? Poderia ocorrer que um novo ciclo começasse desse ponto?

Mergulhei nos números e imediatamente descobri a série mais curiosa que vira até então. O *bit* 16.071 era igual a zero. O *bit* anterior e o posterior (16.070 e 16.072) tinham valor igual: 44,7116 graus. Depois de descobrir isso, lembrei-me de uma ocorrência similar no décimo ciclo e, assim, cheguei a esta série bastante curiosa:

16.061 = 16.081 = 87,1159
16.062 = 16.080 = 42, 2043
16.063 = 16.079 = 2,3073
16.064 = 16.078 = 47,0189
16.065 = 16.077 = 91,7304
16.066 = 16.076 = 223,5580
16.067 = 16.075 = 181,1536
16.068 = 16.074 = 225,8652
16.069 = 16.073 = 89,4232
16.070 = 16.072 = 44,7116
16.071 = 0

Em outras palavras, o *bit* 16.071 era igual a zero. E os dez *bits* anteriores a 16.071 eram a imagem especular, em valor, dos dez *bits* seguintes! Ou seja, *bits* opostos com valores iguais e o *bit* 16.071 no centro. Nesses termos, a inversão ocorreu no ponto zero! Era ali que o campo magnético estava mudando! Eu descobrira! Aquela era sem dúvida a solução final do enigma, há tanto procurada. Não precisei ir além porque as séries se repetiam dali ao infinito!

A inversão

Se você estudar bem os achados anteriores, verá que o ciclo de manchas solares, depois de 16.071 *bits* (ou 3.848 anos), recomeça. Entretanto esse fato, mais que estranho, é ilógico. A informação sugere que, um *bit* além do ponto mediano ao longo do vigésimo ciclo, esse ciclo teria de recomeçar do zero! Mas seria isso possível? Não estaria em contradição com os dados até então descobertos? Antes que eu pudesse responder, resolvi examinar de novo o ponto crítico.

O *bit* 16.071 do ciclo de manchas solares geral é o *bit* 451 do vigésimo ciclo. Achei que já deparara com o *bit* 451 do vigésimo ciclo antes. Revisei os quadros anômalos que assinalara e lá estava: um pico entre os quadros 56 e 57 (ver figura 45)!

Sim, era aquilo, não restava dúvida! Excitado como eu estava, calculei o ponto crítico seguinte. Caía no quadragésimo primeiro ciclo, no *bit* 121, correspondente ao pico entre o décimo quinto e o décimo sexto quadros! De novo se confirmavam minhas anteriores pesquisas intuitivas. Depois dessa descoberta, seria fácil calcular os ciclos. O próximo começo de um ciclo de manchas solares se situará entre o septuagésimo primeiro e o septuagésimo segundo quadros do sexagésimo primeiro ciclo. E... bingo! Aquilo parecia estar correto! O que eu já descobrira fora não só confirmado como confirmado de maneira convincente. De imediato compreendi que o drama da inversão solar e terrestre estava oculto naquele ciclo recorrente!

O supernúmero 1.366.560 dos maias, do Códice de Dresden, e a inversão

Como o *bit* 16.071 terminava em zero grau, decidi calcular o número total de graus percorridos desde o começo. Assim, multipliquei 16.071 pelo número de graus que a Terra descreve, equivalente a um *bit* (= 86,197498 graus). O resultado foi 1.385.280. Graças a esse cálculo, consegui decifrar também outro supersegredo do culto milenar dos maias. É que, ao subtrair esse número do supernúmero do Códice de Dresden, obtive o seguinte: 1.366.560 − 1.385.280 = 18.720 dias = ciclo mágico de 52 anos maias! Daí pude avançar de maneira mais simples. Dividi 3.848, número de anos até o momento crítico, por 52. O resultado foi 74, o principal número críptico para decifrar o Códice de Dresden! Instantaneamente cheguei à solução deste:

74 x 52 = 3.848 = inversão do magnetismo do Sol

Subtraindo 52 de 74, temos o ciclo de manchas solares de 22 anos:

74 − 52 = 22 = período total de um ciclo de manchas solares (depois de onze anos, o Pólo Norte de uma mancha solar se torna Pólo Sul e, decorridos mais onze, retorna à posição original por um período de 22 anos).

Outros cálculos matemáticos relativos resultam no seguinte:

74 ÷ 22 = 3,363636 = velocidade do campo equatorial do Sol
52 ÷ 22 = 2,363636 = velocidade do campo polar do Sol

Novos cálculos irão confirmar isso. Outra vez eu encontrara prova aritmética irrefutável de que os maias conheciam essa teoria e usavam-na para fazer a contagem regressiva até o fim! Se a ela juntarmos meus achados anteriores, montaremos um cenário capaz de alarmar o mundo inteiro!

A terceira vez é pra valer

Todos conhecem o velho provérbio: "A terceira vez é pra valer." Mas de onde ele virá? Eu, porém, acredito ter encontrado provas mais que suficientes para fornecer a resposta. Quando você estuda novos ciclos, depara com muita coisa espantosa. Se multiplicar 3.848 anos (o período até o ponto zero) por três, obterá 11.544 anos, o que se aproxima bastante de 11.520 anos, o período que decorreu entre as duas catástrofes anteriores. "Isso me levará à resposta há tanto buscada?", perguntei-me. Haveria algo de especial a extrair do terceiro ciclo?

Pus-me a contar pacientemente. Num ciclo longo de 187 anos, há 97 quadros. Como o ponto zero é atingido no vigésimo ciclo, precisamos multiplicar 97 por vinte, o que resulta em: 97 x 20 = 1.940 quadros. Depois, no vigésimo ciclo, o ponto zero é atingido no quadringentésimo qüinquagésimo primeiro *bit*. Isso acontece após 56 quadros. Fazendo nova adição, cheguei ao seguinte número de quadros: 1940 + 56 = 1.996. A fim de ir de um ponto zero a outro, 1.996 quadros têm de ser atravessados, quando então se produz uma grande inversão polar. Por enquanto, tudo bem. Agora eu deveria dividir isso, de maneira simples, pelo número de quadros equivalente a um ciclo curto de manchas solares de 11.567 anos (ver cálculo no Apêndice). Uma vez que um ciclo de manchas solares corresponde a seis quadros, o ponto zero será atingido depois de 332 ciclos (332 x 6 = 1.992 + *outros quatro quadros*). Quatro quadros é igual a 66,6% de um ciclo. Portanto, o ponto zero NÃO corresponde nem ao começo nem ao fim de um ciclo de manchas solares de 11.567 anos! Por que não? Que significaria isso? Talvez a resposta para as minhas perguntas.

666 e a inversão do campo magnético do Sol

Refleti bastante sobre essa questão. Após dois terços de um ciclo de manchas solares (ou quatro quadros), um novo ciclo longo começa num ciclo divergente de nove *bits*! Era exatamente o que eu aventei no capítulo sobre o número 666! Mas havia outra correlação porque o ponto crítico é atingido a 66,6% (!) de um ciclo de manchas solares de 11.567 anos. Isso se refere, enfaticamente, não só ao número da Besta como também a outras codificações relacionadas com o ano solar. Mas seria isso possível, em teoria? Quais as conseqüências do ponto crítico? Devia ser uma coisa bem simples, motivo pelo qual comecei com o conhecimento mais elementar. Todos sabem que, quando um ciclo de manchas solares recomeça, os campos magnéticos das manchas mudam, provocando considerável atividade solar. Suponha que ocorra uma violenta inversão, que intercepte a atual, pois começará após dois terços de um ciclo. Nesse caso, não há escolha: ou a inversão do campo se mostra extremamente danosa ou é obliterada! Com efeito, já há muita atividade e tempestades solares em curso, mas nada que se compare à gigantesca e demolidora nuvem magnética que poderá destruir o campo magnético da Terra!

Quando me senti seguro quanto a esse ponto de partida, continuei contando cuidadosamente. Descobri que o ponto de ruptura seguinte ocorre após 665 ciclos e um terço (= 33,3%). De novo, a inversão do campo magnético é interceptada – uma inversão interrompida, por assim dizer. Trabalhando com esse princípio, chegamos ao terceiro ciclo. Este se situará bem no começo de um novo ciclo de manchas solares, após exatamente 998 ciclos de 11.567 anos. Sim, em definitivo eu solucionara o enigma!

Ao estudar o Sol com a máxima atenção, os sacerdotes dessa antiga sabedoria devem ter detectado claramente as duas inversões interrompidas anteriores. Ninguém poderia deixar de notar tamanha intensificação de atividade. Munidos dessa fórmula teórica, só lhes restava projetar os dados no futuro para calcular o próximo ponto. Por isso conseguiram determinar a data exata do fim de sua civilização: 9792 a.C. Estavam absolutamente convictos de que isso viria acompanhado de uma formidável violência cósmica. Afinal, a terceira inversão coincide com a normal de um ciclo de manchas solares. Isso implica que as forças são amplificadas muitas e muitas vezes, e não anuladas! Daí, talvez, a expressão: "A terceira vez é pra valer."

Figura 47. Juntamente com a reversão polar da Terra, terremotos, erupções vulcânicas e maremotos gigantescos assolarão a superfície da Terra. Durante esses eventos apocalípticos, quase todos os seres humanos sucumbirão.

Milhares de anos depois, os herdeiros desse culto de sabedoria calcularam a próxima inversão polar para 2012. Mas, como todo esse conhecimento superior se perdeu, não fomos alertados oficialmente, isto é, vamos avançando às cegas para nosso fim. Por mais que a nossa tecnologia haja evoluído, uma inversão polar significará a ruína de tudo o que sabemos – o "Armagedon", a catástrofe definitiva da humanidade.

Sumário

Teoricamente, após 1.924 anos, podemos perceber o primeiro desvio no décimo ciclo longo de manchas solares. Isso talvez provoque um aumento na atividade solar. Se dobrarmos esse período, para 3.848 anos, o desvio se torna ainda mais claro. Relaciona-se à inversão do campo magnético. Uma vez que ela ocorre após dois terços (66,6%) de um ciclo de manchas solares de 11.567 anos, não implica uma inversão violenta ou mesmo interrompida. O mesmo se aplica à próxima mudança. Antes da terceira inversão não podemos falar de uma mudança catastrófica para valer, pois só então ela coincide com a inversão do ciclo de manchas solares correspondente. Nesse momento a energia solar aumentará seu grau de radiação e enviará uma gigantesca nuvem de plasma na direção da Terra.

Para matemáticos: ver Apêndice

14
NÚMEROS ASTRONÔMICOS INCRIVELMENTE EXATOS

Escrevo este capítulo num estado de perplexidade, pois descobri que os maias eram muito melhores em cálculo do que nossos modernos astrônomos com seus computadores! Como cheguei a semelhante conclusão? Intuição e algumas contas. Nada muito difícil, a bem da verdade. Trata-se apenas de ir ao ponto certo. A partir daí, pude estabelecer diversas interligações e decifrar antigos códigos referentes ao ano solar. Mas isso exigiu muito sangue, suor e lágrimas porque, logo no começo, escaparam-me várias decifrações. Que descobri? Números incrivelmente exatos. Se eu próprio não houvesse atinado com eles, não acreditaria no que estava vendo: os maias conheciam perfeitamente a órbita da Terra ao redor do Sol.

O período de um ano solar

No final deste livro, explicarei mais extensamente como decifrei os códigos ocultos dos maias. Pesquisadores e matemáticos dedicados devem estudar a matéria com mais empenho. Talvez descubram outros códigos e revelem novos segredos dos maias e egípcios. A que tremenda conclusão isso irá levar, você verá num minuto. Mas, aqui, desejo fazer uma observação oportuna. Os leitores que acharem tudo mais ou menos excitante, mas voltado excessivamente para a matemática, não devem desistir. As conclusões que vou apresentar após mais alguns cálculos valem a pena. Elas porão de cabeça para baixo nosso mundo de medição cronológica, de matemática e de astronomia, fornecendo a prova esmagadora da exatidão a que chegaram os atlantes. Suas medidas eram tão minuciosas e corretas que me deixaram espantado. Refletem o auge de uma supercivilização que tentava explicar o "fim dos tempos".

Como o leitor sabe, a Terra leva exatamente 365,2422 dias para descrever sua órbita ao redor do Sol. O número 365 aparece nos códigos maias, mas sem casas decimais. Graças a diversos cálculos, consegui provar que os maias, tanto quanto os egípcios, conheciam quatro casas decimais. Quando refletimos nisso mais longamente, chegamos logo à conclusão de que há aí códigos ocultos. Por isso, multipliquei o número após a vírgula decimal, 0,2422, que é parte de um dia, pelos 86.400 segundos contidos num dia: 86.400 x 0,2422 = 20.968,08. Estudei a fundo esse número. Faça o mesmo e verá o número oito após a vírgula decimal. Haveria aí algum código secreto? Algo me dizia que sim – mas qual? E como? Teria ele algo a ver com a acuidade matemática dos maias? Se fosse esse o caso, eu sem dúvida conseguiria decifrar seus códigos, pois já me ajustara à sua maneira de pensar.

Os egípcios e os maias atribuíam significado especial ao número oito. Em seu livro *Le Grand Cataclysme*, o autor francês Albert Slosman declara francamente que os egípcios de fato gostavam desse número. E fornece vários exemplos. Oito era o Número Sagrado no Egito, a imagem do Colégio Celestial. Ao mesmo tempo, oito era tanto o Número da Perfeição quanto o Número da Justiça. Slosman mostra diversos cálculos com o número oito em seu livro, a fim de provar quão importante ele era para os egípcios. A partir daí, Slosman detectou várias séries de oito.

O ciclo de manchas solares era importantíssimo para os maias. Se você o estudar em minúcia, notará que consiste de ciclos sucessivos de oito *bits*. Além disso, Vênus desaparece durante oito dias por trás do Sol. Esse pensamento começou a martelar minha mente e eu o repeti palavra por palavra: Vênus desaparece durante oito dias por trás do Sol. Então, durante esses oito dias, não se pode ver Vênus! Veio-me instantaneamente a suspeita de que os antigos podiam calcular de maneira ainda mais acurada do que julgamos possível. Por essa razão, eliminei o número oito das casas decimais – fazendo-o "desaparecer". Depois, dividi o novo número por 86.400 e descobri a seguinte órbita da Terra à volta do Sol:

20.926 ÷ 86.400 = 0,2421990741

O valor atual, obtido com a ajuda de relógios atômicos e supercomputadores, é 365,242199074. Espantoso! Cérebros superiores devem ter feito cálculos tão brilhantes, que revelam enorme habilidade e profunda compreensão dos padrões matemáticos.

Além de excelentes calculistas, os maias eram psicólogos do mais alto nível. Todos os seus edifícios irradiam misticismo, temor religioso e visões apocalípticas. O mesmo fenômeno se dá com seus números esotéricos e símbolos, que encerram incontáveis correlações cósmicas. Os criadores desse simbolismo sabiam exatamente o que faziam. Elaboraram de modo fascinante um enigma que só poderia ser solucionado por um povo muito curioso, empenhado em redescobrir sua ciência. O resultado de seu poder coletivo de imaginação é incontestável. Eles conseguiram transmitir-me seu impressionante conhecimento. Agora cabe a você, caro leitor, passá-lo adiante, fazendo assim honra às ambiciosas realizações dos antigos. Os maias queriam isso, sem dúvida. Toda a sua capacidade mental procurava desafiar futuros pesquisadores a descobrir seus segredos, não importando quão sombrios e distantes fossem os tempos em que estivessem vivendo. Contavam com um entusiasmo sem limites, nem mais, nem menos. Subjugado por tamanha beleza, concluí estar em contato direto com os projetistas das pirâmides, os inigualáveis mestres construtores do passado que produziram esses milagres de maneira francamente intencional, como se não houvesse problema algum em agir assim. Da mesma maneira, jogaram com os números transcendentais da precessão do Zodíaco, da órbita de Vênus, do período do ano solar, etc., incorporando-os às suas criações. Na Grande Pirâmide de Gizé, o ângulo do corredor ascendente é de 26°, metade do ângulo de inclinação dos lados da construção, que é de 52°.

Escrituras litúrgicas contam que a pirâmide servia para ajudar os faraós a subir até as estrelas, onde encontrariam os deuses em algum ponto além do sistema Órion, berço de inúmeras constelações novas. Usariam eles esses números na jornada eterna pelo cosmo rumo a uma nebulosa, como expoentes de seu conhecimento? Quem poderá dizer? Encontramos os mesmos números na cultura maia. Há tantas correlações entre seus números e edifícios que eu precisaria de páginas e mais páginas para descrevê-las. Isso, porém, nada mudaria em minhas provas aritméticas; voltei então à realidade e, a fim de obter novas revelações nessa viagem fantástica de descoberta, apeguei-me aos valores já conhecidos.

Perplexidade total

Os indícios fornecidos acima sobre seu conhecimento da órbita da Terra em volta do Sol mostram de modo conclusivo que aqueles sábios dispunham de um equipamento incrivelmente sofisticado! Graças a ele, conseguiram calcular o período da órbita com aproximação de uma fração de segundo. Nossos supercomputadores e relógios atômicos não chegam a fazer melhor! Você pode descobrir por si mesmo que a margem de erro é menor que 1/10.000 segundo. Para tanto, deverá adicionar 1/10.000 ao valor superior:

$$20.926 + 0,0001 = 20.926,0001$$

e em seguida dividir o resultado por 86.400:

$$20.926,0001 \div 86.400 = 0,2421990752315$$

Esse resultado se distancia mais do valor real do que o cálculo dos antigos, que estavam portanto bem dentro da margem de erro! Um erro de menos de um décimo milésimo de segundo num ano inteiro é realmente espantoso. No entanto, esse cálculo grosseiro não parecia suficiente. A exatidão do cálculo dos antigos é muito maior que a nossa.

Se você tentar calcular com um centésimo milésimo de segundo, isso não bastará, nem por aproximação! Se comparar o resultado deles com o valor real, terá de concluir que o erro é de menos de um milionésimo de segundo por ano! Só relógios atômicos conseguem trabalhar com tamanha precisão! A conclusão, absolutamente espantosa, é que os antigos possuíam dispositivos superiores! Não há outra explicação. Ou será que eles faziam cálculos de um modo que hoje ignoramos? Constituiriam aqueles dispositivos a base desse modo de calcular? Caso contrário, como lograram êxito e de onde vinha essa impressionante exatidão? Por que convertiam tudo em códigos? Vou explicar o "por que" dessa última pergunta, a que eles mesmos responderam.

Em sua sociedade, só os sumos sacerdotes tinham acesso aos números extremamente acurados. Esse conhecimento era tabu para os demais uma vez que, de outro modo, os sacerdotes perderiam boa parte de seu poder. No passado, os eclipses da Lua e do Sol seriam acontecimentos aterradores para os mortais comuns, caso estes não fossem informados com antecedência. Graças ao conhecimento dos sumos sacerdotes, porém, eles eram advertidos e com isso os sacerdotes não só adquiriam mais poder como faziam jus à gratidão do povo. No entanto, há mais. Seus códigos encerram uma linguagem universal só compreensível para uma civilização tecnicamente avançada. É necessário munirmo-nos de um escalpelo para buscar e revelar tais códigos. Eu consegui resgatar essa linguagem, essa matemática esotérica de escala decimal, milhares de anos depois de ela surgir. E graças à jornada de descoberta que empreendi, posso ligar a linguagem eterna da matemática ao tempo: tempo glorioso e transitório. Desde o surgimento dos códigos, milhares de reinos prosperaram e sucumbiram. Mas, a despeito dessas incontáveis adversidades, as mensagens codificadas sobreviveram intactas por séculos, o que se deveu única e exclusivamente à preservação de alguns importantes papiros e códices dos maias. Eles revelam sem sombra de dúvida que os maias usavam nossa cronologia: as muitas correlações são bastante óbvias e apresentam os traços inconfundíveis de um desenho bem elaborado.

O efeito da desaceleração

Os críticos observarão que a rotação da Terra diminui e que, portanto, o ano solar era mais curto em tempos antigos. Então esta decifração não pode estar correta. Eis aí, contudo, um ponto de vista completamente equivocado. Sem dúvida é verdade que a cada ano a rotação da Terra diminui um pouco, devido à atração gravitacional que provoca fricção. Em conseqüência desse efeito, o dia se torna mais longo numa média de 0,00000002 segundo em 24 horas. Não é muito, mas torna-se perceptível em períodos mais longos. Todavia, não tem influência alguma na duração de um ano solar! Prova-se isso com facilidade. Depois de dez mil anos (3.652.422 dias), o dia se torna 0,073 segundo mais longo. Em um ano, isso chega a 0,073 x 365,2422 = 26,66 segundos. Calculado em nossos segundos *atuais*, um ano sofre o acréscimo de 26,66 segundos. No entanto – e isso é importante –, o segundo solar médio define-se como 1/86.400 de um dia solar médio, o que muda com o tempo. Calculando o segundo em dez mil anos, dividindo o dia por 86.400, obteremos outro valor para o segundo! Um segundo, há dez mil anos, durava 1,000000845 segundo *atual*. Assim, calculando o ano solar com esse segundo, vemos que, paradoxalmente, ele permanece o mesmo com respeito ao valor atual! Os maias devem ter percebido isso, levando-o em conta em seus códigos!

Que conheciam esse efeito da desaceleração fica claro mediante o seguinte raciocínio. Tomando-se a média entre mil anos passados e o presente, obtemos um dia em média 0,5 x 0,0073 segundo = 0,00365 segundo mais curto. Considerando-se 365.242,2 dias, isso resulta em um erro de 365.242,2 x 0,00365 = 133,3 segundos. O cálculo da posição da Lua no passado, com base na duração atual do dia, produz conseqüentemente um resultado errôneo. A Lua parece ter se movimentado com muita rapidez – ou seja, parece ter percorrido uma distância excessivamente longa. Os maias e seus predecessores do culto mundial dos tempos antigos sem dúvida detectaram esse fenômeno e corrigiram seus cálculos. Mas, mesmo tendo as coisas se passado assim, como eu o provaria? De que modo eles codificaram essa singularidade? Não devia ser muito difícil e eu tinha um pressentimento.

O valor maia para o ano solar difere do valor exato em 0,0002 dia. A desaceleração da rotação da Terra é de 0,00000002 segundo por dia, o que sugere um código. Por esse motivo, pus-me a refazer cálculos e imediatamente fui recompensado! Inserindo o valor maia para o ano solar no cálculo anterior, vi-me diante de um padrão matemático prontamente reconhecível: 365,242 x 0,00365 = 1,3331333! Lá estava o número 1333 repetido na tela de meu computador! Eu já encontrara em outros cálculos, várias vezes, a série 1,3333333. Isso me convenceu de que a decifração tinha de estar correta. Prova-o o fato de que, deixando-se de fora as casas decimais, 0,00365 equivale a um ano maia.

Exatidão absolutamente incrível

Em seguida, comecei a suspeitar de que ainda havia muita coisa a descobrir. Com renovada inspiração, retomei o estranho mundo dos códigos maias e não foi difícil atinar com outras muitas correlações matemáticas irrefutáveis. A obsessão dos antigos dos números não tinha paralelo. Não confiei no recurso aritmético que havia programado e voltei aos cálculos manuais. Obtive assim diversas casas decimais e cheguei ao seguinte resultado para a órbita da Terra em redor do Sol:

 20.926 ÷ 86.400 = 0,24219907407407407407407407407407

A série infinita de 74 apareceu imediatamente! Um número de código que eu encontrara várias vezes antes! Não podia ser coincidência. A solução

maia tinha de ser a correta, sobretudo porque *74 é um número importante para a decifração do Códice de Dresden! Melhor: o número de páginas desse códice é 74!*

Logo encontrei a prova de que aquela era de fato a solução certa. A fim de fazer o cálculo, tomamos o valor maia de 365,242 dias para um ano. Em seguida, multiplicamos 0,242 por 86.400 = 20.908,8. Subtraímos o último oito. Dividimos o resultado pelo número de segundos num dia: 20.908 ÷ 86.400 = 0,24199074074074074074074074. Examine esse número com cuidado. Que descobriu? Esses números compridos são absolutamente idênticos, exceto pelo fato de o valor real ter mais dois algarismos! Ocorre o mesmo com o valor correlacionado, 0,2422, que também tem mais dois algarismos que o valor maia! Nada poderia ser mais assombroso – e isso me fez pensar em outra coisa. Antes, eu conseguira realizar uma série de decifrações com o número 0,666666, ligado ao ano solar maia. Agora, podia demonstrar onde eles encontraram esse número. Ele está diretamente relacionado ao seu modo incrivelmente exato de calcular!

Você encontrará o número 0,6666666, ou 66,6, ou 666, da seguinte maneira:

0,00000074074074074 − 0,000000074074074074 =

0,0000006666666666

Eu entrara no programa de computador da catástrofe prévia multiplicando esse número pelo ano solar! Nada mais lógico, pois, que os antigos hajam transferido isso para seus códigos, pois estava oculto em seus cálculos espantosamente exatos da órbita da Terra à volta do Sol. Mais uma vez fica provado, e com maior clareza, que os astrônomos e matemáticos eram, na época, bem mais hábeis que os modernos.

Senti-me literalmente nocauteado por essa beleza complexa. Os códigos são, de fato, muito claros. Esse cálculo de uma civilização há muito desaparecida tem a precisão de uma seqüência interminável de casas decimais! Entrei, pois, em pânico por causa de sua previsão do fim do mundo. Os programas de *software* dos antigos cientistas são mais avançados e precisos que muitos dos existentes hoje. Estão repletos de jogos matemáticos intricados. Tudo se encaixa; nada fica sem resposta. Um edifício portentoso, resplandecente em sua grandeza, foi projetado por fantasmas misteriosos que sonhavam com a vida eterna após a morte. As chamas de sua paixão pelos números crepitam com tal impetuosidade que não existem palavras para descrevê-la. Todos os elementos-chave de que você tomou conhecimento em cálculos anteriores têm seu lugar em fórmulas avançadas e refinadas. Se você classificar as séries de números recorrendo à mesma lógica, deparará com um formidável instrumento de trabalho. Esse sistema complexo fornece resultados de uma beleza sem par, cheia de mistérios espirituais e místicos, mas ao mesmo tempo funcionais e eficientes. Ele foi elaborado tendo em mira uma tarefa e exige, de forma elegante, a atenção total do pesquisador.

Nesse meio tempo, eu observara que eles reproduziram o período entre a catástrofe anterior e a próxima de um modo bastante acurado em termos matemáticos (a ser discutido em meu próximo livro) – com a exatidão de um dia! Agora você e eu podemos provar que os antigos tinham mesmo capacidade para fazer isso. Portanto, meus cálculos complicados não eram coincidência e tudo estava realmente certo! Essa tremenda precisão me dava calafrios. Ela mostra que, em conseqüência de guerras, conhecimentos cruciais podem se perder por completo. Tamanha precisão chega a ser inimaginável numa civilização que desapareceu. Essas constatações excitantes nos induzem a prosseguir com mais vigor na decifração dos códigos dos antigos. Tinha de haver mais provas em seu jogo brilhante com os Números Sagrados. Eu também encontrei alguns e encaminho o leitor às seções matemáticas no final do volume, para que ele os examine com seus próprios olhos.

Naquelas seções, provo sem sombra de dúvida que o ciclo sótico encerra uma mensagem codificada: sua decifração leva à órbita precisa da Terra em redor do Sol. Os egípcios reverenciavam Sírius por uma série de razões: graças a essa estrela, os sumos sacerdotes logravam deduzir valiosos números astronômicos e outros, de uma maneira muito simples. Essas decifrações provam à saciedade que os egípcios alcançaram um nível de conhecimento bem mais elevado do que supõem os nossos cientistas. Você encontrará uma referência especial ao ciclo sótico na história de Mâneton, um sacerdote de Heliópolis. Ele confeccionou longas listas dos primeiros faraós do Egito e de dinastias históricas de períodos ainda mais remotos. Mâneton sustentava que, da era dos deuses até o fim da trigésima dinastia, a civilização atravessara 36.525 anos. Se você examinar atentamente esse número, encontrará nele 25 ciclos de 1.460 anos sóticos e 25 ciclos de 1.461 anos (pelo nosso calendário) de 365 dias. Esses são números de código que vemos também entre os maias, números diretamente vinculados à órbita extremamente acurada da

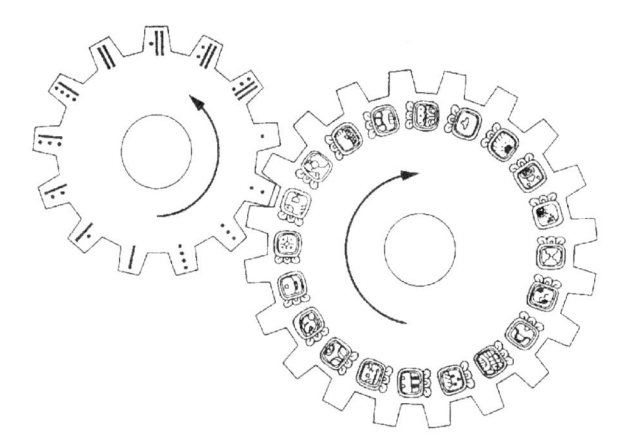

Figura 48. A contagem regressiva dos maias até a data final de 2012 é mais precisa do que julgaríamos possível. Há dez mil anos, eles conseguiram calcular as posições astronômicas dos planetas com uma exatidão que iguala, ou mesmo excede, a que alcançamos hoje!

Terra à volta do Sol: eles eram a força que animava os mitos dos antigos. Só em virtude de seu espantoso grau de exatidão é que os maias puderam calcular a inversão anterior com tamanha segurança.

Por esse motivo podemos garantir a capacidade aritmética dos maias e antigos egípcios, que prevêem a próxima data catastrófica final para 2012. Os acontecimentos tormentosos de um passado longínquo foram tão assustadores que nossos ancestrais fariam de tudo para obter respostas às suas perguntas. E essa absoluta exatidão, transmitida aos descendentes, é um dos resultados notáveis de seu pensamento e habilidade de cálculo. Como fizeram isso ainda constitui um enigma, embora, aqui, eu vislumbre algumas possibilidades de futuras pesquisas. Caso descubra alguma coisa, prontamente a darei a público, mas trata-se de uma façanha que vai me parecendo mais difícil dia a dia. Isso ainda me intriga terrivelmente – o conhecimento dos antigos sobre astronomia e progressão do tempo parece ilimitado. Eles dispunham de instrumentos excelentes em algum lugar, ferramentas assombrosamente avançadas, capazes de uma exatidão incrível. É o que diz sua mensagem: tudo o que mediam e edificavam revela a mesma obsessão da precisão extrema, como se suas vidas dependessem disso. E dependiam. Baseando-se na órbita da Terra à volta do Sol, eles conseguiram definir o período dos campos magnéticos do Sol com aproximação de várias casas decimais. Se você conhecer esses valores e a teoria do ciclo das manchas solares, poderá fazer predições sobre o comportamento do Sol. Deve ter sido coisa de nada para eles calcular, com antecedência de milhares de anos, o momento em que o campo magnético do Sol atingirá o ponto crucial. Nesse momento fatídico, o campo magnético entrará em colapso e se inverterá, acompanhado por gigantescos clarões solares. Pouco depois, a Terra será acossada por uma tempestade solar que arrasará tudo em sua passagem. Um fluxo sem fim de elementos magnéticos solares acabará por romper o campo magnético da Terra. Este se inverterá num único movimento titânico e o núcleo do planeta passará a girar na direção oposta, advindo daí conseqüências catastróficas para todas as formas de vida.

Há milênios, supermatemáticos e astrônomos tão perspicazes quanto eficientes coletaram toda essa informação, o que resultou na evolução dos códigos e calendários legados pelos maias. Eles são infinitamente mais corretos e complexos do que se pensava. Para compreender isso, basta dominar a forma de raciocínio dos antigos. Quando se está no caminho certo, a capacidade para acompanhar-lhes os cálculos deve vir do âmago do espírito: os maias nos transmitiram uma mensagem incrivelmente correta, advertindo-nos de que uma calamidade geológica avassaladora atormentará nosso mundo – algo que, pela amplitude, nenhum de nós jamais viu. Cabe a você também acatar o aviso e tomar as medidas necessárias para sua sobrevivência e a da humanidade. Se não fizer isso (e esse é o meu medo), será o fim de todos nós.

Para matemáticos: ver Apêndice.

15

AS ORIGENS DE NOSSA CRONOLOGIA

Partindo do capítulo anterior, enfrentaremos agora um problema crucial. Quando você pergunta aos cientistas qual foi a origem de nossa cronologia, eles não têm resposta. Não sabem; mas concordam quanto a determinados fatos históricos. Nosso atual calendário gregoriano, assim chamado em alusão ao papa Gregório XIII, que o instituiu em março de 1582, não é o mais preciso de que a civilização tem notícia. Pode ser "refinado", mas não tão exato quanto o que os maias usavam há milhares de anos. O ano gregoriano é um pouco mais longo. O erro é de três dias em dez mil anos. O ano maia era bem curto, mas o erro chegava a apenas dois dias em dez mil anos. O leitor deve examinar a prova esmagadora aqui apresentada, mostrando que os maias podiam calcular com muito mais precisão do que os cientistas julgam possível. De fato, seu equívoco era quase nada em dez mil anos!

Uma ciência tão revolucionária é absolutamente impressionante. Lança uma luz muito diversa sobre sua civilização. O cômputo do tempo, dos maias, estava envolto em misticismo mágico. Achavam eles que os acontecimentos se movem em círculo, representado por ciclos recorrentes de serviço a cada deus. Dias, meses e anos eram todos membros de equipes a marchar por turnos pela eternidade. Os sacerdotes podiam calcular a influência combinada de todos os viandantes e, dessa forma, predizer o destino da humanidade. Esperava-se que, a cada 260 anos, a história se repetisse em certos círculos. Essa mescla de intuição e tempo talvez nos pareça muito estranha. Mas encerrava idéias argutas.

Mais de uma vez provei que os antigos sabiam mais do que os cientistas modernos. Portanto, não convém que o leitor rejeite levianamente seu padrão de comportamento. Embora hábeis, os maias não lançaram as bases de nossa atual cronologia. Aqui, é necessário voltar os olhos para o Oriente Médio, especialmente os babilônios. Eles estabeleceram os fundamentos de nossa semana de sete dias, porquanto sua astrologia levava em conta o Sol, a Lua e os cinco planetas que haviam descoberto. Isso não parece nada sensacional; mas, quando pensamos que a divisão das horas remonta àquela época, algo começa a nos impressionar. Os babilônios dividiam sua cronologia numa escala fracionária sexagesimal. Uma hora tinha sessenta minutos; e um minuto, sessenta segundos! Mais tarde, em 1345 d.C., esse sistema foi implementado para determinar o período de um eclipse solar. Não se tratava bem de uma cronologia real, mas de uma cronologia teórica. Dado o movimento dos corpos celestes, calculou-se a duração do eclipse com base em dados antigos. Mas isso não mostra onde nossa cronologia começou? Não revela que, na Idade Média, a cronologia se fundamentou em dados milenares, reunidos pelos babilônios? E, ainda, que estes herdaram seus conhecimentos dos egípcios? Portanto, foi assim que o saber do Antigo Egito chegou até nós?

Sofisticados relógios hidráulicos dos tempos dos faraós atestam esse princípio básico. No templo de Amon em Karnak, não longe de Luxor, foi encontrado um exemplar completo de um maravilhoso aparelho dessa espécie. Visitei o templo e falo por experiência própria. O edifício é de uma beleza ímpar, mas não encontrei o relógio ali e sim no museu próximo. A água escorre de um barril, cujas paredes internas foram entalhadas para marcar o tempo. As marcas não coincidem com nossa cronologia atual; o esquema é bem mais complicado. Foram feitas de acordo com as diferentes estações, sendo mais longas para as noites de inverno e os dias de verão. O relógio baseia-se neste princípio: as horas mudam conforme a duração dos dias. Nos equinócios de primavera e outono, o dia tem onze horas e 56 minutos, o que o relógio hidráulico mostra com notável exatidão. O que não pode ser explicado, porém, é o fato de as durações dos dias nos solstícios de inverno e verão não corresponderem entre si. Isso me intrigou bastante. Mas, conhecendo os antigos cientistas, desconfiei que alguns códigos estivessem ali ocultos. Pus-me a refletir e a contar, mas até agora não consegui explicar o fato. O que podia demonstrar com alto grau de certeza era que os antigos conheciam números incrivelmente precisos. Tão precisos que me intrigavam e me deixavam perplexo. Além disso, posso asseverar sem hesitação que os antigos egípcios usavam o número de horas, minutos e segundos do dia para estabelecer o ciclo de precessão. Em meu livro anterior, apresentei os indícios matemáticos que o corroboram. Afora muitas outras coisas, nossa cronologia é um legado dos atlantes. Parece fácil predizer quais outros códigos se ocultam na cronologia e ainda precisam ser descobertos:

- Relações entre o ciclo de manchas solares e o número de segundos num dia e num ano.
- Correlações entre a precessão, a marcha do calendário dos maias e egípcios, e o número de segundos num dia e num ano.

Levando-se em conta quem eram os antigos cientistas, devia haver aí muitos códigos. Na verdade, essas decifrações já não são necessárias para minha tese, mas é agradável tê-las em mente. Matemáticos e solucionadores de enigmas podem começar pelos dados contidos neste livro. Por enquanto não disponho de tempo para prosseguir na investigação, mas talvez esse material ocupe um lugar de destaque em meu terceiro livro sobre o assunto.

Mapas e tempo

É evidente, nos mapas que podemos admirar em várias bibliotecas do mundo, que os antigos dispunham de uma excelente cronologia. O mapa de Mercator, de 1569, fornece uma imagem acurada de como teriam sido as costas da Antártida sem o gelo. Mercator decerto baseou seu mapa em documentos muito mais antigos, elaborados antes da inversão polar anterior! Ou seja, esse conhecimento herdado deve ter pelo menos doze mil anos de idade! Sem uma cronologia exata e um relógio bastante preciso, não se pode desenhar um mapa desses. A técnica exigida baseia-se na noção de meridianos. Em termos de história moderna, somente no século XVIII ocorreu uma ruptura de tamanhas proporções, que resultou na invenção de um relógio capaz de trabalhar a despeito dos movimentos das ondas oceânicas, da água salgada, dos extremos de calor e frio, etc. Depois de dois meses, um cronômetro fabricado pelo relojoeiro inglês John Harrison se atrasou apenas cinco segundos. Com ele, era possível determinar adequadamente o grau de longitude. O capitão James Cook usou-o em sua terceira viagem.

Cook conseguiu mapear o oceano Pacífico com exatidão impressionante. Seus mapas, com os graus corretos de longitude, podem ser considerados verdadeiras jóias da cartografia moderna. Eles provam não só que, para traçar as coordenadas em escala, é preciso ser bom matemático como que o uso de um cronômetro de alta precisão é necessário. E agora vem a pergunta: onde foram achar seu conhecimento geográfico os cientistas de milhares de anos atrás? Raciocinando com lógica, temos de aceitar o seguinte: eram grandes exploradores, brilhantes matemáticos e dispunham de cronômetros da melhor qualidade. De outro modo seria impossível explicar como mapas tão antigos registram graus de latitude e longitude com precisão moderna. E aqui chegamos às nossas conclusões mais importantes. Muitos e muitos livros terão de ser corrigidos. A história da matemática, bem como a da astronomia, será vista a uma luz inteiramente nova. As descobertas citadas acima provam o seguinte:

1) Uma civilização bastante avançada, que governou a Terra há muito tempo, foi mesmo capaz de fazer extensos cálculos de órbitas planetárias, não só da Terra, mas também de Vênus e outros planetas. Os antigos também conseguiram calcular com impressionante aproximação o valor da velocidade do campo polar do Sol, embora não o pudessem ver da Terra.

2) Sua precisão era maior que a nossa! O erro que cometeram não tem influência alguma na prática. Isso é não apenas inacreditavelmente espantoso e fascinante como amedrontador. Porque sabiam calcular tão bem, conseguiram determinar a posição da Terra em volta do Sol num ponto situado a milhares de anos à frente. Os cálculos eram tão exatos que, com

Figura 49. Graças à sua acurada mensuração do tempo, os atlantes conseguiram explorar os oceanos. A Atlântida aparece no meio do mapa. Representava, por assim dizer, o "umbigo" do mundo.

doze mil anos de antecedência, podiam predizer um evento solar ou planetário com aproximação de quase um segundo!
3) Os antigos convertiam tudo em códigos e "Números Sagrados", motivo pelo qual os pesquisadores modernos ainda tateiam na sombra. Para determinar a órbita da Terra em volta do Sol, usavam três números de aproximação! Isso é muito complicado e vê-se facilmente como puderam ludibriar os cientistas, para quem a astronomia maia era "avançada", quando de fato deveria ser tida como "superbrilhante". É muitíssimo mais difícil elaborar um complicado programa com números de aproximação do que encontrar os números reais. E a descoberta dos números reais constitui, só por si, uma façanha impressionante!
4) Os maias, os egípcios e os atlantes conheciam o número zero e aplicavam valores exatos às casas decimais. Nem gregos nem romanos o faziam. No século XVIII de nossa era, os árabes descobriram o número zero em um tratado astronômico da Indonésia. E só no século XII eles o introduziram na Espanha. Seriam necessários mais duzentos anos para que a Europa inteira passasse a usá-lo. Frente a isso, o vasto conhecimento dos maias, antigos egípcios e atlantes parece ainda mais impressionante.
5) Mas o mais impressionante de tudo é que os "cálculos" sagrados dos maias e antigos egípcios apoiavam-se no que hoje conhecemos como a escala decimal! Quando examinamos seus cálculos, percebemos isso imediatamente. As semelhanças estão na nossa forma atual de somar, diminuir, multiplicar e dividir. Portanto, o sistema atual constitui uma herança dos atlantes, a nós transmitida pelos sobreviventes daquela civilização. Já aqui a lista dos legados atlantes se faz longa. Afora a cronologia (segundos, minutos e horas), os atlantes nos presentearam com a astronomia (360 graus, volume piramidal, etc.), o ciclo de manchas solares, a arquitetura, a escrita e também a escala decimal. É muito para uma civilização completamente esquecida.
6) A principal conclusão é que tanto os maias quanto os antigos egípcios sabiam que seu ciclo de manchas solares não passava de uma aproximação. Conheciam os valores exatos, mas só os iniciados os podiam usar. Graças a esses valores exatos, conseguiram calcular o momento da violenta inversão do magnetismo do Sol. Cabe-nos deslindar esse enigma o mais rápido possível, pois só assim o mundo se convencerá da calamidade iminente.

16

O DESASTRE SE APROXIMA COM RAPIDEZ

Quando iniciei minha pesquisa sobre o cenário do próximo cataclismo mundial previsto para 2012, só me restavam cerca de dezessete anos. Depois de escrever *O Código de Órion* e o presente livro, esse período diminuiu para pouco mais de sete. Estamos nos aproximando com terrível rapidez da maior catástrofe que a humanidade já enfrentou. E até agora pouco interesse tenho notado por esse superdesafio. Minhas descobertas foram negligenciadas. Quais verdadeiras ostras, as pessoas escondem a cabeça na areia, cegas para o que as aguarda. No entanto, a advertência dos supercientistas do passado é mais que clara: o campo magnético da Terra se inverterá num único movimento e destruirá por completo a nossa civilização. O povo que descobriu isso enviou-nos uma mensagem em linguagem internacional, resumida em códigos matemáticos e astronômicos. Adotando a sua maneira de pensar, eu consegui decifrar grande parte dela. Revelei mistério após mistério, pois o todo se baseava num esquema meticuloso, um todo imensurável que compreendia várias séries de números superpostos e complementares. Para meu espanto, também descobri que os maias e os antigos egípcios empregavam nossa escala decimal. A complicação da escala numeral maia pouco mais é que uma cortina de fumaça.

Graças a essa descoberta, pude passar a novas decifrações. Em vários casos logrei esclarecer correlações óbvias entre a terminologia técnica que os antigos usavam, em seus códigos e mitos, e a transcrição dessa terminologia em seus edifícios. Descortinei aí uma espécie de sinergia, de abrangência, como se o desenho das pirâmides e templos chamasse à vida os mitos, os calendários, o conhecimento esotérico, mesmo a imortalidade da alma – e muito mais. Graças à decifração de suas mensagens codificadas, pude atinar com complexos ciclos astronômicos. Essa descoberta me chocou tremendamente. Eu estava convencido de que nossos modernos cientistas eram os mais hábeis de todos os tempos. Mas, agora, isso não me parece verdadeiro.

Fiquei preocupadíssimo durante meses. Foi como se me houvessem dito que meus dias estavam contados – e era esse mesmo o caso. Rapidamente, avançamos para o Armagedon, para o incêndio do mundo. Nenhum herói de cinema, por mais bem pago que seja, poderá salvar o planeta da ruína final. Ao contrário, considerando-se a riqueza e os recursos que os atores têm em mãos, eles serão os primeiros a tentar salvar a própria pele... caso acreditem que o cataclismo se precipita em nossa direção. No entanto, como a imprensa pouco se interessa por mim, até a chance de que isso aconteça é muito remota.

Os monumentos como advertência

Diversas séries numéricas e códigos de mitos dos antigos parecem ter sido convertidos em monumentos. Eis um trecho de velhos textos gnósticos da Biblioteca Nag Hammadi: "Construam monumentos para representar os lugares espirituais ... e esclarecer o povo, com conhecimento valioso, sobre seu futuro." Em outras palavras, as pirâmides, a Esfinge e muitos outros edifícios miraculosos do passado distante lá estão para nos advertir e espicaçar nossa curiosidade, a fim de que nos empenhemos na busca do "porquê". Em seu livro *The Orion Mystery*, Bauval provou que as pirâmides foram construídas à imagem da constelação de Órion tal qual era vista há doze mil anos. Juntamente com Gino Ratinckx e com a ajuda de um programa astronômico de computador recém-desenvolvido, consegui demonstrar que a construção das pirâmides relaciona-se à precessão da constelação de Órion em 9792 a.C., o ano da catástrofe anterior. Naquela época, a Esfinge mirava sua réplica celeste. Como você deve saber por meu livro anterior, a última inversão polar ocorreu na era de Leão. Portanto, estamos aqui às voltas com um dualismo céu–terra, uma grave advertência quanto ao que aconteceu então e ao que vai acontecer em breve. Pior ainda, a precessão daqueles dias é idêntica à de 2012, data da próxima inversão polar. Essa não é a única semelhança. Vênus significava tudo para os maias. Exatamente como fez em 9792 a.C., Vênus descreverá em 2012 um círculo retrógrado perfeito acima da constelação de Órion. No Livro dos Mortos egípcio, esse código aparece como o movimento que prefigura o instante final. Eis aí outra advertência muito séria, pois esse ano se relaciona ao fim do calendário maia. A fim de mostrar seu progresso técnico, os maias construíam seus templos de modo que indicassem exatamente o ponto equinocial de primavera. E incorporavam outros traços que mostram um vínculo irrefutável entre seu saber astronômico incrivelmente preciso e a construção dos templos.

Após aprofundar minha pesquisa do Códice de Dresden, cheguei à conclusão espantosa de que ele diz respeito ao ciclo de manchas solares – teoria que nossos astrônomos mal conhecem! Só se pode descobrir isso mediante acuradas observações do céu, conduzidas metodicamente ao longo de milênios e com o auxílio de uma matemática muito avançada. Até onde chegou o conhecimento matemático dos antigos? Muito longe, com efeito. Bem mais longe do que supúnhamos! Para descrever a teoria do ciclo de

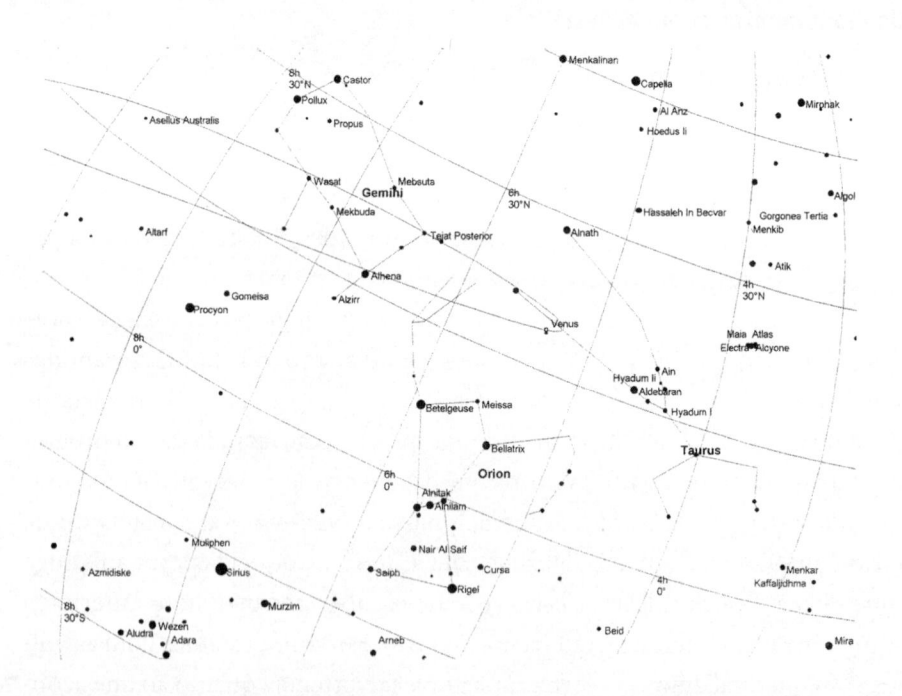

Figura 50. Após milhares de anos de observações, os ancestrais dos maias e dos antigos egípcios conseguiram fazer amplo uso de números astronômicos incrivelmente exatos. Elaboraram com eles cálculos precisos das posições planetárias.

manchas solares em linguagem matemática, precisamos de um acervo incrível de dados sobre geometria espacial (volume e superfície das esferas, por exemplo), do cálculo das elipses e de várias outras habilidades aritméticas complexas. Os papiros egípcios e a decifração do Códice de Dresden revelam que os antigos possuíam tal conhecimento. E, fato mais sensacional ainda, conheciam também as equações integrais e diferenciais, pois de outro modo seria impossível calcular o ciclo de manchas solares!

Dispondo de tamanho saber, é bastante lógico deduzir que eles não ignoravam as leis de Kepler e Newton! De um modo geral, pode-se descobri-las com muito menos esforço. Por esse motivo, estou cem por cento certo de que os antigos as conheciam. Quando avançamos na pesquisa de seus edifícios e sistema de codificação, deparamos com o número 666, o número do Apocalipse. Graças a meus extensos trabalhos, consegui determinar a origem desse número, que tem confundido pesquisadores do mundo inteiro há séculos. Ele se refere a um desvio no ciclo de manchas solares. Com isso estreitei uma inegável conexão entre aquilo que conhecemos com base na religião e a sabedoria dos antigos sumos sacerdotes.

Um culto da sabedoria esquecido

De onde proveio esse conhecimento? De seus ancestrais, dos habitantes de Aha-Men-Ptah. Como estou tão certo disso? O egiptólogo Albert Slosman traduziu a história dos templos de Dendera, Edfu e Esna. Recorrendo aos números mencionados na história, consegui realizar decifrações precisas. Em conseqüência, usando o mesmo tipo de raciocínio, embrenhei-me num labirinto de códigos idênticos e logrei decifrar o Códice de Dresden dos maias. Isso me deu a certeza absoluta de que a história não fora inventada, mas nascera de algo que os homens haviam deixado após si na noite dos tempos – o legado de uma civilização perdida que sucumbiu a um episódio catastrófico. Agora, a pergunta crucial é: poderá parte dessa herança ser resgatada? Resposta óbvia: "Sim." Os artefatos em que eles baseavam seus mitos e Sagradas Escrituras jazem no lendário Labirinto, descrito por Heródoto. Além disso, estão lá os registros científicos que lhes permitiram elaborar a teoria da catástrofe. Só a retomada desses dados provocaria uma revolução no mundo. Eles revelam o programa de computador que leva à data, calculada com precisão, do "Fim dos Tempos", o provável "Apocalipse" definitivo da humanidade. A consciência desse "fim" estimulava seus ambiciosos projetos de imitação do céu: espelhavam na Terra o que acontecera ou iria acontecer de novo no céu. Esses os fundamentos de toda a religião e pensamento espiritual dos maias e antigos egípcios. Eles queriam salvar as futuras gerações do aniquilamento total, do desaparecimento de sua sabedoria em conseqüência do curto-circuito magnético no Sol, com suas gigantescas tempestades. Sua obsessão de transmitir essa informação intacta sobreviveu durante milênios, mas por fim o perfeito conhecimento que tinham das inversões polares se perdeu, devido principalmente às guerras. Entretanto, deixaram tantas pistas notórias que já não é possível desprezar sua ciência superior. Ambas as civilizações conheciam a precessão e o ciclo de manchas solares, bem como as conseqüências fatais de um desvio considerável do campo magnético do Sol. Em seus códigos, encontramos os mesmos números, como o 72 e os números de Vênus, 576 e 584. Se você lançar mão do período de tempo sinódico de Vênus, conhecido dos maias, confirmará a história da lendária Atlântida. E, se refletir mais no caso, poderá decifrar os calendários maias e o Códice de Dresden. Essas decodificações constituem prova inequívoca de que o conhecimento dos maias e egípcios veio de uma fonte comum. E, com isso, nosso conjunto de provas se completa.

Houve outrora um país próspero que hoje jaz sob o Pólo Sul devido a uma alteração drástica da crosta terrestre. Cientistas dotados de um conhecimento sem paralelo em astronomia, geometria, matemática, etc., viviam lá. Após milhares e milhares de anos de pesquisa, eles descobriram uma relação entre os campos magnéticos da Terra e do Sol. Duzentos e oito anos antes da data fatal, ordenaram aos concidadãos que se preparassem para um

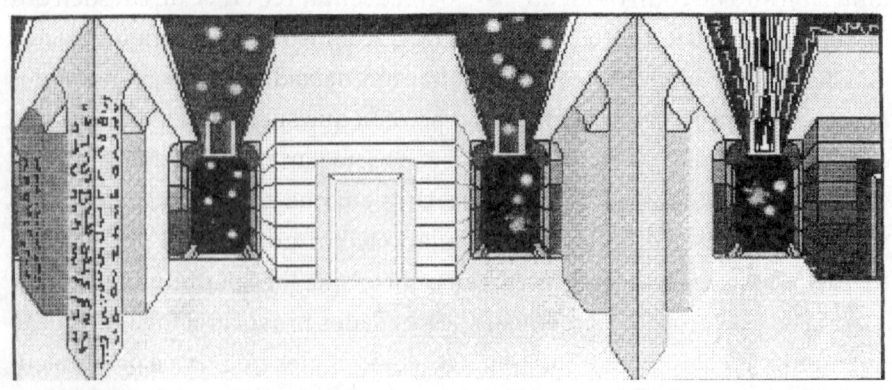

Figura 51. Conseguiremos retirar a tempo, do Labirinto, o conhecimento necessário?

êxodo. Os governantes da época iniciaram um meticuloso programa que lhes garantiria a fuga. Centenas de milhares de *mandjits* insubmersíveis foram construídos. Apesar da descrença de muitos, o cataclismo ocorreu no dia exato que os sábios haviam calculado havia anos. No caos que se seguiu, a maior parte da população pereceu. Milhares, porém, escaparam e reiniciaram seu culto sapiencial em diferentes regiões do globo. Graças a eles, sabemos hoje o que nos espera.

Mobilização ou extinção total

Mais ou menos doze mil anos depois da mobilização anterior, cabe a nós agora fazer o mesmo. Não há nada mais imperioso e urgente que essa tarefa. Precisamos informar à humanidade, o mais breve possível, que o tantas vezes propalado "fim" está realmente próximo. Uma série de medidas terão de ser tomadas, em que pese os sacrifícios que isso exigirá. Individualmente nós não somos importantes; a sobrevivência da humanidade é. Precisaremos, pois, fechar as usinas nucleares quando a data fatal se aproximar. Sem isso, a sobrevivência será impossível: morreremos em conseqüência de um holocausto atômico. Que todos o saibam de uma vez por todas. E há mais. Desde 1915, uma quantidade assustadora de armas químicas vem sendo produzida na Rússia, dois terços das quais contêm gases asfixiantes. É o maior arsenal do tipo em todo o mundo e, segundo os químicos, ele pode liquidar a população da Terra quase duzentas mil vezes! Isso nem sequer inclui as armas químicas estocadas em outros países. Se elas não forem destruídas a tempo, serão todas liberadas de um golpe em 2012! Creio que o leitor pode imaginar o que acontecerá.

Mais importante, a inevitabilidade do futuro desastre deve dominar nossa mente. Tudo o que de momento parece importante para você, como construir uma casa, ter filhos, etc., se esvai à luz da destruição completa que o aguarda. Muito do que você quer conquistar será inútil. Que fará de sua bonita casa quando ela cair aos pedaços ante a força de violentos abalos sísmicos ou submergir nas ondas gigantescas de um maremoto?

Reflita bem nas coisas que está planejando fazer. Pouca coisa resistirá ao ímpeto incontrolável da natureza. Somente barcos, suprimentos alimentícios e equipamentos de sobrevivência são de importância primordial. Ai de quem não os tiver à mão. Num único dia, a imensa catástrofe provocará a perda de milhares de anos de trabalho. Cabe a você enfrentar o desafio, o maior com que se deparará. Então, talvez venha a desempenhar um papel de relevo na próxima geração de mitos sobre "superdeuses" humanos que enfrentaram a cólera da natureza e fundaram uma nova civilização depois que a turbulência da Terra serenou.

De novo, a harmonia

O mistério da morte e a possibilidade de vida eterna fascinavam o mundo antigo. A isso se associava uma ciência da imortalidade. Elaborou-se uma teoria abrangente sobre o tema, baseada em grande parte nas questões fundamentais a respeito da vida e da morte. Hoje, raramente encontramos pessoas que acreditam numa ordem interior baseada nas noções espirituais das grandes religiões do passado. Os egípcios deviam sua força e capacidade de trabalho à fé em Ptá. Esse era para eles um sistema útil de crença porque lhes fornecia metas e regras a partir das quais podiam ter experiências profundas. Para eles, a vida consistia em serviço e todos os seus empreendimentos se concentravam na existência que os aguardava após a morte. Esse eficiente sistema governava seus dias; dava-lhes propósito e preservava-os de idéias confusas. O conhecimento científico que tinham do homem e do universo apontava-lhes a relação entre humanidade e destino humano. Graças a essa compreensão, alimentavam idéias superiores sobre as origens dos mecanismos de controle social, os sentimentos, as esperanças, os medos. Seu sistema de crença impulsionava-os no rumo de objetivos de peso, dos quais extraíam sua força. Sabiam as respostas a perguntas como: "Que é o bem e que é o mal?", "Por que vivemos?", "Que poderes governam nossa existência?", "Por que nossa vida está sujeita a ciclos naturais?" Culturalmente, exprimiam tudo isso em mitos e edifícios. Cabe-nos resgatar esse conhecimento há muito perdido. Então, como eles, poderemos nos identificar de novo com o ambiente e o significado da vida. Essa fé, baseada nos ciclos catastróficos, acata as leis da natureza. Dirige nossa energia espiritual para objetivos valiosos, pois é um sistema que leva em conta o conhecimento científico do homem, do universo e do "fim" esperado. Desenvolve-se como se fosse uma interpretação integrada de todo o saber anterior relacionado à humanidade e seu destino fatal. De nada vale ligar nossos sonhos e desejos à natureza sem ter em mente suas leis. Quando reconhecermos as limitações de nossa civilização e seu fim inevitável, para de novo aceitar um lugar humilde no universo, começaremos a nos sentir como a filha ou filho pródigo que finalmente regressa ao lar após demoradas andanças. Caso o objetivo da humanidade esteja mesmo unido a esses valores e experiências, o problema do significado da vida ficará de vez solucionado. Bilhões de pessoas encararão a catástrofe iminente como uma libertação, sacrificando-se de bom grado a um propósito superior: a sobrevivência da humanidade e a redescoberta de uma imagem portentosa de Deus.

Um panorama idêntico?

Os derradeiros anos de Aha-Men-Ptah passaram-se em pleno caos devido à guerra civil. Antes de sua eclosão, a importação e a exportação ficaram paralisadas porque todos se concentravam na construção de *mandjits*, os barcos insubmersíveis que garantiriam sua sobrevivência. Sempre se diz que a história se repete. Pois bem, existem mesmo paralelos alarmantes com

Figura 52. Eis uma conhecida ilustração maia da inversão anterior dos pólos. Pode-se ver uma pirâmide ruindo e um vulcão expelindo lava enquanto a terra submerge. Muitos escaparam, conforme indica a figura no bote.

nossa situação atual. Como naquela época, as pessoas já não acreditam num ser sobrenatural. Nos parágrafos seguintes, procuro esboçar o quadro de nosso possível futuro.

Depois do excesso de transações na bolsa no final do século XX e início do XXI, o mundo entrou em recessão econômica nos últimos anos antes do "fim". A despeito dessas dificuldades, consegui, com um pouco de sorte e perseverança, localizar o Labirinto e seu "Círculo de Ouro". Logo as descobertas de antigos cultos sapienciais freqüentavam as primeiras páginas dos periódicos do mundo inteiro. Tomadas de descrença, pessoas contemplavam os 36 hieróglifos que exprimiam os cálculos da catástrofe anterior... e marcavam a data da próxima para 2012. Aos olhos de muita gente isso não era nenhuma novidade, mas o efeito sobre as massas da população mundial foi trágico. O medo da próxima inversão polar petrificou os pensamentos e os atos de inúmeras pessoas.

Logo depois a economia global entrava em colapso. Os preços de vários artigos caíram e em seguida despencaram no abismo. Pouco antes da catástrofe, a recessão econômica transformou-se numa depressão nunca vista. Nem políticos nem economistas conseguiam melhorar as coisas. Alguns ramos da economia simplesmente se desmantelaram, como o da construção. Para que construir?, perguntavam-se muitos. Nosso mundo não tem futuro. Outros, que em anos anteriores planejavam filhos, decidiram adiar indefinidamente o projeto. A produção de bens caiu de maneira alarmante. Os continentes viviam atormentados pela fome e a inquietação social. O número de suicídios e assassinatos cresceu a olhos vistos. As ações na bolsa permaneceram em baixa, sem nada que lembrasse os patamares históricos. No entanto, havia um ponto brilhante na escala dos investimentos. Nas civilizações antigas, o ouro e os diamantes valiam muito. Após a inversão da polaridade terrestre, o dinheiro não teria mais nenhuma importância, todos sabiam disso. Por isso, lançaram-se em massa sobre os diamantes e o ouro, o que resultou no aumento exorbitante dos preços desses itens. Num mundo já sem esperança, aquele era um dos poucos objetivos que ainda restavam para ocupar as mentes empreendedoras. Quanto ao mais, imperavam a ilegalidade e a anarquia.

Nesse ínterim, atingiam o clímax os protestos contra as usinas nucleares, as fábricas de produtos químicos e as instalações petrolíferas. Multidões erguiam a voz contra os lugares que iriam mergulhar a Terra num holocausto atômico e num depósito de lixo químico.

Algumas fábricas e instalações já haviam sido fechadas em conseqüência da crise econômica. Mas muitas continuavam a funcionar, em número grande demais para poupar o mundo do Armagedon. Finalmente, após intensa pressão e pouco antes da data fatídica, também elas cerraram as portas. Por alguns dias milhões de pessoas voltaram à Idade da Pedra. De uma coisa, porém, estavam certas: o mundo continuaria a existir. Talvez não com elas, mas isso pouco importava. Para elas, a profecia do "Fim Total" era inaceitável. Daí seu ímpeto inesgotável para o auto-sacrifício.

Epílogo

Só o futuro dirá o que pode acontecer com esse fluxo de pensamento. Ele talvez se interrompa conforme descrevi em meu livro anterior – só uns poucos acreditarão no que eu disse e tentarão escapar, enquanto o resto da população mundial sucumbirá aos acontecimentos apocalípticos. Seja como for, continuarei insistindo em ajudar a humanidade a sobreviver. Mesmo com um pequeno grupo de pessoas determinadas, conhecedoras do maior número possível de ciências, isso pode acontecer. Após a catástrofe, a vida será terrivelmente difícil. Não haverá eletricidade. Ainda que alguém consiga trazê-la de volta, ela não será de muita valia porque todos os aparelhos eletrônicos e motores elétricos terão sido destruídos após a inversão do campo magnético. Portanto, deveremos recomeçar do zero: não haverá escolha. Convém, pois, que você esteja bastante motivado. Só uns poucos se mostrarão à altura do desafio. Sobreviver de nada vale quando não se tem capacidade para enfrentar a existência após uma catástrofe. Dezenas ou centenas de anos se passarão antes que os homens consigam levar uma vida relativamente confortável. Assim, essas coisas talvez não aconteçam a você, mas acontecerão a seus descendentes. Só quem entender bem isso conseguirá empreender uma tentativa bem-sucedida.

Ninguém faz idéia de quão ruim e difícil será o mundo. Mesmo no meio da pior das guerras você às vezes encontra um pouco de água e comida, quando é esperto. Após a catástrofe, tudo se tornará bem mais complicado que isso. O lixo químico será inimaginável; o holocausto nuclear, aterrador. Bilhões de litros de petróleo não apenas tornarão os mares do mundo inabitáveis como cobrirão enormes faixas de terra com resíduos imundos. Por toda parte os suprimentos de água e comida serão destruídos, talvez por muitos anos, daí resultando a fome e numerosas doenças. No momento, não estamos sujeitos a nada disso; levamos vida luxuosa e a mínima infecção nos deixa doentes. A despeito de minhas boas intenções, temo o pior para grande parte da humanidade. Esse, entretanto, será o preço que você terá de pagar por sua sobrevivência. Se quiser se arriscar, desejo-lhe sucesso. De qualquer modo estou com você.

Nos *Oráculos Sibilinos* lemos o seguinte: "E o firmamento inteiro desabará sobre a terra divina e sobre o mar. Haverá então um oceano infindo de chamas furiosas, terra e água se queimarão, o céu, as estrelas e a própria criação se transformarão em massa derretida, dissolvendo-se por completo. Não mais existirão os olhos brilhantes de luz celestial, a noite, o dia, as preocupações cotidianas, a primavera, o verão, o outono e o inverno."

Sirvam-nos de advertência as catástrofes passadas: nada permanece. Oceanos e continentes só existem por algum tempo. No perpétuo revolver do ciclo, eles são destruídos. Num único dia a humanidade conhecerá seu fim e mergulhará no abismo. Em poucas horas, grandes nações, belos edifícios e culturas avançadas vacilarão e entrarão em colapso. Esse desfecho nos aguarda e ninguém poderá lhe escapar – exceto aqueles que tomarem as medidas necessárias, aqueles que desejarem e conseguirem assumir a responsabilidade de ser o próximo "Noé".

Parte IV

Prova astronômica e matemática

17
VÊNUS, A CHAVE DE TODOS OS MISTÉRIOS

Notamos que Vênus aparece freqüentemente nas criações literárias e arquitetônicas da cultura maia. No Egito, ao contrário, mal encontramos referências a esse planeta. A razão é que os sumos sacerdotes egípcios mantinham tal conhecimento para si mesmos. Assim, até há pouco, ficamos privados de inúmeras alusões às semelhanças entre maias e antigos egípcios. Mas agora, sabedores de que ambas as culturas se enraízam na Atlântida, não nos será difícil desvendar os códigos que as ligam.

Após terminar meu livro anterior, vi-me ainda às voltas com diversas perguntas, às quais tentarei responder aqui. Nos capítulos prévios, revelei vários segredos. Neste, concentrarei toda a atenção no planeta Vênus. Como você sabe, ele leva 243 dias para descrever um círculo completo à volta do Sol. Graças a esse número, muitos códigos podem ser decifrados. A intuição me levou diretamente ao número que simboliza a mudança do Zodíaco. Dividi-o pela órbita de Vênus e cheguei a este impressionante resultado:

$$25.920 \div 243 = 106{,}66666$$

Lá estava o 0,6666666 de novo, número que já discuti no capítulo 12 em relação ao programa de computador da catástrofe prévia! Encontrá-lo ali não foi coincidência. Era um bom sinal. Esse número, obviamente, precisava ser examinado com mais vagar. Mas antes de prosseguir na pesquisa, suspeitei que aquilo não era tudo. De repente me lembrei de minha última conversa com Gino.

"Creio que há algo estranho com a série numérica 66666, pois ela aparece sempre em meu programa de cálculo", disse eu. E Gino respondeu: "Você está cem por cento certo. Tenho aqui um livro em que quatro bíblias diferentes são comparadas umas com as outras. Segundo o livro, sua série numérica é o cálculo que leva ao Apocalipse!" Gino trouxe o livro e abriu-o nas passagens em questão. Havia mesmo marcado todas elas em vermelho. Fiquei contente ao descobrir que meus cálculos caminhavam para a solução. O número misterioso, porém, continuava em minha calculadora. Sem hesitar, dividi-o pelo número que mencionei em meu livro anterior sobre a decifração do Zodíaco:

106,66666 ÷ 0,333333 = 320

A divisão seguinte resultou num número que já constava de minhas tabelas anteriores:

320 ÷ 0,33333 = 960

Tornou-se imediatamente claro que eu deveria continuar dividindo. Os dois resultados seguintes me eram familiares, tanto quanto aos fiéis decifradores que estudaram com atenção minhas decodificações prévias:

960 ÷ 0,33333 = 2.880
2.880 ÷ 0,3333 = 8.640

Agora podia antecipar qual seria o próximo resultado: o famoso número de precessão que ocorre repetidamente:

8.640 ÷ 0,3333 = 25.920

Estava tudo claro. Impressionaram-me os muitos cálculos que o povo da Atlântida teve de fazer a fim de chegar a um resultado tão maravilhosamente perfeito! Sem dúvida, buscaram-no por milênios. Só aos sábios mais competentes era permitido empreender esse tipo de tarefa e lá estava eu na pista de sua lógica brilhante. De fato, essa façanha precisara aguardar o aparecimento de um programa de computador ao mesmo tempo lógico e simples. Na escola, eu gostava de cálculos mentais; as tabuadas de multiplicar sempre me atraíram. Hoje em dia, poucos alunos trabalham com elas. Ora, sem as tabuadas não é possível elaborar um programa como esse. Não se pode decodificar a simples lógica com computadores ou cálculos diferenciais supercomplexos. É preciso volver às bases. Penso tê-lo provado adequadamente. Sem dúvida, precisava encontrar outros números, prosseguindo da mesma maneira.

25.920 ÷ 320 = 81
25.920 ÷ 960 = 27
25.920 ÷ 2.880 = 9
25.920 ÷ 8.640 = 3

Quando dividi o intervalo entre as catástrofes por esses números, os resultados foram:

11.520 ÷ 320 = 36
11.520 ÷ 960 = 12
11.520 ÷ 2.880 = 4
11.520 ÷ 8.640 = 1,33333

O último número indicava o código do Zodíaco. Trinta e seis e doze são números crípticos muito importantes, mas não o quatro. Decidi multiplicar os números na direção oposta pelas soluções que encontrara antes.

81 x 1,3333 = 108
27 x 4 = 108
12 x 9 = 108
36 x 3 = 108

Esse era exatamente o mesmo número que logo mais encontraria. Agora não me restava dúvida de que seria fácil continuar. Se tudo estivesse de acordo com minhas descobertas prévias, o número 0,44444 deveria aparecer várias vezes nesse código. Então eu provaria que os antigos usaram a mesma contagem regressiva para a data final. Sim, tinha de ser fácil!

11.520 ÷ 25.920 = 0,44444

Isso é idêntico à contagem regressiva para 2012. O número de anos entre as catástrofes anterior e próxima é:

11.804; 11.804 ÷ (117 x 227) = 0,44444

Súbito, descobri mais duas conexões que provavam a hipótese já aventada.

243 x 0,4444 = 108
11.520 ÷ 108 = 106,66666

Eu conseguira! Era exatamente o que a Bíblia predissera. O número 66666 indica que o fim de uma era chegou ou vai chegar. E Vênus é, aí, o código principal! Enquanto eu examinava os códigos acima mencionados, outra mensagem dos antigos cientistas apareceu.

243 x 0,33333 = 81
81 x 0,333333 = 27

Dividindo o número da precessão por 27, obtive:

25.920 ÷ 27 = 960
11.520 ÷ 960 = 12

Resolvi imediatamente multiplicar o número 576 por 0,33333, chegando a:

576 x 0,3333 = 192
192 x 0,33333 = 64
64 x 0,3333 = 21,333
21,333 x 0,3333 = 7,11111

Não precisei procurar muito para encontrar a correlação com o número que descobrira no início deste capítulo.

106,6666 x 0,6666 = 71,111111

Assim, encontrando esse mesmo número de novo num futuro contexto, eu saberia que ele diz respeito ao código de Vênus. Achei que outros códigos viriam confirmar essa suspeita: não apenas provas numéricas, mas também fatos astronômicos em quantidade. Primeiro, eu teria de encontrar mais pistas, a fim de convencer os incrédulos. Isso não seria difícil; bastava seguir o conhecido método de decifração de códigos.

11.520 x 360 = 4.147.200
11.520 x 365 = 4.204.800
11.520 x 365,25 = 4.207.680

Dividi esses números pelo "Número Sagrado" que mencionei acima:

4.147.200 ÷ 106,6666 = 38.880
4.204.800 ÷ 106,6666 = 39.420
4.207.680 ÷ 106,6666 = 39.447

Cheguei perto de várias soluções. Meses antes, esse quadro me intrigara, mas agora a solução era fácil. Todavia, não convém subestimar o poder desses números. Eles não são meros cálculos enfadonhos de contador; surgiram nas mentes científicas de uma cultura altamente desenvolvida. Estão ligados à vida e à morte de bilhões de pessoas. Só por isso mereceriam ser tratados com respeito. Dividi os números que acabara de encontrar por uma série numérica que usara diversas vezes antes.

38.880 ÷ 160 = 243
39.420 ÷ 162,222 = 243
39.447 ÷ 163,333 = 243

Essas séries numéricas constituíam de fato a prova de que 243 era um número de código. Refleti longamente sobre isso; e encontrei os "Códigos Sagrados" dos maias e egípcios:

38.880 − (18.720 x 2) = 1.440 (1.440 x 27 = 38.880)
39.420 − (18.980 x 2) = 1.460 (1.460 x 27 = 39.420)
39.447 − (18.993 x 2) = 1.461 (1.461 x 27 = 39.447)

Já bastava para um dia. Agitado por causa dessas descobertas, decidi dar uma volta em Antuérpia.

O equívoco foi uma coincidência?

Era o verão de 1997. Fazia calor lá fora. A vida seria maravilhosa não fosse uma ameaça apocalíptica pairando no ar e atrapalhando tudo. De repente, começou a chover a cântaros e tive de me abrigar numa livraria próxima. Dirigi-me ao departamento de astronomia e examinei os poucos livros à mostra. Num deles, chamou-me a atenção um capítulo sobre o período da órbita de Vênus. Li-o – talvez descobrisse algo interessante, nunca se sabe! Então, foi como se um raio me golpeasse. "Com todos os diabos!", praguejei. O que pudera me abalar tanto? Ter visto que o período da órbita de Vênus não é de 243 e sim de 224,7 dias. O número 243 era mencionado embaixo do período orbital e se referia à quantidade de dias de que Vênus precisa para girar sobre seu próprio eixo. A Terra só leva um dia para fazer isso; Vênus leva muito mais. Gira tão devagar que opera a rotação no prazo de um ano venusiano – ou seja, o dia venusiano é mais longo que seu ano!

Como pudera eu ser tão estúpido? Isso, entretanto, me fez descobrir uma coisa incrivelmente importante, que você compreenderá num minuto. Em meu livro anterior, cometi um erro no cálculo do número de anos entre a catástrofe prévia e a seguinte, mas graças a esse erro cheguei à solução correta! Seria possível que a sorte estivesse de novo ao meu lado?

Perplexidade

Contemplei os números, incrédulo; mas eles estavam lá, singelos e inegáveis. Entretanto, há um problema com a determinação do número acima citado. Vênus é coberto por uma camada opaca de nuvens, motivo pelo qual seus vales e montanhas não podem ser vistos. Mesmo o telescópio mais sofisticado é incapaz de detectar seja o que for na superfície desse planeta. Por mais que você o observe, não consegue calcular seu período de rotação recorrendo ao método normal de registrar o tempo decorrido até o reaparecimento de um aspecto reconhecível. Contudo, a partir de 1964, observações por radar forneceram outra perspectiva, provando que a rotação leva 243 dias e é em sentido contrário! Descobriram-se várias manchas que exibem um reflexo anormal das ondas de radar e isso resultou num mapa aproximado da superfície que se desdobra sob as nuvens. Mas agora eu estava às voltas com um problema de peso. Pensara ter solucionado o enigma e via que ele só se tornara mais confuso. Resumirei meus achados:

1) Os códigos demonstram que o número 243 é importante e era muito conhecido do povo da Atlântida.
2) O número 25.920 se refere à precessão da Terra. Isso quer dizer que, após 25.920 anos, ela executou um giro retrógrado sobre seu próprio eixo. A cada ano, a Terra leva 3,333 segundos a menos para completar esse movimento, o que equivale a 86.400 segundos (ou um dia) após 25.920 anos. Esse é um código parecido ao de Vênus porque o movimento de Vênus se faz ao contrário do da Terra. Vênus leva 243 dias para girar sobre seu eixo, em sentido inverso ao do nosso planeta. Assim, esses 243 dias se encontram no cálculo dos códigos dos antigos. A Terra e Vênus têm um ponto em comum: o período orbital dura um dia em 25.920 anos pelo tempo terrestre e 243 dias pelo tempo venusiano! Os antigos cientistas não poderiam ter encontrado melhor ponto de partida!

3) O período orbital de Vênus só pode ser registrado por um equipamento tecnologicamente sofisticado. Disporia dele o povo da Atlântida? Em caso positivo, as implicações são graves, mas não consigo encontrar outra explicação. Além disso, sabemos hoje que os atlantes estavam familiarizados com o magnetismo do Sol e o ciclo de manchas solares, coisa que só se pode detectar com telescópios e talvez outros aparelhos. E, o que é mais, é necessário um relógio de alta precisão para calcular o período orbital de Vênus e da Terra, bem como para determinar a posição do observador na superfície terrestre, do contrário não se faz nenhum mapa acurado. E eles fizeram tudo isso! A essa altura, fiquei completamente maluco. Começara tentando provar que as profecias dos antigos eram resultado de simples mensurações. Mas agora chegara a um beco sem saída. Não encontrava solução para o que quer que tentasse, nem mesmo após dias e dias de pesquisa. Minha perplexidade era total! Resolvi, pois, não insistir nessa questão aparentemente insolúvel e continuar trabalhando com meus cálculos anteriores. Eis o que encontrei. Subtraí os "Números Sagrados" dos egípcios das séries numéricas prévias e o resultado foi:

38.880 − 1.440 = 37.440 (1.440 x 26 = 37.440)
39.420 − 1.460 = 37.960 (1.460 x 26 = 37.960)
39.447 − 1.461 = 37.986 (1.461 x 26 = 37.986)

Eu estava, sem dúvida, na pista certa. Para começar, observe bem o número do meio: era um número importantíssimo para os maias! Todo especialista nessa cultura ficaria excitado ao contemplá-lo, como eu fiquei. A tabela de Vênus no Códice de Dresden nos dá uma visão clara do calendário ritual maia, que mostra as posições de Vênus no céu. Essa tabela se refere a 65 ciclos de 584 dias, o que dá um resultado de 37.960 dias, igual a 146 do número total de ciclos de 260 dias do calendário maia e a 104 dos anos solares maias de 365 dias. Poderia haver prova mais convincente que essa? Decidi ir adiante na pesquisa e logo deparei com o que se segue:

37.960 − 37.440 = 520
37.986 − 37.960 = 26

Ambos os resultados são muito importantes. Eles mostram o número que deve ser subtraído de ciclos solares excepcionais a fim de se obter a duração de ciclos normais e longos. (Ver capítulo 24, "A Decifração do Códice de Dresden", à frente.) Não bastasse isso, descobri outro número que já utilizara para decodificar o programa de computador referente ao desastre de 2012. É preciso dividir o número de dias entre as catástrofes anterior e futura pelos números mencionados acima. O resultado será:

4.249.440 ÷ 37.440 = 113,5
4.308.460 ÷ 37.960 = 113,5
4.311.411 ÷ 37.986 = 113,5

113,5 x 104 = 11.804 = o tempo entre as catástrofes anterior e futura.

Eu quis então mostrar que os mesmos números podem ser usados repetidamente. Satisfeito com as minhas descobertas, decidi continuar trabalhando com os números citados acima. Dividi o número do Códice de Dresden, referente à inversão do campo magnético, por minhas séries:

1.366.560 ÷ 37.960 = 36
1.366.560 ÷ 37.440 = 36,5

O resultado, de novo, combina perfeitamente; 36 e 36,5 equivalem a 360 e 365 dias. Esperando pelo melhor, dividi os números referentes ao ciclo de manchas solares pelos acima mencionados. Observe bem o curioso resultado:

68.328 ÷ 37.960 = 1,8
68.302 ÷ 37.440 = 1,8243055555

Subtraia os dois números e obterá 0,0243055555.

Se você subtrair a série numérica 55555, o resultado será simplesmente 243! Não pode ser mera coincidência. Acredite-me: isso foi inserido no esquema de propósito!

18
NOVAS DECIFRAÇÕES DO NÚMERO 576

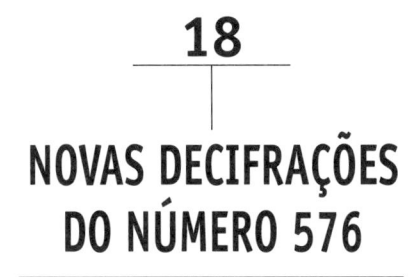

Alguns cálculos simples mostram a relação entre a duração da catástrofe anterior e nosso importante número de código:

11.520 ÷ 576 = 20

O número vinte aparece regularmente na cultura maia e também em meus cálculos. Por exemplo, a cada vinte anos os maias jogavam fora seus utensílios de cozinha e substituíam-nos. Não o faziam, é claro, por brincadeira. Seguem-se outros cálculos bem definidos baseados nesse ciclo:

18 x 20 = 360
360 x 20 = 7.200
7.200, para os maias, é um *Katun* e 360, um *Tun*.

Outra referência importante é o Tonalamatl:

13 x 20 = 260

E as coisas não param por aí. Pode-se encontrar o número vinte nos cálculos do magnetismo solar: 68.328 x 20 = 1.366.560 = número de código do Códice de Dresden para o ciclo de manchas solares maia.

68.302 x 20 = 1.366.040 = número referente ao vigésimo ciclo, no qual o ciclo de manchas solares sofre uma inversão polar. Todos esses números nos revelam, com a maior clareza, a fonte do número vinte. Caso você ainda não acredite em mim, divida 576 por 50 dias invisíveis e o resultado será:

576 ÷ 50 = 11,52

Se multiplicar esse resultado por mil, obterá o intervalo exato da catástrofe anterior! De novo, as coisas não param por aí. Apanhe o meu último livro e leia o capítulo sobre o Zodíaco, examinando a duração de seus diferentes signos. Ali você encontrará o número 576 duas vezes no cálculo da catástrofe anterior, no começo e no fim! Isso indica que Vênus – astronomicamente – nos mostra um certo código. Já o descobrimos antes, bem como um segundo. Os egípcios, com efeito, faziam tudo em duplicata e os habitantes da Atlântida provavelmente agiam da mesma maneira. Como poderia ser diferente? Parecia-me óbvio que eu tinha de ir à cata de novos códigos.

Restavam ainda os oito dias durante os quais Vênus desaparece por trás do Sol. Quando multipliquei oito pelos pequenos "Números Sagrados" dos maias e egípcios, obtive o número da mudança do Zodíaco e o do período orbital de Vênus. Agora sei que ambos os números se referem a Vênus:

72 x 8 = 576
73 x 8 = 584

De novo, lá estava a prova de que os códigos se inter-relacionavam. O período de oito dias durante os quais Vênus desaparece por trás do Sol indica que o Sol e Vênus estão estreitamente associados. Vênus faz referência às inversões anteriores do campo magnético do Sol e, também, à que está por vir – violentíssima e que avassalará a Terra.

Encontrei também outra conexão: Vênus perfaz treze órbitas ao redor do Sol em oito anos. Eis outra referência notável aos números já conhecidos.

13 x 8 = 104. Cento e quatro é um número maia muito importante, visto acima.

Depois de fazer todas essas descobertas surpreendentes, uma após outra, interrompi a tarefa. Graças ao raciocínio lógico e a uma persistência obstinada, eu encontrara diversos códigos nos cálculos do intervalo entre os cataclismos. Ninguém o poderá negar: as conexões são por demais óbvias. Assim, retomei o trabalho. Examinei mais de perto o número do período orbital de Vênus (= 225). Haveria alguma conexão com o nosso número maior? A resposta veio de uma simples subtração:

576 – 225 = 351

Isso nem sequer necessita de mais esclarecimento. Eu usara o número 351 várias vezes, para deslindar outros códigos. Chegara a ele por raciocínio lógico: é igual a 117 x 3. Por isso, resolvi continuar trabalhando com o número 225.

25.920 ÷ 225 = 115,2

De novo, obtinha a duração da catástrofe anterior. Pergunto aos céticos: será isso mera coincidência? Outras adições e subtrações resultaram em:

243 − 225 = 18
225 + 243 = 468 = 26 x 18 = 13 x 36

Você pode perceber de imediato onde os maias foram encontrar seus números básicos 18 e 13. Eles provêm de Vênus! Isso me encorajou a prosseguir durante algum tempo e deparei com algumas semelhanças maravilhosas.

468 + 18 = 486 (27 x 18 = 486)
486 − 18 − 450

Os dois números se referem, separadamente, a um número de código.

486 ÷ 450 = 1,08

Eu já encontrara o número 108, de modo que esse resultado era simples confirmação. O próximo surgiu do seguinte cálculo:

25.920 ÷ 450 = 57,6

Aí está, novamente, nosso glorioso número 576! Não pense o leitor que eu esteja querendo lhe impingir coisa alguma; a continuação da pesquisa confirmou tudo. Os números 18 e 13 são importantíssimos. E você pode facilmente encontrá-los outra vez.

351 = 13 x 27
486 = 18 x 27

Eis outro número que redescobri, associado à inversão do campo magnético do Sol:

351 − 18 = 333
576 − 243 = 333
333 = 37 x 9

O campo magnético polar do Sol completa uma órbita em 37 dias. Provei que isso estava correto da seguinte maneira:

576 ÷ 243 = 2,37037037

Também o número 486 se refere à inversão do campo magnético:

11.520 ÷ 486 = 23,7037037037

Posso agora mostrar que os números 24, 5 e 184 são importantes:

106,6666 x 243 = 25.920
106,6666 x 225 = 24.000
106,6666 x 486 = 51.840

E, o que é mais: 576 x 9 = 5.184 (a multiplicação por nove é usada várias vezes).

19
O CÓDIGO VENUSIANO DO ZODÍACO

Dois dias depois resolvi examinar de novo, meticulosamente, o código do Zodíaco. Outros códigos tinham de ser descobertos. A lógica não permitia ignorá-lo. Como você sabe, só existem quatro períodos cronológicos possíveis no Zodíaco: 2.592, 2.304, 2.016 e 1.872 anos. Multipliquei-os por 36 e dividi-os pelo número de código de Vênus:

2.592 x 36 = 93.312 ÷ 576 = 162
2.304 x 36 = 82.944 ÷ 576 = 144
2.016 x 36 = 72.576 ÷ 576 = 126
1.872 x 36 = 67.392 ÷ 576 = 117

Reconheci imediatamente três números que já vira: 162, 144 e 117. O 126 me era desconhecido. Talvez pudesse usá-lo em outra ocasião. Ou então ele não significava nada, porquanto o número 576 (72.576) figurava no resultado. Fiz alguns cálculos simples:

162 – 144 = 18
144 – 126 = 18
126 – 117 = 9

Quando somei esses três números, o resultado foi 45:

18 + 18 + 9 = 45 = o número total de *bits* divergentes num ciclo de manchas solares de 68.302 dias.

Até aí, tudo caminhara bem. Então continuei na senda mais fácil. Eis os meus cálculos seguintes:

162 ÷ 18 = 9
144 ÷ 18 = 8
126 ÷ 9 = 14
117 ÷ 9 = 13

O povo da Atlântida sempre trabalhou com séries numéricas. Não tardei a encontrar a conexão.

9 x 8 = 72
14 + 13 = 27

Os mesmos inteiros apareciam em 72 e 27, mas invertidos.
A multiplicação resultou em: 72 x 27 = 1.944.
As extensões de tempo do Zodíaco divididas por esse número são:

2.592 ÷ 1.944 = 1,333333
2.304 ÷ 1.944 = 1,185185
2.016 ÷ 1.944 = 1,037037
1.872 ÷ 1.944 = 0,962962

A série 1,333333 fez-me pensar no importante número 0,33333. Eu conhecia o 37, por isso continuei calculando:

0,333333 ÷ 37 = 0,009009
0,185185 ÷ 37 = 0,005005
0,962962 ÷ 37 = 0,026026

Refleti longamente sobre esses números. Pareciam bem bonitos. Devia haver mais coisas por trás deles! E logo encontrei a resposta:

9 x 5 = 45 (já descoberto)
26 x 45 = 1.170
26 x 5 = 130
26 x 9 = 234

Umas poucas subtrações aprofundaram a compreensão:

1.170 − 130 = 1.040
234 − 130 = 104
1.040 − 104 = 936

Lá estava eu de novo frente a frente com o número 936! Logo você perceberá por que os antigos utilizaram-no separadamente no número de código do Zodíaco.

O ciclo de manchas solares dos maias

Deparei com o número 8.424, algumas vezes, na matemática dos maias. Uns poucos cálculos rápidos forneceram a relação:

8.424 ÷ 117 = 72 72 x 36 = 2.592 = a maior duração de uma era zodiacal
8.424 ÷ 162 = 52 52 x 36 = 1.872 = a menor duração de uma era zodiacal

O número 8.424 se relaciona com o número grande da inversão magnética dos maias, que você pode encontrar no Códice de Dresden:

8.424 x 162,2222 = 1.366.560

Os números básicos para se chegar a isso são 26 e 37. Decidi usá-los para a maior e a menor duração das eras do Zodíaco:

2.592 x 26 = 67.392

Adicionando 936 a esse resultado, obtive o número pequeno da inversão magnética:

67.392 + 936 = 68.328 = o ciclo de manchas solares dos maias

Em seguida, multipliquei a duração mais curta do Zodíaco por 37 e obtive: 1.872 x 37 = 69.264. Subtraí 936 e de novo me deparei com o ciclo de manchas solares dos maias: 69.264 – 936 = 68.328. Isso, sem dúvida, não podia ser nenhuma coincidência. E logo descobri por que: 936 x 20 = 18.720.

Esse não é apenas um número maia "sagrado", mas – dividido por dez – refere-se à duração mais curta no Zodíaco. Só por curiosidade, dividi os números zodiacais já utilizados por 72 e cheguei a um resultado muito interessante:

2.592 ÷ 72 = 36
1.872 ÷ 72 = 26
26 x 36 = 936!

Como você vê, os mesmos números reaparecem sempre.

A decodificação do número 720

Depois de descobrir isso, encontrei logo novas conexões. Para começar, a série que eu já obtivera no começo:

2.592 ÷ 162 = 16
2.304 ÷ 144 = 16

2.016 ÷ 126 = 16
1.872 ÷ 117 = 16

Antes, eu obtivera o número 45 na mesma série, por isso multipliquei-o por 16: 45 x 16 = 720, que é a diferença entre as durações maior e menor do Zodíaco: 2.592 – 1.872 = 720!

Outra seqüência confirmou essa notável descoberta para além de qualquer dúvida:

2.592 ÷ 45 = 57,6   57,6 – 51,2 = 6,4
2.304 ÷ 45 = 51,2   51,2 – 44,8 = 6,4
2.016 ÷ 45 = 44,8   44,8 – 41,6 = 3,2
1.872 ÷ 45 = 41,6

6,4 + 6,4 + 3,2 = 16!

Eu podia provar isso também de outra maneira (veja no começo):

2.592 ÷ 18 = 144   144 – 128 = 16
2.304 ÷ 18 = 128
2.016 ÷ 9 = 224   224 – 208 = 16
1.872 ÷ 9 = 208

Se você dispuser esses números em outra ordem, terá:

224 – 128 = 96   96 – 80 = 16
224 – 144 = 80
208 – 128 = 80   80 – 64 = 16
208 – 144 = 64

O último número, 64, é igual a 4 x 16. Eu já encontrara uma série de 4 x 16 e, por isso, multipliquei 64 por 45:

64 x 45 = 2.880

Esse devia ser um número especial. Observando-o mais atentamente, descobri o que se segue:

2.880 – 720 = 2.160 x 12 = 25.920
2.880 + 720 = 3.600 x 7,2 = 25.920

Quando dividi o período entre as catástrofes anteriores por esse número, cheguei a um resultado dos mais notáveis:

11.520 ÷ 2.880 = 4

Uma multiplicação pelos vários calendários resultou nos "Números Sagrados" dos egípcios:

4 x 360 = 1.440
4 x 365 = 1.460
4 x 365,25 = 1.461

Um cálculo simples com o número 64 confirmou-o: 11.520 ÷ 64 = 180. 18 é um número usado em diversos cálculos: 18 x 1.440 = 25.920.

O ciclo de precessão resultante do cálculo com 576

Uma breve pesquisa da série antes descoberta deu o seguinte resultado:

576 x 162 = 93.312   93.312 − 82.944 = 10.368
576 x 144 = 82.944   82.944 − 72.576 = 10.368
576 x 126 = 72.576   72.576 − 67.392 = 5.184
576 x 117 = 67.392

10.368 + 10.368 + 5.184 = 25.920 = ciclo da precessão

Já vimos antes a relação com Vênus; chegara a hora de examinar melhor seu período orbital. Como você sabe, os maias usavam dois números para o ciclo sinódico de Vênus: o "Número Sagrado" 584 e o valor mais preciso 583,92. Depois desse período, o planeta se posiciona exatamente no mesmo ponto do céu. Se você subtrair os dois números, obterá uma diferença de 0,08 dia. A pesquisa meticulosa oferece um importante resultado. Os leitores atentos não ignoram que o número 117 já foi multiplicado por 584. Isso fornece um ciclo de manchas solares dos maias um pouco maior. Se multiplicarmos 117 por 0,08, teremos 9,36, um número bastante especial que já utilizei antes. Com ele, pude provar algumas teses importantes. Por exemplo, se você dividir o supernúmero maia do magnetismo solar por 936, chegará ao "Número Sagrado" dos egípcios. Não pode ser coincidência que ele reapareça aqui! Consegui decifrar vários códigos graças a esse número. Semelhanças tão intrigantes são óbvias demais para que as ignoremos. Além disso, mencionei os números 117 e 936 no capítulo sobre o número 666. Eles se referem ao período entre a catástrofe anterior e a próxima.

Uma fórmula para números essenciais

Prosseguindo nos cálculos, obtive outro resultado intrigante:

576 ÷ 0,33333 = 1.728

Em meu último livro, deparei com esse número diversas vezes e trabalhei com ele. Parecia o momento de usá-lo de novo. O período entre as catástrofes anteriores foi de 11.520 anos:

11.520 ÷ 72 = 160
25.920 ÷ 160 = 162
11.520 ÷ 162 = 71,1111

Isso me levou à série numérica 0,8888888, que eu já conhecia de cálculos anteriores:

72 − 71,11111 = 0,888888

Assim, o próximo passo forneceu-me o período de tempo que Vênus leva para girar sobre seu próprio eixo:

1.728 ÷ 72 = 24
1.728 ÷ 71,1111 = 24,3 (= 243)
Eis a resposta certa: 243!

O próximo resultado confirmou minha pesquisa anterior inteiramente. Cálculos prévios já haviam revelado o número 1.944, que me proporcionou pistas esplêndidas. Agora seria fácil encontrá-lo de novo:

1.728 ÷ 0,88888 = 1.944

O que resultou na seguinte evidência:

2.592 ÷ 1.944 = 1,33333
2.592 ÷ 24 = 108
2.592 ÷ 24,3 = 106,66666

Finalmente: 108 − 106,66666 = 1,3333333!

Resumo

Quando deciframos o Zodíaco egípcio, encontramos o ciclo de manchas solares dos maias, o que nos conduz automaticamente ao número alusivo à quantidade de *bits* divergentes num ciclo. Também outros números de decodificação, como 1.944, 1.728, 67, 392 e 936 aparecem no Códice de Dresden. A decifração prova que os maias e os egípcios tinham uma origem comum.

20

O CICLO SÓTICO, O ZODÍACO E A NOSSA CRONOLOGIA

Descobri uma pista interessante para o ciclo sótico num velho livro intitulado *Élements d'Astronomie*, de 1860, escrito por Pierre Lachèze e editado por V. Palmé. Repito literalmente o que ele diz em três tópicos:

A precessão dos equinócios:

"A precessão é um fenômeno provocado pelo fato de os equinócios irem se tornando mais lentos. Assim, o Sol leva mais tempo para entrar em conjunção com a mesma estrela. Na prática, isso significa que o Sol demora mais para atingir a mesma posição no céu."

O dia solar:

"O dia solar é o tempo entre dois meios-dias sucessivos ou, em outras palavras, duas passagens sucessivas do Sol pelo mesmo meridiano. Isso dura exatamente 24 horas."

O dia sideral:

"O dia sideral ou revolução sideral é o tempo de que as estrelas precisam para perfazer uma órbita ou passar duas vezes pelo mesmo meridiano. Isso dura 23 horas e 56 minutos."

A diferença entre o dia sideral e o dia solar provoca a precessão ou a mudança do Zodíaco. Se você multiplicar a diferença de quatro minutos por cada ciclo de calendário, obterá:

365,25 x 4 = 1.461
365 x 4 = 1.460
360 x 4 = 1.440

Divida 1.440 por 60 minutos para obter o número de horas e o resultado será 24 horas (1.440 ÷ 60 = 24).

Após 365 dias, você tem vinte minutos adicionais: 1/3 de uma hora = 1.200 segundos. Um ano completo implica a diferença de 1.260 segundos, o que causa a precessão.

1.440 ÷ 60 = 24 horas
1.460 − 1.440 = 20 minutos
1.460 = 24 horas + 20 minutos (ou 1.200 segundos)
1.461 = 24 horas + 21 minutos (ou 1.260 segundos)

Após dois anos, a diferença é de:

24 x 3 = 72 horas
24 1/3 x 3 = 73 horas

E após 72 anos, a diferença sobe para:

24 x 72 = 1.728 horas
24 1/3 x 72 = 1.728 + 24 = 1.752 horas

Aqui, é importante observar bem o número 1.728. Esse número, de significado crucial, eu o utilizei em meus cálculos para decodificar o Zodíaco. Você logo saberá qual é a sua origem. Mudando-o em segundos, temos:

1.440 x 60 = 86.400
1.460 x 60 = 87.600
1.461 x 60 = 87.660

Quando divididos pelo número de dias num ano-calendário, esses resultados nos mostram um quadro bem-conhecido:

86.400 ÷ 360 = 240
87.600 ÷ 365 = 240
87.660 ÷ 365,25 = 240

Igualmente, quando divididos pelo número de graus de um círculo completo, revelam uma série que não nos é desconhecida (ver Capítulo 4).

86.400 ÷ 360 = 240
87.600 ÷ 360 = 243,3333
87.660 ÷ 360 = 243,5

Com base nesses números, você poderá redescobrir o código atlante da precessão.

243,3333 − 240 = 3,3333

3,3333 é o número de segundos que a Terra leva para se deslocar no Zodíaco em um único ano. Resolvi continuar investigando esse ponto devido à sua relação com o código zodiacal, que inclui o número 576. Se você acompanhar meu raciocínio, encontrará algumas séries já bastante conhecidas (ver Capítulo 17).

86.400 x 25.920 = 2.239.488.000 ÷ 576 = 3.888.000
87.600 x 25.920 = 2.270.592.000 ÷ 576 = 3.942.000
87.660 x 25.920 = 2.272.147.200 ÷ 576 = 3.944.700

Com base no resultado dos próximos cálculos, podemos presumir que ainda existem outros códigos. A verdadeira extensão de um calendário anual é de 365,2422 dias. Os maias optaram por 365,242. Novos cálculos resultam em:

0,2422 x 86.400 = 20.926,08
0,242 x 86.400 = 20.908,8

Quando subtraímos esses números, obtemos um código:

20.926,08 − 20.908,8 = 17,28 = um importante número de código!

Notando que o oito aparece duas vezes depois da vírgula decimal, resolvi dividir por ele os dois números:

20.926,08 ÷ 8 = 2.615,76
20.908,8 ÷ 8 = 2.613,6
2.615,76 − 2.613,6 = 2,16
216 = código da precessão! = anagrama de 261.

Contemplar o todo é ainda mais emocionante. Nos cálculos, vemos os números 576 e 36 como 5,76 e 3,6.

576 ÷ 36 = 16 (16 aparece após a vírgula decimal na terceira equação acima)

Essa descoberta prova que o povo da Atlântida podia calcular o tempo com incrível exatidão. Conseguia detectar diferenças de menos de 0,01 segundo em um ano. Eis o que se pode chamar, sem nenhuma dúvida, de astronomia superior! Assim, concluí que devia haver mais códigos ocultos: 20.926,08 segundos podem ser subdivididos em cinco horas e vários segundos. Cinco horas é igual a 18.000 segundos. A quantidade restante de segundos é:

20.926,08 − 18.000 = 2.926,08

Encontramos o número oito após a vírgula. De novo, há mais códigos a descobrir:

2.926,08 ÷ 8 = 365,76 (outra vez 36 e 576!)

O código aí oculto é: 36 x 576 = 20.736.
Se adicionarmos agora o quadrado de 72 (72 x 72 = 5.184), obteremos o número da precessão = 25.920.

Desse modo, cálculos com 72 podem ser encontrados em outra parte. Ei-los:

2.926,08 ÷ 72 = 40,64
2.926 ÷ 72 = 40,638888
40,64 − 40,63888 = 0,0011111 (11,1111 = código da precessão)
Outra prova: 72 x 24 = 1.728 e 72 x 8 = 576

A divisão por oito fornece os seguintes resultados:

2.926 ÷ 8 = 365,75
365,75 − 365,242 = 0,508
2.926,08 ÷ 0,508 = 5.760 = número de código

Nova divisão por sessenta segundos resulta num número de minutos:

2.926,08 ÷ 60 = 48,768
2.926 ÷ 60 = 48,76666
Diferença: 0,013333 = um número de código bem conhecido (1,3333 x 27 = 36). Os hindus dividiam o Zodíaco em 27 partes de 13,3333 graus!

O número restante de segundos é:

48 x 60 = 2.880
2.926,08 − 2.880 = 46,08
2.926 − 2.880 = 46

Nessa decodificação, vemos que o número maia restante – 0,08 – está faltando.

46,08 x 8 = 368,64 (os números 36 e 864 acham-se aqui ocultos)
46 x 8 = 368
46 = anagrama de 64, que aparece após a vírgula decimal
368,64 ÷ 64 = 5,76 (veja acima: 365,76)
368 ÷ 64 = 5,75 (veja acima: 365,75)

Exatidão incrível

O fato de, em diversos cálculos, ser tão impressionante a ocorrência do número oito e de o 0,08 faltar na decodificação do número maia levou-me a pensar que os antigos eram capazes de calcular com muito mais precisão do que julgávamos possível. Eliminei o número oito da casa decimal e encontrei a seguinte duração para o ano solar:

20.926 ÷ 86.400 = 0,242199074074074074

Esse valor é inacreditavelmente preciso! O valor atual, calculado com relógios atômicos e supercomputadores, é de 365,242199074.

O cômputo dos maias era de 365,242 dias. Novos cálculos resultam em:

0,242 x 86.400 = 20.908,8

Eliminando-se o número oito decimal, obtém-se:

20.908,8 – 0,8 = 20.908

Dividindo-se o resultado como acima:

20.908 ÷ 86.400 = 0,24199074074074

A semelhança com o valor atual é espantosa. Só falta o número dois, tal como no número maia em que o dois está ausente. Por esse motivo, mais códigos precisavam ser encontrados. Siga o meu raciocínio e você os descobrirá facilmente. Pule a série infinita 74:

0,24199 x 86.400 = 20.907,936 (o número 936 depois da vírgula!)
0,242199 x 86.400 = 20.925,9936

Subtraia o primeiro resultado do segundo:

20.925,9936 – 20.907,936 = 18,0576 (o número 576 depois da vírgula!)

Isso é notável porque 576 ÷ 864 = 0,66666666 = número do supercódigo!

Se você eliminar o número 576 após a vírgula e dividir dezoito por 86.400, obterá a diferença entre o valor maia e o valor real para o período da órbita da Terra em redor do Sol.

920.926 − 20.908 = 18 (números acima arredondados)
18 ÷ 86.400 = 0,00020833333
0,242199074074074 − 0,24199074074074 = 0,0002083333
18,0576 ÷ 86.400 = 0,000209 (x 100.000.000 = 20.900)
209 − 208,3333 = 0,666666

Você encontrará o número 0,6666666 no seguinte cálculo:

0,00000074074074 − 0,000000074074074 = 0,0000006666666666

Eu já usara esse número para decifrar o programa de computador da catástrofe prévia. Parece lógico que os antigos o hajam empregado, pois aqui está ele, oculto nos cálculos do período orbital da Terra à volta do Sol!

O período da órbita sideral da Terra

Para calcular o período exato da órbita da Terra em redor do Sol, usamos como valor o número 20.926. Para o valor maia, usamos o 20.908. Há uma conexão com o valor 20.900 que acabamos de decodificar:

20.926 − 20.900 = 26
20.908 − 20.900 = 8
20.926 − 20.908 = 18

Oito é um número muito especial e nós já o utilizamos nos cálculos. Multipliquemo-lo por 18 e 26:

26 x 8 = 208
18 x 8 = 144

Subtraiamos o segundo número do primeiro:

208 − 144 = 64

Obtemos também 64 fazendo a seguinte multiplicação:

0,000000074074074074 x 86.400 = 0,0064

Isso nos leva ao período da órbita sideral da Terra:

365,25 + 0,0064 = 365,2564!

Conclusões

1) Usando o ciclo sótico, podemos decodificar o período da órbita da Terra em redor do Sol. O resultado é um número incrivelmente preciso, que excede o valor atualmente aceito!
2) O número maia para o período da órbita da Terra em redor do Sol confirma a decodificação do ciclo sótico. De novo, isso prova a origem comum dos maias e egípcios.
3) Na seqüência da decodificação, fica claro que eles conheciam exatamente o período da órbita sideral da Terra. Muito me agradou poder fazer uso desse conhecimento em minhas decifrações posteriores.

Parte V

A decifração do Códice de Dresden

21
A REVELAÇÃO DOS CALENDÁRIOS MAIAS

No capítulo 5, sobre o código oculto no intervalo entre as catástrofes, você leu que o valor maia para a órbita sinódica de Vênus levou à decifração de importantíssimas mensagens atlantes codificadas. Raciocinando com base nesse ponto de partida, consegui decifrar, da mesma maneira, os números agora conhecidos e os dos maias. Os sacerdotes maias trabalhavam com um calendário bastante complexo para os ciclos de Vênus. A série de minhas descobertas começou com a informação maia de que cinco anos venusianos são iguais a oito anos terrestres. Além disso, tinha de haver uma conexão com o calendário religioso de 260 dias, ciclo que consiste numa sucessão de treze Números Sagrados mais uma série de vinte dias devidamente nomeados. O produto final de toda essa aritmética foi um Grande Almanaque de Vênus para 104 anos, que continha 54 ciclos venusianos e 146 Almanaques Religiosos. Para decifrar os códigos, comecei pela proposição maia: cinco anos venusianos = oito anos terrestres.

5 x 576 = 2.880
5 x 584 = 2.920
5 x 583,92 = 2.919,6

Multipliquemos agora os vários períodos orbitais da Terra por oito.

8 x 365,242 = 2.921,936 (o número 936 após a vírgula decimal!)
8 x 365 = 2.920
8 x 365,25 = 2.922
8 x 365,2422 = 2.921,9376
8 x 360 = 2.880

Em dois casos, os números de Vênus são iguais aos da Terra. Portanto, o que os maias afirmavam é literalmente verdadeiro. Entretanto, as correlações não acabam aqui. Subtraia o período orbital de Vênus do valor maia correspondente para a Terra:

2.921,936 − 2.919,6 = 2,336

Faça o mesmo com o período orbital exato da Terra:

2.921,9376 − 2.919,6 = 2,3376

Divida esses números por oito:

2,336 ÷ 8 = 0,292
2,3376 ÷ 8 = 0,2922

Ambos os números, como você vê, também aparecem acima! Isso prova que os maias conheciam o período exato da órbita da Terra! Novos cálculos dão o seguinte resultado:

2.921,9376 − 2.921,936 = 0,0016
2.922 − 2.921,936 = 0,064

Elimine a vírgula decimal do número acima, 2,3376, e divida-o por 64 e dezesseis:

23.376 ÷ 64 = 365,25 = período da órbita da Terra em redor do Sol
23.376 ÷ 16 = 1.461 = ciclo sótico

Repita o processo com 2.336:

2.336 ÷ 64 = 36,5
2.336 ÷ 16 = 146 (= número dos anos mágicos; ver abaixo)

A prova pode ser estendida ao ano sideral (= período de tempo do curso da Terra medido em relação às estrelas, que chega a 365,2564 dias):

8 × 365,2564 = 2.922,0512

Agora subtraia o valor de Vênus:

2.922,0512 − 2.919,6 = 2,4512

Elimine a vírgula decimal e divida o resultado, como acima, por 8, 64 e 16:

24.512 ÷ 8 = 3.064*
24.512 ÷ 64 = 383*
24.512 ÷ 16 = 1.532*

O Longo Ciclo maia:
provas esmagadoras para essa proposição

65 anos venusianos = 104 anos terrestres = 146 Anos Mágicos

Quando peguei o jeito das decifrações elementares, senti-me pronto para estendê-las aos valores maias mencionados acima. Façamos, como anteriormente, a multiplicação com os valores de Vênus:

65 x 584 = 37.960
65 x 583,92 = 37.954,8

Dois valores para a Terra dão o seguinte resultado:
365 x 104 = 37.960
365,242 x 104 = 37.985,168

O primeiro código é simples:

37.960 – 37.954,8 = 5,2

A diferença entre os períodos orbitais da Terra e de Vênus é:

37.985,168 – 37.954,8 = 30,368

Dividindo os números já bastante conhecidos, chegamos a este resultado (com eliminação da vírgula decimal):

30.368 ÷ 104 = 292 (ver o ciclo de cinco anos venusianos)
30.368 ÷ 1.898 = 16
30.368 ÷ 8 = 3.796 (x 10 = ciclo completo)
30.368 ÷ 52 = 584 (número de Vênus)

Novas correlações:

52 x 0,08 = 4,16
30.368 ÷ 416 = 73
73 x 52 = 3.796

---

*Esses códigos serão usados depois para decifrar o Códice de Dresden.

Agora multiplique o valor atual do período orbital da Terra à volta do Sol por 104:

365,2422 x 104 = 37.985,1888

Subtraia o valor maia para Vênus:

37.985,1888 – 37.954,8 = 30,3888

Elimine a vírgula decimal e amplie dez vezes o número acima – 30.368 – para que ele se torne uniforme:

303.888 – 303.680 = 208

Um primeiro cálculo demonstra a correção dessa decodificação:

30.368 ÷ 208 = 146 = anos mágicos (146 x 260 = 37.960)

Novas decodificações fornecem o seguinte:

303.888 ÷ 8 = 37.986 (= 1.461 x 26 e 37.986 – 37.960 = 26)
303.888 ÷ 208 = 1.461 = ciclo sótico
303.888 ÷ 16 = 18.993 = número de dias em 52 anos
303.888 ÷ 104 = 2.922 = (ver cinco anos venusianos = oito anos terrestres)

Tal como o cálculo anterior, este pode ser estendido ao período da órbita sideral da Terra:

365,2564 x 104 = 37.986,6656

Subtraia o valor de Vênus:

37.986,6656 – 37.954,8 = 31,8656

A divisão produz números de código:

318.656 ÷ 104 = 3.064 = número para deslindar o Códice de Dresden
318.656 ÷ 383 = 832 = 52 x 16
318.656 ÷ 208 = 1.532 = número para deslindar o Códice de Dresden
318.656 ÷ 16 = 19.916 = 52 x 383

Um ciclo maia ainda maior revela o mesmo fenômeno:

5.200 x 365 = 1.898.000 = 7.300 x 260
3.250 x 584 = 1.898.000

O código para o ano mágico

Um primeiro código confirma o ciclo de 260 dias. Substitua 584 pelo número maia correto, 583,92:

3.250 x 583,92 = 1.897.740

Subtraia esse número do valor maia conhecido:

1.898.000 − 1.897.740 = 260 = ano mágico!

Outros cálculos produzem o seguinte:

5.200 x 365,242 = 1.899.258,4
1.899.258,4 − 1.897.740 = 1.518,4
1.518,4 ÷ 8 = 189,8 (x 100 = número de dias em 52 anos segundo o ciclo maia)
5.200 x 365,2422 = 1.899.259,44
1.899.259,44 − 1.897.740 = 1.519,44
1.519,44 ÷ 8 = 18.993 = ciclo de 52 anos de 365,25 dias
1.519,44 − 1.518,4 = 1,04 = ciclo do calendário
1.518,4 ÷ 1,04 = 1.460 = ciclo sótico
1.519,44 ÷ 1,04 = 1.461 = ciclo sótico

O período da órbita sideral da Terra mostra alguns números interessantes:

5.200 x 365,2564 = 1.899.333,28

Subtraia o valor de Vênus:

1.899.333,28 − 1.897.740 = 1.593,28
159.328 ÷ 8 = 19.916 = 52 x 383
19.916 − 18.980 = 936 = número de código
1.593,28 ÷ 1,04 = 1.532 = número para deslindar o Códice de Dresden

Mais evidências para os calendários maias

Esse raciocínio é uma extensão do capítulo 14, "Números Astronômicos Incrivelmente Exatos". Os leitores atentos já sabem que Vênus não foi usado apenas para determinar o período do ciclo de manchas solares, mas também para obter um ciclo de 37.960 dias (65 x 584). Seguindo seu instinto aritmético natural, multiplicaram 65 por 0,08 e chegaram a 5,2. Assim, descobriram um código antigo: o ciclo de 52 anos. Mas leitores atentos não se contentarão com isso; quererão escavar mais fundo porque uma coisa está ligada a outra. Códigos existem para ser decifrados. Esses leitores começarão por digitar números em suas calculadoras. E quando – à maneira dos maias – multiplicarem o período da órbita da Terra em redor do Sol por 52, encontrarão o seguinte e estranho resultado: 365,242 x 52 = 18.992,584. Observando o número decimal, muitos não conterão um grito de alegria porque se trata do número 584. É o período orbital de Vênus, aparecendo de novo exatamente no mesmo lugar!

Nova decifração

Tome o período correto da órbita da Terra em redor do Sol: 365,2422 dias. A diferença em relação ao cálculo maia é de 0,0002 dia. Se você multiplicar esse valor por 52, obterá 0,0104. Eliminando-se os decimais, o resultado é 104, o que completa o ciclo. Multiplique 104 pelo número de dias do ano solar – 365 – e chegará a 37.960. Isso revela o calendário maia. Para provar que o cálculo está correto, você poderá recorrer aos números da precessão, encontrados no capítulo 14, "Números Astronômicos Incrivelmente Exatos":

5.184 x 52 = 269.568 ÷ 25.920 = 104
20.736 x 52 = 1.078.272 ÷ 25.920 = 416

Se você observar bem os dois últimos números, encontrará a prova irrefutável de que está certo: 104 + 416 = 520. Um múltiplo de 52! E aí está você diante de um número com o qual ainda não sabe o que fazer: 416. Mas logo achará a solução: 18.993 – 18.992,584 = 0,416.

Que outras revelações matemáticas nos aguardam? Examinei atentamente os cálculos prévios e não tardei a perceber que a lógica baseada nos "Números Sagrados" por assim dizer clamava para ser descoberta. Vistos a uma luz puramente matemática, os cálculos seguintes exibem uma intrigante correlação com os anteriores:

5,2 – 5,184 = 0,016
416 ÷ 16 = 26
104 ÷ 16 = 6,5

Você conhece o número 26, mas não o outro, 6,5. Que significará isso? Bem, não será necessário procurar muito. Você já deparou com o ciclo de 37.960. Agora veja! O milagre está acontecendo: 37.960 fornece três calendários, os de Vênus, Sol e Lua. Acham-se todos nesse ciclo. E os números de código 26 e 65 aí estão! Diversas conseqüências ligam-se a esses achados. A matemática dos maias e atlantes era mais avançada do que supúnhamos até há pouco tempo. Continha estruturas internas que formulavam mensagens misteriosas, mas muito bem selecionadas. Eis a fórmula resumida:

Lua: 260 x 2 x 73 = 37.960
Vênus: 104 x 5 x 73 = 37.960
Sol: 65 x 8 x 73 = 37.960

De novo, manipular os números maias faz com que tudo se encaixe. Não se esqueça: isso é apenas uma fração da trepidante jornada de descoberta de seus segredos muito bem guardados. Uma por uma, fui capaz de revelar as mensagens mais importantes. Porém, há várias outras, o que é característico de uma civilização avançada. Também a nossa as tem, como a bomba atômica, as armas secretas, os produtos patenteados, e assim por diante. Todavia, nenhuma é tão fascinante para mim quanto as de civilizações desaparecidas como as dos maias e egípcios. Elas irradiam uma fonte imensamente rica de conhecimento e é meu mais ardente desejo saber o máximo possível a seu respeito. E como poderia ser de outra forma? Seu conhecimento está intimamente ligado à catástrofe que arrasou a antiga civilização de Aha-Men-Ptah e à que ameaça fazer o mesmo conosco.

Conclusões

A partir dos códigos encontrados, é possível empreender várias outras decifrações dos números maias. O método é idêntico ao egípcio e baseia-se nos códigos de Vênus usados pelos atlantes. De um modo que surpreende, eles ilustram os números astronômicos extremamente acurados à disposição dos maias. Ainda há pouco, os pesquisadores supunham que os maias conheciam a órbita da Terra em redor do Sol até três algarismos depois da vírgula decimal. Mas as decifrações apresentaram a prova irrefutável de que eles também calcularam a quarta casa! Além disso, conheciam o período da órbita sideral da Terra. Tais descobertas irão revolucionar a interpretação do conhecimento dos maias. E observe-se que falo de maneira contida. Quando você observa bem a decifração, nota que o ano mágico dos maias – fonte de seus cálculos – pode ser recuperado com a ajuda do valor maia para o período sinódico de Vênus. Isso é parte essencial do todo e prova inegável para a decifração completa.

0, mi	5, ho	10, lahun	15, holahun
1, hun	6, huac	11, buluc	16, uaclahun
2, ca	7, uuc	12, lahca'	17, uuclahun
3, ox	8, uaxac	13, oxlahun	18, uaxaclahun
4, can	9, bolon	14, canlahun	19, bolonlahun

Figura 53. Principais variações dos números maias com seu equivalente na língua falada yucatec.

22
CÓDIGOS CONVERTIDOS EM SÉRIES INFINITAS

Uma vez que os maias trabalhavam com números incrivelmente grandes, decidi investigar possíveis conexões entre séries longas. O número 1.872.000 era importantíssimo para eles. Usavam-no, entre outras coisas, para a contagem regressiva até 2012. O primeiro dia foi 11 de agosto de 3114 a.C. e os 1.872.000 dias terminarão em violenta atividade tectônica em 21 de dezembro de 2012. Resolvi recorrer ao achado que mencionei em meu livro anterior. Faça o mesmo, por favor, lançando mão dos três tipos de calendário com seus múltiplos. Você usará então 1.898.000 e 1.899.300. Subtraia o ciclo longo, do Códice de Dresden, do primeiro número. Depois, subtraia os três calendários dos dois outros números correspondentes. Isso dará:

1.872.000 − 1.366.560 = 505.440
1.898.000 − 1.385.540 = 512.460
1.899.300 − 1.386.489 = 512.811

Os resultados que você obtém são iguais aos múltiplos do ciclo sótico e ao número de código 351:

505.440 = 1.440 × 351
512.460 = 1.460 × 351
512.811 = 1.461 × 351

Eis, de novo, uma conexão entre os maias e os egípcios. Três Números Sagrados dos egípcios foram convertidos no resultado. Além disso, aí está o 351, com que me deparei espontaneamente várias vezes ao decifrar o programa de computador do fim do mundo, que apontava para o ano 2012 (discutirei isso com mais vagar em meu próximo livro). Novamente, nenhuma coincidência! Examine isso sem pressa. Com a ajuda dos números conhecidos dos campos magnéticos solares, você voltará a encontrar vários códigos:

505.440 ÷ 26 = 19.440
504.440 ÷ 37 = 13.660,54054

1.994 é um número essencial para decifrar o Zodíaco egípcio e para calcular o ciclo de manchas solares. O número 13.660,54054 multiplicado por cem é praticamente igual ao ciclo superlongo do campo magnético do Sol. Mais adiante se verá que isso não é coincidência e revelará novos códigos:

1.366.054,054 − 1.366.040 = 14,054054 = número de código do Códice de Dresden

Vários outros códigos se ocultam no número 505.440. Na seguinte decifração do mencionado códice maia, os números 74 e 54 também são importantes:

505.440 ÷ 74 = 6.830,27027 = número de código do códice maia
505.440 ÷ 54 = 9.360 = número de código

Mais tarde você encontrará um delicioso joguinho numérico dos maias:

505.440 ÷ 27 = 18.720
512.460 ÷ 27 = 18.980
512.811 ÷ 27 = 18.993

Mas o jogo ainda não terminou:

505.440 x 27 = 13.646.880
512.460 x 27 = 13.836.420
512.811 x 27 = 13.845.897

Multiplique o número do Códice de Dresden e os números relacionados por dez e subtraia esses números:

13.665.600 − 13.646.880 = 18.720
13.836.420 − 13.855.400 = 18.980
13.864.890 − 13.845.897 = 18.993

Com isso você encontrou um dado importante sobre o motivo pelo qual os maias possuíam números tão longos: é que estes encerram vários códigos. Mas deixo aos "detetives" a tarefa de ir adiante. Agora vou lhe dar um exemplo de como os maias trabalhavam. Algumas linhas acima o número 351 aparece nos cálculos, fato que deve tê-lo intrigado. Com um pouco de iniciativa você conseguirá descobrir rapidamente novos códigos no ciclo de manchas solares. Divida o período dos campos magnéticos por 351:

68.328 ÷ 351 = 194,666666666
68.302 ÷ 351 = <u>194,592592592</u>
           0,074074074 (26 ÷ 351 = 0,074074074)

Nota: usarei esse formato nas séries seguintes para mostrar que, após fazer os primeiros cálculos, você deverá subtrair os resultados.

Conclusão: você encontra outra vez o número infinito 74; e, conhecendo os maias, sabe que alguns joguinhos com números devem estar ocultos nele. Novos cálculos confirmam isso:

68.328 ÷ 74 = 923,351351
68.302 ÷ 74 = <u>923,000000</u>
           0,351351

Na seqüência da busca, encontramos:

68.328 ÷ 0,074074 = 922.428
68.302 ÷ 0,074074 = <u>922.077</u>
                 351

Para maior clareza, você pode fazer o seguinte:

68.328 ÷ 0,351351 = 194.472
68.302 ÷ 0,351351 = <u>94.398</u>
                  74

Conclusão importante

O 351 relaciona-se ao ciclo de manchas solares e é um número de código importantíssimo. Aprofundarei essa questão em meu próximo livro. Como ainda há muitas conexões a descobrir, divida 351 pelo período dos campos magnéticos do Sol:

351 ÷ 26 = 13,5
351 ÷ 37 = 9,486486

Multiplique os resultados pelo número de graus que os dois campos atravessam num dia, mas na ordem inversa:

13,5 x 9,729729730 = 131,351351 (= série de 0,351351 encontrada acima)

9,486 x 13,8461538 = 131,351351

Divida um círculo completo (360°) por esse número:

360 ÷ 131,351351 = 2,74074074 (= número de código)

As seguintes divisões também são iguais a essa fração:

962 ÷ 351 = 2,74074074 (962 = 26 x 37)
74 ÷ 27 = 2,74074074

Portanto, há uma relação entre 351 e o magnetismo solar. Além disso, os números 74 e 27 são importantes, conforme você já sabe. De novo, tudo se encaixa à perfeição.

O cálculo seguinte prova a importância do número fracionário:

18.720 ÷ 2,74074074 = 6.830,27027027

Multiplique o resultado por dez e terá, com exatidão incrível, o ciclo de manchas solares. Mais tarde ficará claro que há um código oculto nesse número:

68.302,7027027 − 68.302 = 0,7027027 = número de código

A inversão do campo magnético do Sol

Eis uma prova extremamente importante!

Se você multiplicar os múltiplos encontrados do ciclo sótico pelo número de código que acabamos de determinar, obterá:

505.440 x 2,74074074 = 1.385.280
512.460 x 2,74074074 = 1.404.520
512.811 x 2,74074074 = 1.405.482

Veja! 1.405.482 = 3.848 anos de 365,25 dias = inversão do campo magnético do Sol!

Outra vez encontramos uma correlação com os Números Sagrados dos egípcios:

1.385.280 = 1.440 x 962
1.404.520 = 1.460 x 962
1.405.482 = 1.461 x 962

Portanto, a inversão é igual a:

1.405.482 = 1.461 x 962 = ciclo sótico x 962

Em 3.848 anos, o campo magnético do Sol atravessou 2.103.840° (16.071 x 130,9090909), o que é igual a:

2.103.840 = 1.461 x 1.440 = ciclo sótico x 1.440

Em 3.848 anos, a Terra atravessou 1.385.280° (16.071 x 86,197498), o que é igual a:

1.385.280 = 1.440 x 962

São os números encontrados acima!

Conclusão: *essa decifração prova a origem do ciclo sótico e de outros importantes números de código!*

Novas decifrações

Por meio de mais alguns cálculos você poderá recuperar códigos a fim de calcular o ciclo longo de manchas solares. O número infinito 74 mostra em primeiro lugar:

1.385.280 ÷ 74 = 18.720
1.404.520 ÷ 74 = 18.980
1.405.482 ÷ 74 = 18.993

Você encontrará o número do Códice de Dresden da seguinte maneira:

1.385.280 − 18.720 = 1.366.560 = número do Códice de Dresden
1.404.520 − 18.980 = 1.385.540
1.405.482 − 18.993 = 1.386.489

Continue brincando, pois ainda há outras correlações a descobrir. Você poderá calcular a série seguinte:

1.366.560 ÷ 505.440 = 2,7037037 (os códigos 27 e 37!)
1.385.540 ÷ 512.460 = 2,7037037
1.386.489 ÷ 512.811 = 2,7037037

Outra série:

1.872.000 ÷ 505.440 = 3,7037037 (o número de código 37!)
1.898.000 ÷ 512.460 = 3,7037037
1.899.300 ÷ 512.811 = 3,7037037

Outro resultado notável é: 3,7037037 x 3 = 11,111111111. Os leitores atentos verão aí o quadrado do número da precessão!

Eis aqui, de novo, esse cálculo: 3,33333 x 3,33333 = 11,111111111. Esse número é também igual ao período médio de um ciclo de manchas solares! Em outros cálculos, ele reaparece como um número de código. Alguns cálculos simples levam ao seguinte:

512.460 − 505.440 = 7.020
7.020 x 2,7037037 = 18.980
7.020 x 3,7037037 = 26.000
512.811 − 512.460 = 351 = número de código!
351 x 2,7037037 = 949
351 x 3,7037037 = 1.300
351 x 11,1111111 = 390

Aqui você vê diversos números de código que foram usados em outros cálculos para decodificar o Códice de Dresden. Uma última série, muito especial, é a seguinte: divida o número de dias nos diversos calendários, entre a catástrofe de 9792 a.C. e a prevista para 2012, pelas séries encontradas:

4.249.440 ÷ 505.440 = 8,4074074
4.308.460 ÷ 512.460 = 8,4074074
4.311.411 ÷ 512.811 = 8,4074074
8,4074074 x 3 = 25,2222222

Divida isso pelo código do ciclo de manchas solares:

25,222222 ÷ 11,111111 = 2,27

Outra conexão impressionante prova a correção do número de dias entre as duas catástrofes:

227 ÷ 27 = 8,4074074074

227 é o número de código que usei para calcular a data final da catástrofe. Há 227 períodos de 52 anos entre os dois cataclismos (ver meu livro anterior). Você percebe não apenas o número 227, mas também o número 27 que apareceu mais de uma vez nos cálculos. De novo, um exemplo magistral de como calcular a data derradeira com a ajuda dos mesmos números! Você pode ainda encontrar o número 25,2222 de outra maneira (em meu livro anterior, descobri que o número 227 está ligado ao 117):

4.311.411 ÷ 117 = 36.849,66666
4.308.460 ÷ 117 = <u>36.824,44444</u>
                              25,22222

Ao dividir os números por sua diferença, você obtém os Números Sagrados dos egípcios:

36.849,66666 ÷ 25,2222 = 1.461
36.824,44444 ÷ 25,2222 = 1.460

Novos códigos iriam ser encontrados. Logo descobri outra conexão com o ciclo sótico, o ciclo de manchas solares e os números de código, graças aos quais é possível determinar o ciclo da precessão:

1.440 x 11,11111 = 16.000
1.460 x 11,1111 = 16.222,22222
1.461 x 11,11111 = 16.333,3333

Esses números, embora cem vezes menores, foram usados para calcular o fim de um ciclo! Dividindo o número de dias dos anos entre as catástrofes anteriores por esses números, obtemos o ciclo da precessão. Relativamente à contagem regressiva até 2012, essas divisões resultam no número 26.559, que é igual a 117 x 227 (ver meus livros anterior e seguinte). Há mais coisas a descobrir aqui, pensei. E descobri mesmo:

16.000 x 2,27 = 36.320
16.222,222 x 2,27 = 36.824,444
16.333,333 x 2,27 = 36.849,666

São os números acima! Quem ainda terá dúvidas quanto à excelência desse programa de *software*? Contudo, minha jornada de descoberta não terminara:

160 x 117 = 18.720
162,22 x 117 = 18.980
163,33 x 117 = 18.993

23
CÁLCULOS DO CICLO DE MANCHAS SOLARES

Um ciclo importante do ciclo de manchas solares

Por meio de alguns cálculos simples, você de novo encontra os números essenciais do ciclo de manchas solares:

68.302 ÷ 26 = 2.627
68.302 ÷ 37 = 1.846

Subtraia esses números: 2.627 − 1.846 = 781

781 é o número dos períodos de tempo (*bits*) que Cotterell descobriu num ciclo de manchas solares. Divida os valores acima, em ordem inversa, pelos períodos orbitais dos campos magnéticos e obterá:

2.627 ÷ 37 = 71
1.846 ÷ 26 = 71
71 x 11 = 781

Um ciclo consiste de 781 *bits*. Subdividindo,

781 ÷ 11 = 71 *bits* de 87,4545 dias

Nessa base, você poderá calcular um ciclo longo:

71 x 87,4545 = 6.209,2727

O que também é igual a:

2,3636 x 2.627 = 6.209,2727
3,3636 x 1.846 = 6.209,2727

Partindo desse número, consegui decifrar o Códice de Dresden. Observando os cálculos, vemos que é um número essencial do ciclo de manchas solares. Por isso os maias o inseriram em seus códigos.

A duração dos campos magnéticos do Sol calculada com base nos ciclos de manchas solares dos maias

Os atlantes, como seus descendentes, os maias, gostavam de brincar com números. Isso ficará claro outra vez pelos seguintes cálculos. Você já viu na seção anterior que um ciclo importante se completa após 6.209,272727 dias. Ele exibe uma série infinita com o número 27. Conhecendo os maias, percebi que deveria haver algo mais com que trabalhar relativamente a esse número. Os maias empregavam dois números para o período do ciclo de manchas solares. Dividindo-os por 27, encontramos a primeira pista:

68.328 ÷ 27 = 2.530,66666666
68.302 ÷ 27 = <u>2.529,70370370</u>
     0,96296296

A diferença mostra que você está buscando o seguinte:

962 = 37 x 26

As correlações não param aí:

27 x 37 = 999

A divisão dos ciclos resulta em:

68.328 ÷ 999 = 68,396396396
68.302 ÷ 999 = <u>68,370370370</u>
     0,026026026

Vemos aqui três números importantes: 26, 37 e 396. Podemos também calcular um ciclo a partir do outro. A série infinita de 26 prova isso com mais clareza:

27 x 26 = 702
68.328 ÷ 702 = 97,333333333
68.302 ÷ 702 = <u>97,296296296</u>
     0,037037037

Se isso não for um jogo numérico brilhante, então estou completamente doido!

Os gênios matemáticos deveriam testar essas correlações aritméticas. Após alguns dias de trabalho pesado, eles terão de admitir que os maias eram de fato engenhosos! Graças a esse achado, consegui deslindar o código principal do Códice de Dresden.

Conexões matemáticas entre o ciclo de manchas solares e a precessão do Zodíaco

Já mostramos neste livro que existe uma conexão direta entre a precessão e o ciclo de manchas solares. Repito aqui os valores encontrados:

68.302 ÷ 37 = 1.846
68.302 ÷ 26 = 2.627

No caso da precessão, você já encontrou o seguinte:

25.920 ÷ 13,84615385 = 1.872 (360 ÷ 26 = 13,84615385)
25.920 ÷ 9,729729730 = 2.664 (360 ÷ 37 = 9,297297)

Há uma relação entre as diferenças dos períodos de tempo. No ciclo de manchas solares, ela é:

2.627 − 1.846 = 781

E na precessão: 2.664 − 1.872 = 792

Quando você subtrai o primeiro número do segundo, o resultado é: 792 − 781 = 11. E quando divide 781 por 11, obtém 71. De novo, chega aqui a um belo argumento:

26 x 37 = 962 e 71 x 962 = 68.302

Nada poderia ser mais perfeito. Mas sempre será para mim um enigma o porquê de aqueles danados de atlantes terem feito tudo com tamanha complexidade! Sem dúvida, conhecimento é poder e eles sabiam muito bem como camuflá-lo. Sem minha perseverança e pesquisa apaixonada, tudo isso talvez ficasse perdido para sempre.

Porém, há muito mais coisas a descobrir e você deve prosseguir nas suas investigações. Multiplique onze por 360: 11 x 360 = 3.960. Divida o número da precessão por esse resultado: 25.920 ÷ 3.960 = 6,454545. De novo encontramos uma correlação com outro número: 11 x 6,454545 = 71. Os céticos mais empedernidos não ousarão dizer que se trata de mera coincidência. Para calá-los de uma vez por todas, mostrarei outras correlações que não podem ser ignoradas.

Quando dividi o número da precessão por 792, encontrei esta série estranhíssima:

25.920 ÷ 792 = 32,727272

A repetição infinita de 72 pareceu-me um ponto de partida dos atlantes. Comecei, pois, a pesquisar. Acompanhe meu raciocínio e descobrirá o mesmo que eu. Multiplique o número de graus que o campo magnético atravessa num dia, em ordem inversa, pelo número de círculos completados após 87,4545 dias.

Substitua os círculos por dias e o resultado será:

13,84615385 x 2,363636 = 32,727272
9,729729730 x 3,363636 = 32,727272

Explicação: após 2,363636 e 3,363636 dias, os campos solares terão atravessado 32,727272° de círculo. Essa coincidência não pode ser casual. Decerto, detetives como você e eu não largamos a presa com tanta facilidade.

Outra pista: 360 ÷ 32,727272 = 11

Mais alguma reflexão resulta na solução do enigma da seguinte forma:
3,3636 x 2,3636 = 7,9504132 x 11 = 87,4545

Sem dúvida, deveria haver mais coisas por trás disso. Os brilhantes matemáticos de há milhares de anos não se furtariam a ocultar outros códigos:

7,9504132 x 13,8461538 =   110,0826439
7,9504132 x 9,72972930 =   77,35536587
                            32,72727272

Explicação: após 7,9504132 dias, aparece uma diferença de 32,727272°.

Creio que você esteja tão empenhado quanto eu em desvendar um dos maiores segredos daquela civilização perdida. A magnitude da catástrofe mundial iminente será tal que você tem de aguçar seus sentidos ao máximo. Já vimos que um campo ultrapassa o outro após 87,4545 dias. Isso se pode provar da seguinte maneira:

87,4545 x 13,8461538 = 1.210,9090909
87,4545 x 9,72972930 = <u>850,9090909</u>
                                           360

Conclusão: após 87,4545 dias, o campo equatorial completa um círculo a mais que o campo polar. Se multiplicarmos o número de graus por onze, o resultado serão números conhecidos:

1.210,90909 x 11 = 13.320
850,90909 x 11 = <u> 9.360</u>
                              3.960

A diferença de 3.960° é o número que há pouco você calculou a partir do ciclo zodiacal! Nota-se também aí um múltiplo do número 936, tão freqüentemente usado. Não podemos fechar os olhos a isso. A relação entre a precessão e o ciclo de manchas solares foi devidamente provada.

O cálculo seguinte leva à solução do Códice de Dresden. Tome os números que você encontrou acima, no ciclo de precessão, e divida-os por 36:

2.664 ÷ 36 = 74
1.872 ÷ 36 = 52
792 ÷ 36 = 22

Esses números preparam a solução do Códice de Dresden:
74 ÷ 22 = 3,363636 (período do campo equatorial do Sol)
52 ÷ 22 = 2,363636 (período do campo polar)

Mais números de código estão ocultos nos números da precessão. O ciclo de manchas solares é constituído por vinte ciclos de 68.302 dias. Multiplique esses números da precessão por vinte. O motivo para isso é que o magnetismo solar se inverte após vinte ciclos:

2.664 x 20 = 53.280
1.872 x 20 = 37.440
792 x 20 = 15.840

Subtraia o ciclo de precessão dos dois primeiros números:
53.280 – 25.920 = 27.360
37.440 – 25.920 = 11.520 = tempo entre as duas catástrofes anteriores

Ambos os resultados contêm números de código:
27 x 36 = 972
11 x 52 = 572

Duas subtrações provam nossa tese:
972 − 792 = 180
792 − 572 = 220
180 x 220 = 39.600 = número de código

Há aí outro número de código:
39 x 6 = 234 = número de código

Com mais divisões, descobrimos outros números de código:
972 ÷ 18 = 54
792 ÷ 22 = 36
54 x 36 = 1.944 = número de código

Por meio de mais alguns cálculos lógicos, descobriremos de novo outro número aparecido há pouco:
27.360 − 25.920 = 1.440
25.920 − 11.520 = 14.400
14.400 + 1.440 = 15.840 = 792 x 20

24

A DECIFRAÇÃO DO CÓDICE DE DRESDEN

O Códice de Dresden contém um número grande: 1.366.560. Centenas de códigos estão ocultos nesse número, parte dos quais se correlaciona com o magnetismo solar e o ciclo de manchas solares. Com a ajuda de Vênus, você conseguirá descobrir rapidamente um primeiro código:

1.366.560 = 2.340 x 584

Substitua 584 por 583,92, que é o valor correto para o período sinódico de Vênus. A diferença é 0,08. Multiplique-a por 2.340:

0,08 x 2.340 = 187,2

Esse é o período de um ciclo de manchas solares! Sem nenhuma dúvida, o cálculo está correto porque:

1.366.560 ÷ 187,2 = 7.300 (= 365 x 20)

E há mais:
187,2 x 365 = 68.328 = ciclo de manchas solares dos maias
68.328 x 20 = 1.366.560

Se você multiplicar 187,2 por vinte, o resultado será 3.744, um número maia conhecido. Ao mesmo tempo, você descobrirá um segundo código no cálculo com Vênus:

583,92 – 576 = 7,92

Outros cálculos revelaram que esse é um número de código quando multiplicado por cem (792). Divida o número anterior por ele e obterá:

187,2 ÷ 7,92 = 23,636363

Aqui nos deparamos com um fato importante. O número é uma mensagem codificada. E você o encontrará muitas outras vezes, apontando para a revelação do maior dos segredos maias.

Outros códigos com o número 187,2 são:

cinco anos venusianos = oito anos terrestres

187,2 x 5 = 936

187,2 x 8 = 1.497,6 = 57,6 x 26 (26 é o período de um campo magnético do Sol)

1.872 − 1.497,6 = 374,4

Volte agora ao número de código 3.744, que determinamos mais acima. Ele mostra a quantidade de anos de 365 dias implícita no supernúmero maia:

1.366.560 = 3.744 x 365

Sem dúvida, os maias conheciam o valor real da órbita da Terra em redor do Sol: 365,2422. Usavam o valor codificado 365,242. Há aí também o valor real do período sideral (órbita em relação às estrelas): 365,2564. Para simplificar esses cálculos, você deve multiplicar somente os valores após a vírgula decimal por 3.744. Assim, obterá os valores pelos quais esses números excederão o supernúmero maia:

0,242 x 3.744 = 906,048

0,2422 x 3.744 = 906,7968

0,2564 x 3.744 = 959,9616

Agora adicione o número dos ciclos de manchas solares, pois a multiplicação com o valor de Vênus gerou um número menor: 583,92 x 2.340 = 1.366.372,8 < 1.366.560.

906,048 + 187,2 = 1.093,248

906,7968 + 187,2 = 1.093,9968

959,9616 + 187,2 = 1.147,1616

Subtraia os dois primeiros valores:

1.093,9968 − 1.093,248 = 0,7488

A fim de eliminar as vírgulas decimais dos valores mais altos, multiplique-os por 10.000 e depois divida-os por 7.488:

10.932.480 ÷ 7.488 = 1.460

10.939.968 ÷ 7.488 = 1.461

11.471.616 ÷ 7.488 = 1.532

Daqui você pode extrair uma mensagem codificada:

1.532 − 1.460 = 72 (72 x 11 = 792 = número de código)
1.532 − 1.461 = 71 (71 x 11 = 781 = número de código)

Divida os valores maiores por 3.744 e 3.796 (despreze as vírgulas decimais):

1.093.248 ÷ 3.744 = 292
1.093.248 ÷ 3.796 = 288
10.939.968 ÷ 3.744 = 2.922
10.939.968 ÷ 3.796 = sem divisão exata
11.471.616 ÷ 3.744 = 3.064
11.471.616 ÷ 3.796 = sem divisão exata

Você já deparou com os quatro números acima nos ciclos de Vênus! Eles aparecem no capítulo 21. Divisões com outros números provam *irrefutavelmente* que você está na pista de algo muito importante:

1.093.248 ÷ 8 = 136.656 (x 10 = 1.366.560!)

10.939.968 ÷ 8 = 1.367.496 (= número de código de outra série = 1.366.560 + 936)

11.471.616 ÷ 8 = 1.433.952 (= 1.366.560 + 67.392) (67.392 = número de código do Zodíaco egípcio)

1.093.248 ÷ 187,2 = 584 (= 36,5 x 16)
1.093.248 ÷ 576 = 1.898 (= 36,5 x 52)

10.939.968 ÷ 187,2 = 5.844 (número de código de outra série: 365,25 x 16)

10.939.968 ÷ 576 = 18.993 (número de código de outra série: 365,25 x 52)

11.471.616 ÷ 187,2 = 6.128 (= 383 x 16)
11.471.616 ÷ 576 = 19.916 (= 18.980 + 936 = 383 x 52)

Os números 383 e 19.916 estão presentes também na decifração de 65 anos venusianos = 104 anos terrestres. Quando você observa bem os números acima, nota que há neles um número de código oculto:

1.093.248 ÷ 36,5 = 29.952
10.939.968 ÷ 365,25 = 29.952
11.471.616 ÷ 383 = 29.952

Com a ajuda desse número, você pode encontrar vários outros códigos:
29.952 = 576 x 52!
29.952 = 416 x 72 (416 = 52 x 8) = 208 x 144 = 104 x 288
      = 64 x 468
      = 36 x 832
      = 3.744 x 8 = principal número de código
      = 512 x 58,5 (512 = 64 x 8)
      = 2.304 x 13
      = 1.664 x 18
      = 1.152 x 26
      = 936 x 32
      = 288 x 104

Os números de código 8, 52 e 64 são muito claros e devem ser usados. Numa série de divisão anterior, encontramos os números 292, 288 e 2.922 (ver acima). Eles sem dúvida ocultam outro código! Dividindo-os por oito, temos:

2.922 ÷ 8 = 365,25
292 ÷ 8 = 36,5
288 ÷ 8 = 36

O último número resulta em 3.064 ÷ 8 = 383. Essa série que descobrimos (exceto o último número) contém o cálculo oculto com a quantidade de dias em diferentes valores anuais:

36 = 360 dias num ano
36,5 = 365 dias num ano
365,25 = correto

Há ainda outro código:
1.366.560 ÷ 36 =   37.960
1.366.560 ÷ 36,5 = <u>37.440</u>
                      520

Com isso você pode calcular o ciclo de manchas solares!
1.366.560 − 520 = 1.366.040 = ciclo em que há a inversão do ciclo de manchas solares = solução do Códice!

Os cálculos seguintes, em combinação com 187,2 (número de código do ciclo de manchas solares mencionado acima), fornecem:

360 x 187,2 = 67.392 (número de código do Zodíaco egípcio + 936 = 68.328)
365 x 187,2 = 68.328
365,25 x 187,2 = 68.374,8 (= 68.328 + 46,8 e 46,8 x 1.460 = 68.328)

Quando você expressa os números 288, 292 e 2.922 com a mesma quantidade de dígitos e multiplica-os por 468, os resultados são:
2.880 x 468 = 1.347.840 (= 360 x 3.744)
2.920 x 468 = 1.366.560 (= 365 x 3.744)
2.922 x 468 = 1.367.496 (= 365,25 x 3.744)

Encontrei outra série possível:
2.304 (ver acima em 29.952) = 288 x 8

2.304 é também um código muito importante no cálculo do período orbital exato da Terra em volta do Sol e relaciona-se ao período entre as catástrofes anteriores (ver capítulo 5):
288 x 8 = 2.304 x 8 = 18.432 + 288 = 18.720
292 x 8 = 2.336 x 8 = 18.688 + 292 = 18.980 (2.336 = 23.360 = número de código maia)
292,2 x 8 = 2.337,6 x 8 = 18.700,8 + 292,2 = 18.993
18.700,8 = 187 anos = ciclo de manchas solares

Eis como você poderá demonstrar que esses números básicos estão corretos e que eles se relacionam aos eventos na Atlântida e ao códice maia:
288 x 2 = 576 x 20 = 11.520 (período entre as duas catástrofes anteriores!)
292 x 2 = 584 x 20 = 11.680 (primeiro número do códice maia)
Subtraia esses números: 11.680 – 11.520 = 160

288 e 292 correlacionam-se com 360 e 365. Multiplique estes números por 11.520 e 11.680, e depois divida os resultados por 160:
11.520 x 360 = 4.147.200 ÷ 160 = 25.920 = número da precessão
11.520 x 365 = 4.204.800 ÷ 160 = 26.280 = número de código
11.680 x 360 = 4.204.800 ÷ 160 = 26.280
11.680 x 365 = 4.263.200 ÷ 160 = 26.645

Se você fizer as respectivas subtrações, encontrará de novo 360 e 365!
26.645 – 26.280 = 365

26.280 − 25.920 = 360
365 − 360 = 5
11.520 x 5 = 57.600 = Vênus
11.680 x 5 = 58.400 = Vênus
26.645 x 0,7027027 (ver adiante) = 18.723,51351 (1.872 e 0,351351, inseridos nesse resultado, são códigos)

Você já encontrou uma relação entre um ciclo de Vênus de cinco anos e um ciclo da Terra de oito anos. Por favor, reflita um pouco mais sobre isto:
583,92 x 5 = 2.919,6
365,242 x 8 = 2.921,936 − 2.919,6 = 2,336
365,2422 x 8 = 2.921,9376 − 2.919,6 = 2,3376
365,2564 x 8 = 2.922,0512 − 2.919,6 = 2,4512

Subtraia o valor sideral do valor maia. O resultado será o período entre as catástrofes:
2,4512 − 2,336 = 0,1152 (= 11.520 = período entre as duas catástrofes)
Elimine as vírgulas decimais e divida por oito:
2.336 ÷ 8 = 292
23.376 ÷ 8 = 2.922
24.512 ÷ 8 = 3.064 (código encontrado acima)

No último número, 64 (= 8 x 8) se destaca. Por isso, multipliquei-o por 64:
3.064 x 64 = 196.096

Também multipliquei os números acima por 64:
2.921,936 x 64 = 187.003,904
2.921,9376 x 64 = 187.004,0064
2.922,0512 x 64 = 187.011,2768

Esses três números se aproximam curiosamente do ciclo de manchas solares. Aqui, devemos buscar mais códigos. O primeiro é o seguinte:
187.200 − 187.003,904 = 196,096 = número de código encontrado acima!
187.200 − 187.004,0064 = 195,9936
187.200 − 187.011,2768 = 188,7232

O código está invertido. Agora o vemos na primeira série, quando antes pertencia à última. Portanto, multiplique-o em ordem inversa e converta os números em 187 anos:

187,003904 x 365,2564 = 68.304,37276
187,0040064 x 365,2422 = 68.301,75471
187,0112768 x 365,242 = 68.304,37276

Esse código revela que o ciclo de manchas solares de 187 anos conduz à solução. O número que você procura está presumivelmente entre 68.304,37276 e 68.301,75471.

A decifração do Códice de Dresden

Ele contém dois números:
1.366.560
1.364.360
Diferença: 1.366.560 − 1.364.360 = 2.200

Divida ambos os números por sua diferença:
1.366.560 ÷ 2.200 = 621,163636363
1.364.360 ÷ 2.200 = 620,163636363

A série numérica 0,1636363 corresponde a um círculo completo de 360°:
360 ÷ 2.200 = 0,163636363

A diferença entre as séries chega a:
621,163636363 − 620,1636363 = 1

1 = 1 círculo! Assim, a solução se relaciona a uma diferença de 360°!
Você já sabe o seguinte: 3,363636 círculos − 2,363636 círculos = 1 círculo de diferença. O código principal é o ciclo de manchas solares de 187,2 anos = 68.328 dias. Cotterell determinou o valor de 68.302 dias:

1.366.560 = 20 x 68.328 = código maia para o ciclo de manchas solares
O atual ciclo longo de manchas solares muda no vigésimo ciclo: 68.302 x 20 = 1.366.040.

Divida esse número por 2.200:
1.366.040 ÷ 2.200 = 620,9272727

Você conhece esse número! Já o encontrou como número de código do ciclo de manchas solares, mas então ele era dez vezes maior! Subtraia esse número do valor correspondente dos maias:

621,16363 − 620,92727 = 0,236363636

O valor real é 2,363636. Isso se pode provar da seguinte maneira:
621,16363 x 11 = 6.832,8.

Multiplique por dez:
6.832,8 x 10 = 68.328 = código maia para o ciclo de manchas solares
621,16363 x 10 = 6.211,6363

Multiplique o outro número por dez:
620,92727 x 10 = 6.209,2727

A subtração fornecerá agora o valor correto:
6.211,6363 − 6.209,2727 = 2,363636

Esse é o primeiro código principal! Após 2,363636 órbitas, um campo magnético do Sol ultrapassa o outro! Além disso, será necessário recuperar o código do outro campo: 3,363636, o que parece relativamente simples. Como você sabe, é possível encontrar os códigos multiplicando-os por três números:

999 = 27 x 37
962 = 26 x 37
702 = 26 x 27

Divida 520 por estes números:
520 ÷ 999 = 0,520520520 (série infinita com 520!)
520 ÷ 962 = 0,540540540
520 ÷ 702 = 0,740740740

Divida igualmente a última série por 2.200:
540 ÷ 2.200 = 0,245454545
740 ÷ 2.200 = 0,3363636363

A diferença entre o número dos códigos maias e o vigésimo ciclo em que o campo se inverte é de: 1.366.560 − 1.366.040 = 520

Divida o resultado por 2.200:
520 ÷ 2.200 = 0,236363636

Também esse código é dez vezes menor. Eis a prova:
740 − 520 = 220
2.200 = 220 x 10
Logo se percebe a solução correta:
3,363636 − 2,36363636 = 1 círculo de diferença

Os códigos de Vênus

Os números conhecidos de Vênus também levam à seguinte revelação:
584 ÷ 2.200 = 0,26545454 (26 + série infinita 54)
576 ÷ 2.200 = 0,26181818 (26 + série infinita 18)

Eis os códigos aí ocultos:
26 x 54 = 1.404
26 x 18 = 468

A soma e a subtração confirmam que os números estão corretos:
1.404 + 468 = 1.872 = número de código
1.404 − 468 = 936 = número de código

Portanto, precisamos investigar mais. A próxima conexão lança alguma luz sobre a antiga mensagem codificada:
54 ÷ 3,3636363 = 16,054054
1.404 ÷ 16,054054 = 87,45454545

Depois de 87,454545 dias, um campo solar ultrapassa o outro! Você chega ao mesmo resultado neste cálculo:
18 ÷ 3,363636 = 5,351351
468 ÷ 5,351351 = 87,454545

E há mais no número 5,351351:
5,351351 x 2,363636 = 12,648648
5,351351 x 3,363636 = 18

Use 5,351351 com 468. Isso é igual a:
468 = 13 x 36
468 = 18 x 26

Uma simples subtração e uma divisão fornecem dois códigos:
13 − 12,648648 = 0,351351 = número de código já encontrado (ver capítulo 22)

26 ÷ 0,351351 = 74 = usado na decifração com o número 0,351351

Código com 936:
936 = 26 x 36
936 ÷ 87,4545 = 10,7027027

Multiplique pelos períodos orbitais dos campos:
10,7027027 x 2,363636 = 25,297297
10,7027027 x 3,363636 = 36

Subtraia 25,297297 de 26:
26 − 25,297297 = 0,7027027

Quando multiplicamos isso pelo período orbital do campo equatorial, o resultado é o período orbital dos campos polares:
3,363636 x 0,7027027 = 2,363636
26 ÷ 0,7027027 = 37 = período do campo magnético do Sol nos pólos

O número de código 36 oculto nos códigos de Vênus

Você encontra esse número subtraindo os valores de Vênus determinados acima:
0,26545454 − 0,26181818 = 0,0036363636

Esse código obviamente significa alguma coisa. Se você dividir os períodos dos campos magnéticos por dez, obterá o seguinte resultado:
0,3363636 ÷ 10 = 0,033636363
0,2363636 ÷ 10 = 0,23636363

A série infinita 36 está agora posicionada tal como nos códigos de Vênus. Para chegar a isso, é necessário ajustar os outros números:
740 ÷ 10 = 74
520 ÷ 10 = 52

A subtração dos números resultantes dá 22. Se você multiplicar 22 por 36, o resultado será um código conhecido:
22 x 36 = 792 = número de código!

A solução do Códice de Dresden

Os números encontrados levam à seguinte solução:

74 ÷ 22 = 3,363636
52 ÷ 22 = 2,363636

Os números três e dois também indicam um código:

32 x 36 = 1.152 x 10 = 11.520 = período entre as catástrofes anteriores

36 é uma série infinita. Portanto, multiplique 74 e 52 por 36:
74 x 36 = 2.664 (número de código principal)
52 x 36 = 1.872 (número de código principal)

Quando você divide esses números pelo período orbital dos campos, o resultado é um número de código:
2.664 ÷ 3,363636 = 792
1.872 ÷ 2,363636 = 792

Esse número é também igual à subtração dos produtos encontrados:
2.664 − 1.872 = 792 = 72 x 11

A seguinte divisão dos produtos encontrados fornece um código adicional:
1.872 ÷ 2.664 = 0,7027027

O número maia do ciclo longo de manchas solares também produz uma série codificada:
1.366.040 ÷ 740 = 1.846
1.366.040 ÷ 520 = 2.627

Esses números mostram a relação com a precessão (ver capítulo correspondente) e, no todo, fornecem provas decisivas. Sua subtração revela um código:
2.627 − 1.846 = 781 = 71 x 11

Esta divisão fornece o mesmo valor mostrado acima:
1.846 ÷ 2.627 = 0,7027027

Outras provas:
620,92727 ÷ 0,2363636 = 2.627
2.627 x 26 = 68.302 = ciclo de manchas solares de 187 anos
620,92727 ÷ 0,336363 = 1.846
1.846 x 37 = 68.302 = ciclo de manchas solares de 187 anos

Os calendários maias

O número 1.366.560 do Códice de Dresden é igual a:
1.366.560 = 18.720 x 73
         = 18.980 x 72
18.980 = calendário maia de 52 anos com 365 dias
73 x 72 = 5.256
1.366.560 ÷ 5.256 = 260 = ano mágico

Também se pode encontrar assim esse número:
18.980 − 18.720 = 260

Você encontrará igualmente 260, como código de Vênus oculto, no ciclo de 1.898.000 dias (ver provas no início das decodificações maias). Portanto, 260 é um número especial. Tem conexões com os diversos calendários e as órbitas dos campos magnéticos do Sol:

A cada dia, o campo polar atravessa:
360 ÷ 37 = 9,729729°.

A cada dia, o campo equatorial atravessa:
360 ÷ 26 = 13,84615°.

Você já encontrou o número 0,7027027 várias vezes. Ele é igual também a:
26 ÷ 37 = 0,7027027027

O ciclo de 260 dias

O campo polar percorre 7,027027 órbitas em 260 dias. O número de graus para esse período de tempo é:
260 x 9,729729 = 2.529,729729

Com base nisso, você pode calcular assim o número de rotações:
2.529,729729 ÷ 360 = 7,027027

O campo se localiza a 0,027027027 rotação de seu ponto de partida, o que equivale ao seguinte número de graus:
0,027027 x 360 = 9,729729

Isso significa, de fato, que o campo está localizado um dia depois de seu ponto de partida ou a 9,729729°. O campo equatorial descreveu dez rotações em 260 dias (1) e se posiciona em seu ponto de partida. A seguinte decifração prova a exatidão do raciocínio:

10 – 9,729729 = 0,27027027027
7,027027 ÷ 0,27027027 = 26
7,027027 ÷ 0,027027027 = 260

Tudo isso pressupõe um código no calendário dos maias!
260 x 72 = 18.720
260 x 73 = 18.980

Multiplique isso pelo número de graus que os campos atravessam num dia e obterá os seguintes resultados:

18.720 x 9,729729 = 182.140,54054
18.720 x 13,84615 = 259.200 = número da precessão!
18.980 x 9,729729 = 184.670,27027
18.980 x 13,84615 = 262.800 = número de código!

Multiplique 72 pelo número de rotações de um ciclo em 260 dias (razão: 18.720 = 72 x 260):
72 x 7,027027 = 505,945945

Aumente esse número mil vezes para relacioná-lo aos encontrados acima, que estão em centenas de milhares. Isso mostra um vínculo com o número maia: 505.440 (= 1.440 x 351; ver capítulo 22).

Ao subtrair esse valor do encontrado acima, você obtém:
505.945,945 – 505.440 = 505,945945

O resultado é idêntico ao primeiro número; só as unidades diferem! E as coisas não ficam por aí. O número de graus que o campo atravessa em 72 dias também fornece um código:
72 x 9,729729 = 700,54054054

Divida esse número pelo anterior e poderá calcular o número de graus que o outro campo atravessa:
700,54054054 ÷ 505,945945 = 1,3846153 (x 10 = graus por dia do outro campo)

Um exame mais aprofundado do número de código descoberto leva a isto:
700,54054 ÷ 360 = 1,945945 (x 10 = 19,459459 = 2 x 9,729729)

Em 18.720 dias, o campo polar atravessa 182.140,54054°. Isso supera em 19,459459° um círculo completo. O campo equatorial está localizado em seu ponto de partida. Conclusão: o campo avança 2 x 9,729729° mais rápido que o outro. Segundo o raciocínio dos maias, você poderá descrever isso também da seguinte maneira:
720 − 700,54054 = 19,459459

Para o calendário de 18.980 dias, o resultado é:
73 x 7,027027 = 512,972972

Aqui há uma conexão com o número maia:
512.460 (= 1.460 x 351)
512.972,972 − 512,460 = 512,972972 = idêntico ao número anteriormente encontrado, exceto pelas unidades
Procedendo à decifração como antes, obtemos:
73 x 9,729729 = 710,27027
720 − 710,27027 = 9,729729

Conclusão: o ciclo de 260 dias mostra uma diferença de 9,729729° entre os campos. Depois de 18.980 dias, esse fenômeno volta a se manifestar. O calendário fornece então um ciclo de pólo solar e equador solar.

Novas decifrações do Códice de Dresden

1.366.560 = 5.256 x 260
1.366.040 = 5.254 x 260

Em 260 dias, o campo polar executa 7,027027 rotações. Após 5.256 e 5.254 vezes esse ciclo, o número de rotações é o seguinte:
5.256 x 7,027027 = 36.934,054054
5.254 x 7,027027 = 36.920

Eis uma conexão com o número maia 37.440:
37.440 − 36.920 = 520 = diferença entre os dois grandes números (1.366.560 − 1.366,040)

Outra decifração curiosa é:
36.934,054054 − 36.920 = 14,054054 = 20 x 0,7027027

Um joguinho com os números:
1.366.560 ÷ 36,363636 = 37.580,4
37.960 − 37.580,4 = 379,6 (x 100 = 37.960)

Outras pistas:

cinco anos venusianos = oito anos terrestres

18.720 ÷ 5 = 3.744 = número de código
18.980 ÷ 5 = 3.796 = número de código
18.720 ÷ 8 = 2.340
2.340 x 584 = 1.366.560
18.980 ÷ 8 = 2.372,5
2.372,5 x 584 = 1.385.540

Subtraia desse último número o calendário maia de 52 anos e obterá o principal número de código do Códice de Dresden:

1.385.540 – 18.980 = 1.366.560

Se multiplicar o número pelo outro valor de Vênus, obterá imediatamente o supernúmero:

2.372,5 x 576 = 1.366.560

Divida os calendários maias pelos valores de Vênus e multiplique os resultados por oito. Você obterá assim o ciclo maia de 260 dias:

18.980 ÷ 584 = 32,5 x 8 = 260
18.720 ÷ 576 = 32,5 x 8 = 260

A seguinte decifração também propicia um vislumbre do padrão de raciocínio dos maias:

1.366.560 ÷ 740 = 1.846,7027027
1.366.040 ÷ 740 = 1.846
Diferença: 0,7027027

Divida o supernúmero maia pelo número de rotações que o campo polar executa em 260 dias e deparará com dois números de códigos:

1.366.560 ÷ 7,027027 = 194.472

Dois números de códigos estão aí ocultos: 1.944 e 72.

1.944 = 54 x 36!
1.944 x 72 = 139.968
139.968 = 54 x 2.592 (x 10 = ciclo da precessão)
576 x 243 = número de código para descobrir códigos no ciclo da precessão (ver discussão acima)

Quando você multiplica o número de código 1.944 pelo número de rotações em 260 dias, outro código aparece:

1.944 x 7,027027 = 13.660,54054

Multiplique por cem e subtraia o valor do vigésimo ciclo onde ocorre a inversão do campo magnético do Sol:

1.366.054,054 − 1.366.040 = 14,054054 (= 20 x 0,7027027)

Um ciclo de 1.366.040 dias contém vinte ciclos de 68.302 dias!

Divida 1.944 por vinte:
1.944 ÷ 20 = 97,2

Multiplique isso pelo número de rotações em 260 dias:
97,2 x 7,027027 = 683,027027 (x 100 = 68.302,7027)

Subtraia o valor correto de um ciclo de manchas solares:
68.302,7027 − 68.302 = 0,7027027

Os maias conheciam ciclos de 52 anos. De novo, o resultado é um código:

52 x 0,7027027 = 36,54054054 (36 + série infinita 54)

Multiplique 36 por 54:
36 x 54 = 1.944
54 x 7,027027 = 379,45945
37.960 − 37.945,945 = 14,054054

Quem aprendeu a decodificar pode agora prosseguir por conta própria no esclarecimento do Códice.

25

666 – O NÚMERO DA BESTA

Um número essencial para desvendar o código maia é 22. Três outros números também se destacam: 2.664, 1.872 e 1.944. Logo que percebi isso e a importância do número 666 me dominou a mente, comecei a calcular com entusiasmo. Minutos depois já estava bem próximo da solução desse enigma milenar. Subtraia os três números acima do ciclo total da precessão e divida os resultados por 36:

25.920 – 2.664 = 23.256 ÷ 36 = 646
25.920 – 1.872 = 24.048 ÷ 36 = 668
25.920 – 1.944 = 23.976 ÷ 36 = 666 = número da Besta!

1.944 = 54 x 36 (= código do Zodíaco egípcio = código encontrado quando se desvenda o códice maia)
1.944 também é igual a 2.664 – 720

Além do número da Besta, você encontrou acima mais dois: 668 e 646. A subtração deles resulta em um número de código!

668 – 646 = 22 = código para solucionar o Códice de Dresden.

Dividindo o número da Besta por 22, necessário para desvendar o códice maia, você obtém:

666 ÷ 22 = 30,272727

Aqui você está próximo a uma solução vital, mas primeiro terá de fazer outros cálculos: 2.664 – 1.872 = 792 = número de código. Subtraindo 72 desse número, determinará a diferença entre os períodos mais longo e mais curto do Zodíaco egípcio:

792 − 72 = 720 (diferença entre os períodos mais longo e mais curto do Zodíaco egípcio)

Divida esses números por 22:
792 ÷ 22 = 36
72 ÷ 22 = 3,2727
720 ÷ 22 = 32,7272

Na subtração seguinte, substitua os números 792, 72 e 720 por seus valores correspondentes após a divisão por 22:
36 − 3,2727 = 32,7272

32,727272 = código encontrado na precessão (ver a seção do capítulo 23 intitulada "Conexões matemáticas entre o ciclo de manchas solares e a precessão do Zodíaco"). Nossa prova se completa sem demora. Com 720 e 666, temos também o resultado:
720 − 666 = 54 = número de código do códice maia
54 ÷ 22 = 2,454545 = número de código do códice maia!
666 ÷ 22 = 30,272727

Substitua os números 720, 666 e 54 por suas respectivas divisões por 22:
32,727272 − 30,2727272 = 2,454545

Você também pode descrever isso da seguinte maneira:
720 − 54 = 666!

Em outras palavras, o número 30,272727 é considerado igual ao número da Besta! Antes de prosseguir na decodificação, você precisa saber que há desvios no ciclo de manchas solares.

Ciclos divergentes no ciclo de manchas solares

O ciclo de manchas solares completo contém cinco ciclos com nove *bits* de 87,4545 dias. Isso dá um total de 45 *bits*. Há uma conexão óbvia com os egípcios e com os vários cálculos que fiz. Voltarei ao assunto mais tarde. Um ciclo de manchas solares completo é assim:

Bits em ciclos normais: 92 x 8 = 736
Bits em ciclos divergentes: 5 x 9 = 45
Número total de *bits*: 736 + 45 = 781
Período total de um ciclo de manchas solares: 781 x 87,454545 = 68.302 dias

Período total dos ciclos divergentes: 45 x 87,454545 = 3.935,454545 dias

Período total dos ciclos normais: 736 x 87,454545 = 64.366,545454 dias

Algumas observações importantes esclarecerão esse achado:

1) encontrei o número 45 em cálculos com o Zodíaco astronômico dos egípcios. Estes realmente tinham notícia dos desvios.

2) no total, há cinco ciclos com um *bit* extra. O cinco era um número importante aos olhos dos egípcios, aparecendo em seus cálculos para, entre outras coisas, o calendário. A Seção Áurea, por exemplo, determina as séries numéricas até cinco. Cinco termos são necessários para explicar um "ato de criação". Cinco é, pois, o número da Criação Eterna. Por esse motivo os egípcios o reverenciavam tanto.

3) os maias colocavam o número nove no topo de sua lista. Ele aparece também muitas vezes em meus cálculos. Veja este exemplo, tirado de um conjunto aparentemente infinito de possibilidades:

13 x 9 = 117	1.777 x 9 = 160	7.111 x 9 = 64
18 x 9 = 162	160 x 9 = 1.440	64 x 9 = 576
27 x 9 = 243	2.880 x 9 = 25.920	576 x 9 = 5.184
25,22 x 9 = 227		

A lista contém vários números que encontrei e que me permitiram descobrir a data final matematicamente determinada. Isso mostra a importância do número nove, que nos fornece um círculo completo.

Conclusão: os atlantes conheciam os ciclos divergentes e inseriram-nos, de forma magistral, em sua cultura. O número 666 nos dá uma prova decisiva dessa tese. Logo retomarei a decifração que a apoiará. Multiplique nove pelo período dos campos magnéticos do Sol:

9 x 3,363636 = 30,272727 = número correspondente ao da Besta!

9 x 2,363636 = 21,272727

Segundo o raciocínio dos maias, deveria haver o máximo possível de códigos. A próxima conexão se encaixa perfeitamente nesse esquema mental:

21,272727 + 2,454545 = 23,727272 = anagrama de 32,727272

32,727272 − 23,727272 = 9 = desvio no ciclo de manchas solares

Multiplique os números encontrados por 22 e obterá novas correlações matemáticas:

21,272727 x 22 = 468 (666 − 180 = 468)
23,727272 x 22 = 522 (666 − 144 = 522)
180 + 144 = 324 = anagrama de 243
522 − 468 = 54 = anagrama de 45
324 − 54 = 270 = número de código = anagrama de 72

Você já sabe que existe uma correlação com os nove círculos divergentes de um ciclo de manchas solares. Quando comecei a refletir sobre isso, já havia descoberto um código oculto:

32,727272 − 2,454545 = 30,272727

Multiplique os números após a vírgula decimal por nove:

72 x 9 = 648 = anagrama de 468
45 x 9 = 405 (45 = número de *bits* divergentes no ciclo de manchas solares)
27 x 9 = 243 = código para recuperar seus números codificados = correlacionado ao número da Besta!

Pela simples subtração dos números correspondentes, você pode provar que este cálculo é superimportante: 648 − 405 = 243. O resultado está correto!

Conclusão: a descoberta do número da Besta leva ao número 243, essencial para deslindar novos códigos. O número 243 é igual ao período de rotação de Vênus. Em primeiro lugar, você será capaz de recriar os seguintes códigos:

666 ÷ 243 = 2,74074074 (ver capítulo 22)
666 − 243 = 423 = anagrama de 243
423 − 243 = 180
666 − 180 = 468 = número encontrado acima (relacionado a Vênus: 468 − 243 = 225 = período orbital de Vênus ao redor do Sol)

O Códice Maia é parcialmente desvendado com os números 36,5 e 36. Se você, primeiro, multiplicar 36,5 pelo número da Besta, encontrará uma nova mensagem codificada:

36,5 x 666 = 24.309

Aqui, destacam-se 243 e nove. Isso significa um código porque 243 e nove têm relação com 666:

243 ÷ 9 = 27

Multiplique 36 pelo número da Besta e divida o resultado por nove, conforme indica o código encontrado acima:

36 x 666 = 23.976

23.976 ÷ 9 = 2.664 = número de código

Divida 243 por 22, número necessário para deslindar o Códice Maia:

243 ÷ 22 = 11,0454545

Divida isso por 2,4545, um número de código do Códice Maia:

11,0454545 ÷ 2,454545 = 4,5 = 45

O número total de ciclos divergentes é cinco, constituído de nove *bits*: 45. Agora tentaremos provar que essa proposição está correta. 45 = 5 x 9 e 243 se relaciona a nove. Multiplique por cinco:

243 x 5 = 1.215 = 45 x 27

Divida por isso o número da precessão:

25.920 ÷ 1.215 = 21,3333333 = número de código

Há cinco ciclos divergentes de nove *bits*. Multiplique os valores antes encontrados para os nove *bits* por cinco:

5 x 30,272727 = 151,363636

5 x 21,272727 = 106,363636

151,363636 − 106,363636 = 45

Diferença: 45 círculos

45 x 360 (um círculo tem 360°) = 16.200 = número de código

Outra prova: multiplique os valores que precedem a série infinita 36:

151 x 36 = 5.436

106 x 36 = 3.816

Subtraia esses dois valores:

5.436 − 3.816 = 1.620

Divida o número da precessão pelo resultado:

25.920 ÷ 1.620 = 16

Divida o número de código mencionado acima por dezesseis:

21,33333 ÷ 16 = 1,3333 = número de código

Divida o número da precessão pelos 45 *bits* do total:
25.920 ÷ 45 = 576

Divida esse número de Vênus pelo número de código encontrado acima. Os resultados serão notáveis:
576 ÷ 1,333 = 432
432 ÷ 1,333 = 324
324 ÷ 1,333 = 243

Observe que os três últimos resultados, 432, 324 e 243, compreendem os mesmos inteiros, dispostos em várias ordens!

Um ciclo de manchas solares normal tem oito *bits*:
8 x 3,363636 = 26,90909 (26 x 9 = 234)
8 x 2,363636 = 18,90909 (18 x 9 = 162)

Por meio de alguns cálculos simples, você descobrirá novos números de código, que provam o acerto destas operações:
234 + 162 = 396 = número de código
234 x 162 = 37.908

Este último número corresponde ao ciclo maia de 52 anos:
37.960 – 37.908 = 52

Seis ciclos de oito *bits* (6 x 8 = 48) formam um ciclo importante:
6 x 26,90909 = 161,4545
6 x 18,90909 = 113,4545
Outros códigos:
6 x 26 = 156
6 x 18 = 108
156 – 108 = 48

O número total de *bits* é 48. De novo, mais códigos estão aí ocultos:
48 x 36 = 1.728 = número de código
48 x 45 = 2.160 = número de código

Conclusões:

• O número 666 refere-se a um desvio essencial no ciclo de manchas solares.

• A decifração nos põe diante de vários outros números de código muito importantes em outras séries.

Apêndice

Cálculos do capítulo 4

A divisão dos primeiros códigos leva ao número de código 1.728, o que também será encontrado na decifração do Zodíaco egípcio (ver meu livro anterior). Lembre-se de que a unidade não tem importância. Os antigos usavam repetidamente os mesmos números de código em todos os seus cálculos:

4.207.680 ÷ 243,4999 = 17.280
4.204.800 ÷ 243,3333 = 17.280
4.147.200 ÷ 240 = 17.280

Você descobrirá o número 0,6666 da seguinte maneira:
17.280 ÷ 25.920 = 0,6666

Se você multiplicar 17.280 por 0,6666, obterá 11.520 (período entre as catástrofes!). Mais tarde ficará claro que o número 17,28 é um código importante para calcular o período exato da órbita da Terra ao redor do Sol com até doze algarismos decimais! Além disso:

17.280 x 3 = 51.480 = um importante número de código que você reencontrará diversas vezes

Novos cálculos com o número 0,66666

Se você continuar calculando com base nos números já encontrados, descobrirá muitos outros "Números Sagrados". E, para tanto, deverá empregar a série 0,6666:

162,3333 x 0,6666 = 108,2222
162,2222 x 0,6666 = 108,148148
160 x 0,6666 = 106,666666 = importante número de código (ver capítulo 17, "Vênus, a chave de todos os mistérios").

Temos aqui o número 108, vital para a decifração do Zodíaco egípcio. Ele está diretamente relacionado ao número de código 106,6666:
11.520 ÷ 108 = 106,6666

Tomando o número da precessão e 106,666, você encontrará de novo o número 243, referente à órbita axial de Vênus:
25.920 ÷ 106,6666 = 243

Se multiplicar a série encontrada acima por 0,6666, deparará com o número 72:
108,2222 x 0,6666 = 72,148148
108,148148 x 0,666 = 72,0987654320987654320 (após a vírgula: escala decimal, exceto pelo número um!)
106,6666 x 0,6666 = 71,111111 = número de código (ver, de novo, o capítulo 17)

No número do meio, todos os algarismos da escala decimal aparecem após a vírgula, exceto o um! Isso significa que o número 72 é crucial. Além disso, você já provou ser capaz de encontrar os importantes números de código de Vênus com base no número 72. Sem dúvida, isso não é nenhuma coincidência. Mostra quão incrivelmente meticulosos eram os antigos em seus cálculos. A seguinte operação o demonstra:
72 − 71,11111111 = 0,8888888 = importante número de código dos egípcios

Além do mais, 1,11111 x 1,1111111 = 1,234567912345679, onde não se vê o número oito! Na verdade, temos aqui um caso de inter-relação de uma série completa de números de código!

Cálculos do capítulo 5

Multiplique o período entre as catástrofes anteriores pela órbita da Terra em volta do Sol, de acordo com os valores maia e atual:
11.520 x 365,242 = 4.207.587,84
11.520 x 365,2422 = 4.207.590,144

Se você quiser entender a decifração do código, lance um olhar aos números. A partir daí, poderá continuar o trabalho. Terá de subtrair o valor codificado de Vênus, encontrado acima, desses números:

4.207.590,144 − 4.204.224 = 3.366,144
4.207.587,84 − 4.204.224 = 3.363,84 = valor maia

A diferença entre os resultados é:
3.366,144 − 3.363,84 = 2.304

Se você dividir ambos os resultados por essa diferença, obterá o ciclo sótico! E saberá de imediato por que esse ciclo era tão respeitado pelos egípcios. Trata-se, com efeito, de um elemento essencial para calcular a data da catástrofe prévia:

3.366,144 ÷ 2.304 = 1.461
3.363,84 ÷ 2.304 = 1.460

Com o valor maia encontrado acima, você provará que isto está correto: 3.363,84 ÷ 576 = 584!

Essa evidência é indiscutível matematicamente porque não se pode conceber tamanho grau de coincidência. E a razão é que o número maia "sagrado" da órbita da Terra em volta do Sol aparece no cálculo: 3.363,84 = valor maia do intervalo entre as catástrofes anteriores = órbita codificada de Vênus!

Nota: Estude essa decifração com o máximo cuidado. Você conseguirá decifrar os calendários maias e o Códice de Dresden exatamente da mesma maneira!

Cálculos do capítulo 10

Sírius, a Grande Pirâmide e o número 27

Divida os respectivos períodos de tempo entre as catástrofes anteriores por 27:

4.249.440 ÷ 27 = 153.600
4.308.460 ÷ 27 = 155.733,3333
4.311.411 ÷ 27 = 155.840

O leitor atento logo notará uma primeira conexão. Números de código se acham ocultos no primeiro e no último número: 360 e 584, referentes a um círculo de 360° e à órbita de Vênus. No meio, está o código da precessão: 0,333333. Isso também não pode ser coincidência; é algo mais. Agora veja: quando você subtrai o segundo número do terceiro, o elemento que resulta é importante para deslindar os códigos. Já o descobri em cálculos anteriores:

155.840 − 155.733,3333 = 106,666666 = número de código

Outro número que reaparece sempre é o seguinte:
155.733,3333 − 153.600 = 213,33333 = número de código

Partindo desse número, podemos resolver o enigma do esquema de cálculo dos antigos. Além disso, deparamos com diversos números ocultos nas pirâmides, inclusive os ângulos de 72° e 144°:

153.600 ÷ 213,3333 = 720
153.600 ÷ 106,6666 = 1.440

Finalmente, pode-se calcular o ciclo sótico a partir do período entre as catástrofes:
11.520 x 365,25 = 4.207.680 ÷ 106,666 = 39.447

Divida esse número por 27 e obterá:
39.447 ÷ 27 = 1.461!

Cálculos do capítulo 12

Prova de 315 declinações no ciclo de manchas solares entre a catástrofe anterior e a próxima

Essa tese pode ser demonstrada por meio do período entre as catástrofes. Multiplique 315 por 37,44: o resultado será o período de acordo com o cálculo dos maias.

315 x 37,44 = 11.793,6 anos

Aqui você tem dois números que foram usados muitas vezes pelos maias: 117 e 936. Esclareci que o número 117 era um valor de código em meu livro anterior, *O Código de Órion*. Os maias dividiram esse número pelo período entre a catástrofe anterior e a próxima, obtendo 11.804 anos:

11.804 ÷ 117 = 100,88888 = número de código

Se você subtrair o período entre as catástrofes do valor acima, encontrará outro número maia importante:

11.804 − 11.793,6 = 10,4

Você já conhece esse número. Multiplicando-o por dez, o resultado é 104, que é a quantidade de anos terrestres equivalente a 65 anos venusianos.

Cálculos do capítulo 13

O ciclo de manchas solares pode ser matematicamente descrito em Excel registrando-se a seguinte informação nas células dadas:

A1 = 365.25 : 87.454545454545
B1 = 360 : A1
B2 = IF(B1 + B1>359,999;(B1 + B1) − 360;B1 + B1)
C1 = 360 x 0.363636363636
D1 = C1
D2 = IF(D1 + D1>=359,999;(D1 + D1)-360;D1 + D1)
E1 = ABS(D1 − B1)

11.567 anos para um ciclo de manchas solares teórico

Seis quadros formam um ciclo de 11,5 anos. Cada ciclo de manchas solares de 187 anos contém 97 quadros. Portanto, há dezesseis ciclos que duram aproximadamente 11,5 anos, num total de 96 quadros. Assim, atribuí a média de 11.567 anos a um ciclo teórico.

Cálculos do capítulo 14

Você já sabe que uma inversão completa do Zodíaco ocorre em 25.920 anos. Multiplique isso pela órbita exata da Terra à volta do Sol. Cálculos precisos revelaram que ela é de 365,2422 dias:

25.920 x 365,2422 = 9.467.077,824

O número é grande: mais de nove milhões de dias. No entanto, isso não faz diferença alguma porque os maias tinham números ainda maiores. Eles postulavam um período ligeiramente diferente: 365,2420, número que, multiplicado pelo da precessão, dá o seguinte resultado:

25.920 x 365,242 = 9.467.072,640

Subtraia o segundo número do primeiro e obterá 5,184 dias. Esse número provocará um estalo na mente do leitor atento porque já o vimos diversas vezes como um importante número de código!

Mas há também outro número importante: 20.736. Se você desprezar por ora as casas decimais e adicioná-lo ao anterior, obterá 25.920 de novo:

5.184 + 20.736 = 25.920!

O mesmo ocorrerá com um cálculo idêntico e simples. Ao decifrar códigos anteriores, descobri que eles operavam também com 365,25 dias. A diferença entre esse número e o dos maias é exata:

365,25 − 365,242 = 0,008 dia

Oito é um achado importante. Durante oito dias Vênus passa por trás do Sol e torna-se invisível. Há, pois, uma conexão aqui entre a órbita da Terra e a órbita de Vênus. Se você multiplicar 0,008 por 25.920, obterá:

25.920 x 0,008 = 207,36 dias

A órbita sideral da Terra

Com base na série infinita 74, podemos definir a órbita da Terra em relação às estrelas:

0,000000074074074 x 86.400 = 0,0064

Agora acrescente o número de dias do calendário mais longo e o resultado será a órbita sideral:

365,25 + 0,0064 = 365,2564!

Você também poderá provar que o cálculo está certo da seguinte maneira:

64 ÷ 74 = 0,864864864 (série infinita com 864)

Decifrações subseqüentes confirmam a exatidão desse achado sensacional (todo astrônomo pode verificá-la!).

O Labirinto: A maior descoberta arqueológica de todos os tempos

Entrevista publicada em *Frontier Magazine*, Frontier Sciences Foundation, Holanda

Com a ajuda de um GPS, Patrick Geryl e Gino Ratinckx mediram a posição das pirâmides e templos mais importantes do Egito, conseguindo com base nisso decodificar o "Plano Mestre". Descobriram que os antigos egípcios posicionavam seus edifícios segundo esse plano e, por meio de diversos cálculos, determinaram o sítio do Labirinto. Esse templo gigantesco, com mais de três mil cômodos, era o coração astronômico do Egito. Ali eles pretendem encontrar a prova do formidável maremoto que irá assolar a Terra em 2012, mais ou mesmo da mesma maneira que o Grande Dilúvio descrito na Bíblia.

Geryl: "Correram boatos, durante milhares de anos, a respeito de uma antiga cápsula do tempo oculta no solo do Egito. Supõe-se que ela seja infinitamente mais importante que o tesouro de Tutancâmon. Dizem os relatos que o Labirinto possui câmaras secretas atulhadas de *tours de force* tecnológicos de uma civilização esquecida, bem mais velha que a dos egípcios.

"Com base em signos estelares, pudemos encontrar o local do Labirinto. Coincidência ou não, os egiptólogos afirmam também que esse é o sítio mais provável do edifício! Para grande surpresa nossa, nenhuma escavação se fez ali nos últimos cem anos: apenas algumas explorações superficiais. Por isso, precisamos começar a trabalhar urgentemente num novo projeto!"

FM: O que você sabe da história da Atlântida?

Geryl: "O egiptólogo Albert Slosman escreveu obras sobre esse assunto. Baseou-as em hieróglifos gravados nos templos de Esna, Dendera e Edfu. Sua decifração desses hieróglifos é exemplar e você pode, por isso, considerar o texto seguinte bastante correto:

"'Agora voltemo-nos ao ano 21312 a.C., quando ocorreu um episódio chocante. Em menos de uma hora deu-se a catástrofe. Não apenas o continente, mas a Terra inteira se viu presa de violentos abalos sísmicos. Em seguida, o eixo do planeta começou a mudar de posição. Edifícios ruíram, cadeias de montanhas estremeceram e desabaram – era como se o mundo se deslocasse. O movimento do planeta transferiu para os mares uma quantidade enorme de energia cinética. Ondas imensas lamberam vastas porções de terra. A Atlântida submergiu e, por causa da alteração do eixo terrestre, permaneceu em parte, na época, sob o Pólo Norte, coberta por uma grossa camada de gelo.'"

FM: Quais as conseqüências para a população?

Geryl: "As pessoas ficaram chocadas e, por isso, resolveram estudar o céu com empenho ainda maior. Todos os movimentos e combinações do Sol, da Lua e dos planetas foram cuidadosamente observados e registrados em escrituras. O mínimo detalhe era estudado a fundo e descrito com rigor. Dava-se atenção especial ao movimento do Zodíaco.

"À medida que progrediam, acumulando conhecimento e aprendendo a usar as matérias-primas, os habitantes iam erguendo edifícios religiosos, que se uniram numa construção maior: o 'Círculo de Ouro'. A construção lhes exigiu centenas de anos. Nesse edifício inacreditavelmente grandioso, com corte transversal de vários quilômetros, todas as observações astronômicas e de outra natureza foram registradas e preservadas. Os 'Peritos do Número' analisavam ali as 'Combinações Matemáticas Celestes'. Estudavam o Sol, os planetas, as estrelas, etc. Descobriram as leis do movimento, gravidade, cartografia e muitas outras ciências. Por fim, ficaram em posição de conseguir prever a catástrofe de 9792 a.C. Construíram milhares de *mandjits* e escaparam."

FM: Isso parece incrivelmente excitante...

Geryl: "Sabendo que no momento uma cópia idêntica do 'Círculo de Ouro' jaz sob as areias do Egito, você com muita razão alertaria os mais ousados caçadores de tesouros do mundo. Eles, porém, já não precisam procurar porque Gino e eu descobrimos a localização.

"Aguardamos apenas patrocinadores que nos ajudem a escavar esse monumento fantástico, onde se ocultam segredos inauditos."

FM: **Por que querem fazer isso? O que os motiva exatamente?**

Geryl: "O Labirinto encerra informações graças às quais a civilização pré-maremoto pôde calcular o dia exato da inversão polar, ou seja, o momento em que o Pólo Norte e o Pólo Sul trocaram de lugar, em meio a uma formidável catástrofe. A população foi destruída no mundo inteiro. Por esse motivo, os atlantes quiseram preservar suas descobertas para as gerações vindouras.

"Se recuperarmos essa informação, ela terá conseqüências esmagadoras para todos nós. Virará o mundo arqueológico de cabeça para baixo. Os modernos astrônomos ficarão assombrados. Há quinze mil anos, uma civilização que dominava o planeta conseguiu calcular, teoricamente, o ciclo de manchas solares, algo que nossos especialistas ainda ignoram! Com base nesse ciclo, os antigos souberam prever exatamente a data da catástrofe anterior. Escaparam para o Egito e a América do Sul, onde erigiram uma nova cultura. Portanto, temos de aceitar a história de Noé ao pé da letra."

FM: **Patrick, você decifrou o Códice de Dresden dos maias?**

Geryl: "Em parte. Ocupei-me disso dia e noite por pelo menos dois anos. Não dormi até consegui-lo. O conteúdo é assombroso: traz a fórmula do ciclo de manchas solares baseada nos campos magnéticos do Sol. Quando estes atingirem um ponto crítico, trarão conseqüências fatais para o campo magnético da Terra."

FM: **Quais os efeitos de uma inversão polar?**

Geryl: "Numa palavra: catastróficos. Todos sabem que a Terra gira em torno do Sol. Este não se move: o giro da Terra é que causa seu movimento aparente. O Pólo Norte toma o lugar do Pólo Sul devido ao eixo terrestre que passa a mover-se na direção oposta."

FM: **Isso pressupõe então um enorme desastre?**

Geryl: "Uma inversão não é coisa pouca. Esclareçamos: todas as culturas do mundo possuem sagas e lendas que descrevem esse evento. Chineses, indianos, maias e outras muitas civilizações contam histórias sobre acontecimentos terríveis na face do globo. Segundo a história cosmogônica dos lapões, quase todos os seres humanos morreram quando o mundo foi assolado por vendavais e um gigantesco maremoto."

FM: Há provas disso?

Geryl: "Pode-se provar cientificamente as inversões com a ajuda de rochas pirogênicas. Dados geológicos mostram que o fenômeno já ocorreu inúmeras vezes, mas os cientistas não fazem a menor idéia do mecanismo que o provoca. Além disso, é para eles um enigma saber por que os pólos anteriores se encontram em lugares diferentes. Por exemplo, no passado remoto o ponto central do Pólo Norte localizava-se, conforme a época, em regiões tão distantes quanto a China e Madagáscar.

"Lava coagulada, com magnetismo invertido de cem a mil vezes mais forte que o campo magnético da Terra, prova isso. Revela também a natureza das forças que atuavam na época. É que, em todos os lugares onde se detectaram polaridades invertidas, os veios de lava são abundantes."

FM: **Pode nos dar uma descrição mais detalhada daquilo que espera encontrar no Labirinto?**

Geryl: "Os arquivos que talvez achemos ali dizem respeito a uma civilização com o mesmo espírito e cultura dos antigos egípcios, as mesmas leis, artes e diplomacia. E não esqueçamos o conhecimento oculto em suas Sagradas Escrituras."

FM: Há mais coisas a descobrir nesse "Círculo de Ouro"?

Geryl: "Em número bem maior do que se possa imaginar. No meio, há um círculo que mostra o Zodíaco de Dendera. Os doze signos estelares que ali aparecem são de grande tamanho. O segundo círculo contém elementos mais complexos: trinta e seis deles, graças aos quais os antigos puderam prever a catástrofe anterior. A importância desses elementos foi decisiva. Sem os cálculos, ninguém teria sobrevivido ao cataclismo.

"Também vemos ali a imagem de Geb, o último governante de Aha-Men-Ptah (Atlântida), que pereceu no desastre. Carrega sobre a cabeça o peso da Terra, que renascerá por intermédio de sua esposa Nut. Ela conseguiu escapar e, auxiliada pelos outros sobreviventes, lançou os alicerces da nova pátria.

"Sem o conhecimento adequado dessa mescla de acontecimentos materiais e espirituais, não se pode reconstituir como convém a história do Egito. A Grande Esfinge, por exemplo, tem corpo de leão porque a catástrofe prévia ocorreu na Era de Leão. No Zodíaco de Dendera vêem-se sob o leão linhas onduladas. Elas são o símbolo de um gigantesco maremoto.

"Não bastasse isso, o Labirinto contém séries de hieróglifos sobre o Êxodo, em que Hórus e Ísis desempenham papéis proeminentes. Há também pinturas que aludem a uma nova era, como as de Touro e Áries. Existe ainda um planisfério indescritível, com um número incalculável de estrelas.

"Em suma, o conhecimento que podemos arrancar dali faz esmaecer qualquer outra descoberta arqueológica. Esperançosamente, não teremos de aguardar muito por esta."

FM: Existem tesouros no Labirinto?

Geryl: "E dos mais belos. O 'Círculo de Ouro' acha-se oculto em algum lugar do complexo. Como o próprio nome indica, ele é feito inteiramente de ouro. Centenas de toneladas foram vertidas ali.

"Também se poderão recuperar os mausoléus dos primeiros faraós egípcios, que superam em muito o de Tutancâmon. Em outras palavras, todos os caçadores de tesouros do mundo devem ficar de prontidão para escavar esse monumento!"

FM: Você vai querer parte dos tesouros?

Geryl: "Não, o que aliás é lógico: eles constituem uma herança única, que deverá pertencer a um museu. E a descoberta, em si, chamará tanta atenção que bastará para cobrir os custos."

FM: Como planeja iniciar as escavações do Labirinto?

Geryl: "Primeiro, precisamos ter certeza de que ele se situa mesmo naquele lugar. Escavações custam muito dinheiro, por isso tencionamos levar para o Egito equipamentos de radar."

FM: Que equipamentos são esses?

Geryl: "Os mesmos usados para pesquisar espaços ocos. Com a ajuda deles, poderemos ver através da areia até uma profundidade de pelo menos vinte metros, a fim de estar cem por cento certos de que o Labirinto se encontra realmente ali."

FM: E quanto custará o empreendimento?

Geryl: "Cerca de trinta mil euros. A única empresa da Bélgica que possui esses equipamentos é a Forintec International, em Merksem. Já temos quase todo o dinheiro graças a alguns patrocinadores."

FM: Obrigado.

Bibliografia

Para que pesquisadores e leitores não percam tempo desnecessariamente, mencionei em meu livro anterior, *O Código de Órion*, os principais livros que em minha opinião são os mais úteis. Aqui, quero recomendar também os que se seguem, de importância igualmente crucial:

Patrick Geryl, *O Código de Órion*
Maurice Cotterell, *The Supergods*
Albert Slosman, *Les Survivants de l'Atlantide*, Laffont, 1978
Velikovsky, *Worlds in Collision*, partes I e II, Ankh-Hermes, 1971

Internet

Meu website é www.howtosurvive2012.com.
Você encontrará mais informações no *site* de Robert Bast. É o melhor sobre 2012. Vá ao Google e digite Robert Bast 2012.

E-mail

Quem se dispuser a me ajudar com informações valiosas, digite: patrick.geryl@belgacom.net.
Por favor, envie-me apenas material realmente importante!